제자^2

multiply

Originally published in English under the title: *multiply*
© 2012 by Francis Chan
David C. Cook, 4050 Lee Vance View, Colorado Springs, Colorado 80918 U.S.A.
All rights reserved.

Korean edition copyright © 2012 by Duranno Press, 95 Seobinggo-dong, Yongsan-gu, Seoul,
Republic of Korea

This edition is published by arrangement with David C. Cook.

말씀으로 배가시키는, 제자 삼기

제자 ^{2}

지은이 | 프랜시스 챈
옮긴이 | 이상준
초판 발행 | 2012. 10. 22
13쇄 발행 | 2024. 9. 9.
등록번호 | 제3-203호
등록된 곳 | 서울시 용산구 서빙고동 95번지
발행처 | 사단법인 두란노서원
영업부 | 2078-3333 FAX | 080-749-3705
출판부 | 2078-3444

책값은 뒤표지에 있습니다.
ISBN 978-89-531-1829-4 03230

독자의 의견을 기다립니다.
tpress@duranno.com http://www.duranno.com

두란노서원은 바울 사도가 3차 전도 여행 때 에베소에서 성령 받은 제자들을 따로 세워 하나님의 말씀으로 양육
하던 장소입니다. 사도행전 19장 8-20절의 정신에 따라 첫째 목회자를 돕는 사역과 평신도를 훈련시키는 사역,
둘째 세계선교(TIM)와 문서선교(단행본·잡지) 사역, 셋째 예수문화 및 경배와 찬양 사역, 그리고 가정·상담 사역 등을
감당하고 있습니다. 1980년 12월 22일에 창립된 두란노서원은 주님 오실 때까지 이 사역들을 계속할 것입니다.

말씀으로 배가시키는, 제자 삼기

제자²

프랜시스 챈 지음 | 이상준 옮김

두란노

한 생명이 그리스도를 알고 제자가 되어
그리스도를 따른다면
인생의 어떤 것도 허비가 아니다.

프랜시스 챈 목사와 처음 만났을 때부터 제자 양육에 대한 동일한 열정으로 가슴이 뛰었습니다. 간절히 소원하기는 우리 삶을 통해 제자들을 만들기 원합니다. 또한 모든 성도들이 자신의 삶을 통해 제자 만드는 사명에 뛰어들기를 원합니다. 이 책은 그런 열정의 산물입니다. 예수님의 제자를 양육하기 원하는 예수님의 제자들을 위해 이 책을 만들었습니다. 이 책이 그리스도의 사랑과 생명을 온 세계에 배가시키는 일에 도화선이 되어 마침내 하나님의 영광을 나타내는 데에 쓰임받기를 원합니다.

데이비드 플랫 _브룩힐즈교회 담임목사. 「래디컬」 저자

예수님의 "나를 따르라"는 초대는 평범한 사람들을 빛나는 사람으로 바꾸었습니다. 예수님은 이 거룩한 초대를 우리를 통해 이웃과 벗들에게 하기 원하십니다. 이 책은 제자가 누구인지, 왜 예수님이 제자 배가를 원하시는지, 그리고 다른 무엇이 아닌 바로 성경을 통해 제자를 세우는 법을 알려줍니다. 이 책을 통해 참 제자의 길을 걷는 성도들이 많아지기를 바랍니다.

권성수 _대구동신교회 담임목사

우리는 주님의 제자로 또한 제자 삼는 자로 부르시는 분명한 소명을 가졌습니다. 이 책은 이런 소명을 기초로 오늘날 기독교 공동체가 지향해야 할 교회의 올바른 밑그림을 제시합니다. 프랜시스 챈 목사는 성경적 세계관을 갖춘 온전한 크리스천(the whole christian)을 훈련하는 본질적이며 실용적인 제자 훈련 교재를 내놓았습니다. 한국 교회에 알짜배기 제자의 배가 운동이 일어나기를 기대합니다.

남창우 _장충교회 담임목사

예수님은 아담의 죄로 인한 죽음의 역사를 생명의 역사로 반전시키는 전면적이고 근본적인 전복을 위해 세상에 오셨습니다. 그리고 그 위대한 하나님의 구원 역사의 완성을 적은 수의 제자들에게 맡기셨습니다. 이제 하나님이 써 놓으신 마지막 승리의 이야기는 우리 페이지로 넘어와 계속되고 있습니다. 이 책은 우리에게 맡겨진 생명 배가의 역사를 어떻게 써갈 것인지, 필요한 말씀의 씨앗과 토양을 마련해 주고 있습니다. 아무것도 아닌 것처럼 보이는 씨앗이 품은 생명 배가의 능력이 이 책을 통해 우리 안에서 발아되기를 바랍니다.

오정현 _사랑의교회 담임목사

세상을 변화시키는 가장 분명한 길은 사람을 세우는 것입니다. 이것이 하나님의 창조의 원리요 리더십의 법칙입니다. 하나님은 우리 모두가 사람을 세우는 사람이 되기를 원하십니다. 프랜시스 챈은 사람을 세우고 세상을 변화시키는 하나님의 사역에 모든 열정을 다해 헌신하는 사역자로서 이 시대에 가장 탁월하게 쓰임 받는 하나님의 사람입니다.

프랜시스 챈의「제자²」는 우리가 잊어버렸던 제자양육의 사명을 일깨워 주고 있습니다. 한 사람의 제자를 통해 사람을 살리고 세상을 살리는 비전을 '창세기로부터 계시록'에 이르기까지 풀어내고 있습니다. 성경적 진리를 기초로 하기에 강력하고 실제적 적용을 제안해 주기에 실용적인 책입니다. 모든 크리스천들이 프랜시스 챈의「제자²」를 통해서 거룩한 비전을 회복하고 세상을 뚫고 나가는 용사들이 되기를 바랍니다.

이재훈 _온누리교회 담임목사

예수님을 만나면 근본적으로 마음의 변화가 일어납니다. 그리고 여기서 멈추지 않습니다. 삶의 변화로 이어집니다. 그래서 그분을 만나면 우리 영혼은 말할 수 없는 스파크를 경험합니다. "너희가 모든 민족을 제자로 삼아 … 모든 것을 가르쳐 지키게 하라"(마 28:19-20)라는 예수님의 마지막 명령이 우리 가슴속에 아로새겨지고, 제자가 다시 제자 삼는 운동이 이 땅에 일어나길 소망합니다. 이 책을 통해 다시 한 번 제자 삼는 일의 가치에 눈뜨기를 소망합니다.

정근두 _울산교회 담임목사

■ contents

제자 × 교회 = 제자[∞]

제자 × 성경 = 참 제자²

프랜시스 챈·데이비드 플랫 대담

제자 배가 운동을 일으키며

챈 플랫, 어떤 이유로 '제자 삼기'에 관심을 갖게 되었나요?

플랫 뉴올리언스에서 교회의 파트 타임 스태프로 일할 때부터 전도와 제자 삼는 사역에 열심을 냈습니다. 주님이 제자를 삼으라는 명령에 대한 열정을 제 마음에 주셨어요. 그때 사실 교회가 모든 민족으로 제자를 삼는 일에 열정적이지 않아 교회를 많이 비판하는 편이었지요. 그런데 버밍엄에서 담임 목회를 하게 되었습니다. 그때부터 교회 내부 관점으로 생각하기 시작했어요. 물론 지적만 할 수 있는 입장이 아니었고, 성도들을 목양해 그들이 나가 제자를 삼도록 만들어야 했습니다. 우리 교회는 건물, 프로그램, 인적 자원이 풍성했고, 성도들은 편안한 신앙생활을 하고 있었어요. 그리스도의 부르심을 여러 모로 부인하고 있는 상태였죠.

그런 주변 문화와 맥락 속에서 내 삶을 살펴보기 시작했어요. 어떻게 성도들을 제자 삼는 일에 나서게 하고, 산만한 활동들을 모아 분명한 초점에 맞출지 고민했습니다. 어떻게 하면 수천 명의 예배 참석자 모두가 제자 삼는 일에 뛰어들게 할 것인가에 초점을 맞췄어요. 그런 목회 방향은 목회자인 제게 원동력이 되었어요. 제가 쓴 책 「래디컬」의 한 장이 이 제자 삼기에 대한 것이에요. 제자 삼기를 실행하고자 했고, 제 삶과 사역에서 정말 초점을 맞추고자 했어요. 참, 챈 목사님과 처음 만났을 때가 생각나네요. 코너스톤 교회를 떠난 직후였죠?

챈 당시 목회하던 교회에 이미 많은 훌륭한 리더들이 있다고 생각했어요. 내가 없으면 더 잘할 수도 있겠다 싶었지요. 더 이상 그곳에 제가 있어야 할 필요가 없었어요.

그 즈음 제 삶에 부족한 것을 발견했어요. 성경 속에서 자신의 모든 것을 헌신하면서 주님을 섬기는 사람들을 보았어요. 당시 전 좀 편한 삶을 살았죠. 그때 해외에서 일어나는 하나님의 역사들에 대해 들었어요. 교회가 배가되고 성도들이 제자 삼는 일에 헌신하는 일들이 실제로 중국에서 일어나고 있었어요. 지하교회가 폭발적으로 성장한 거죠. 직접 가서 보고 싶었어요. 해외로 나가 형제자매들의 헌신과 열심을 보았고, 내 영혼이 격려를 받고 또 많은 것을 배웠어요. 그러나 다시 미국으로 돌아가 형제자매들을 진정한 제자도로 이끌어야 한다고 느낀 거죠. 그때 플랫, 당신을 만난 겁니다. 많은 사람들이 내게 당신이 쓴 책을 추천해 줬어요. 두근대는 내 심장이 당신과 같았기 때문이에요.

플랫 사람들이 내게도 당신 책을 읽어 보았냐고 물었어요. (웃음)

챈 홍콩에 있을 때 주님께 말씀드렸어요. "사람들을 억지로 모집하고 싶지 않습니다. 정말 주님이 저를 제자 삼는 사역에 부르셨다면 사람들을 제게로 이끌어 주십시오." 그런데 애틀랜타에서 당신을 처음 만났을 때 정말 놀랐어요. 주님이 당신에게 시키시는 다음 단계가 무엇이냐고 물었을 때, 당신이 제자도라고 했지요. 사람들을 구비시킬 자료에 대해 말할 때는 '주님이 내 마음에 주신 것과 똑같구나' 하고 감탄했어요. 당신이 함께하자고 제안했을 때 기뻤죠.

플랫 그런데 우리는 제자가 무엇인지에 대해 처음부터 착각합니다. 사람들이 빨리 확신을 갖기를 바라지요. 예배 시간에 "당신은 구원받았습니까? 구원받은 사람은 손을 드세요"라고 묻기도 하죠. 성도들이 구원받았음을 증명할 시간을 별로 주지 않아요. 그러나 때로는 그 사람의 심령이 변화되었는지 보기 위해 시간이 필요합니다.

대각성 운동 시기에 설교자 조지 휫필드는 수천 명의 사람들에게 설교했습니다. 설교가 끝나고 사람들이 물었죠. "구원을 받았는지 어떻게 알지요?" 그때 그는 "6개월이나 1년 후에 보면 알 수 있을 것입니다"라고 대답했습니다.

그런데 오늘날에는 달라요. 우리는 모인 사람의 머릿수만 강조하기 바빠요. 그러나 정말 그들이 구원받았는지 알려면 기다려 보아야 합니다. 정말 구원받았다면 성경을 읽으며 하나님 명령을 발견할 때

"순종하겠다"고 결심합니다. 말로만이 아니라 삶으로 순종을 합니다.

그런데 어떤 명령에도 "하고 싶지 않다"는 마음이 들면 근본적인 변화가 일어나지 않은 겁니다. 정말로 구원을 받으면 마음이 변하고, 마음의 변화는 삶의 변화로 이어집니다. 새로운 마인드, 새로운 열정, 새로운 꿈을 갖게 됩니다. 복음을 전하려는 열망을 갖게 됩니다.

크리스천의 삶에서 재생산이 일어나지 않는다면, 그 핵심에 뭔가 문제가 있는 것입니다. 만일 제자를 만들고 있지 않다면, 내가 정말 제자일까라고 자문해야 합니다. 중대한 질문이지요.

혹은 그러다가 스스로 제자임을 기억하고 이렇게 고백할 것입니다. "제자 삼으라는 명령에 순종해야 해. 왜냐하면 내 안의 그리스도의 영이 나를 강권하시기 때문이야. 제자 삼는 것이야 말로 생명이고 기쁨이고 크리스천 삶의 핵심이기 때문이야. 그 특권을 놓치고 싶지 않아. 내가 목회하는 사람들 역시 놓치지 않기를 바래."

챈 우리는 종종 빨리 거창한 선언을 하죠. "내 삶을 드립니다." 그런 면에서, 휫필드가 한 말이 훌륭하다고 생각해요. 사탄은 거짓의 아비입니다. 사람들을 속이기를 좋아합니다. 메시지를 듣고 입으로는 "아멘" 하지만 행동에 옮기지 않는다면, 자신을 속이는 것입니다. 그럴 때 사탄이 매우 기뻐할 거라고 생각해요. 어떤 사람들은 진리에 대해 "예, 들어 봤어요" 하고 대답하면서 자신이 하나님을 따르고 있다고 생각해요. "지난번에 정말 어려운 메시지를 들었어. 마음에 크게 깨닫는 바가 있었지. 그때 말씀을 듣고 슬펐어. 친구랑 울기까지 했어."

그 정도 하고 나서 다 했다고 생각합니다. 그때 사탄은 "옳지, 좋아" 하며 박수를 칠 겁니다. 예수님이 회개하라고 하실 때는 돌아서라는 것입니다. 좀 슬퍼하고 나서 거창한 선언을 하는 게 아니에요. 그건 사탄이 기뻐할 일이죠.

플랫 중요한 말씀이에요. 우리가 그렇게 할수록, 마음이 강퍅해지고, 그 상태에 안주하게 되고, 계속 속게 되죠. 아주 위험해요.

챈 우리는 쉽게 "우리가 해냈어"라고 생각합니다. 예를 들어 5천 명의 사람들이 많이 모였기 때문에 큰일을 했다고 자축하지만, 사실은 그들 가운데 아무도 회개하지 않았기 때문입니다.

플랫 전에 「래디컬」을 읽은 사람들의 반응을 통해 발견한 것이 있어요. 사람들은 메시지를 듣고 이런저런 행동을 합니다. "이걸 할 거야." "이걸 바꿀 거야." 그러나 '무엇을 놓느냐'도 중요하지만, '무엇을 붙드느냐'도 정말 중요합니다. "내가 예수님을 붙들 것인가? 내가 예수님을 따를 것인가?"를 점검해야 합니다. 이런저런 것을 내려놓는다고 하더라도, 결국은 그리스도를 붙잡는 것이 중요합니다. 우리는 그리스도를 따라야 합니다. 우리는 그리스도께 순종해야 합니다. "그가 뭐라고 말씀하시는지 보자. 그것을 행하자"라고 해야 합니다. 주님 오실 때까지 모든 도시와 정글에서 제자 삼는 일이 일어날 때까지 제자 삼는 일을 멈추지 말아야 합니다. 감사합니다.

제자 삼는 삶의 가치에 눈을 떠라

예수님의 제자가 된다는 것은 내가 제자가 될 뿐 아니라 예수님의 제자들을 만드는 단계까지 가는 것이다. 기독교가 탄생하는 순간부터 만들어진 순리다. 예수님은 "나를 따라오라. 내가 너희를 사람을 낚는 어부가 되게 하리라"(마 4:19)라고 말씀하셨다.

이 말씀은 약속이었다. 예수님은 제자들을 부르셔서 그들도 제자 만드는 사람으로 변화시키리라 약속하셨다. 또한 이 말씀은 명령이었다. 마태복음 말미에 주님은 제자들을 부르셔서, 가서 모든 민족으로 제자를 삼고 세례를 주고 말씀을 가르쳐 지키게 하라고 명령하셨다(마 28:19-20). 처음부터 하나님의 계획은 복음이 모든 민족에게 전해지기까지 예수님의 모든 제자들이 제자 만드는 일에 헌신하는 것이었다.

그러나 안타깝게도 우리는 소중한 명령을 변질시켰다. 그리스도는 모든 민족에게 가서 세례를 베풀고 가르치라 명령하셨는데, 오늘날 크리스천들은 일정한 장소에 와서 편안하게 세례 받고 배우라는 요청으로 받아들인다. 그들에게 제자 만드는 것이 어떤 의미인지 물으면, 이내 복잡한 생각과 모호한 대답이 돌아오거나 무슨 소리인지 모르겠다는 표정을 보인다. 숱한 신앙활동과 교회 사역을 하면서도 사실은 그리스도의 명령을 외면하는 잘못을 범한다. 평신도들에게 전도는 두려운 주제이며 제자도는 진부한 과목일 뿐이다. 그래서 제자 양육을 목회자와 전문가와 사역자와 선교사에게 일임하고는 방관자적 자세를 취한다.

전혀 주님이 의도하신 바가 아니다. 예수님은 우리를 모두 그분 계획의 일부가 되도록 초대하셨다. 주님은 모든 백성이 세상 만민에게 주의 사랑을 나누고 주의 복음을 전하고 주의 생명을 배가시키며 주의 기쁨에 동참하기를 원하신다.

우리가 창조된 원대한 목적은 무엇인가? 어디에 살든 그곳에서 땅 끝까지 이르도록 그리스도의 복음을 증거하며 그리스도의 은혜를 맛보는 것이다. 이 목적이 완성되는 것을 볼 수만 있다면 우리 생명을 바쳐도 아깝지 않다. 아직도 그리스도 안에 있는 하나님의 자비와 위엄을 알지 못한 채 살아가는 이들이 수억 명이고, 당신과 나는 마지막 날까지 그들을 제자 삼도록 부름받았기 때문이다. 마침내 우리는 그분 얼굴을 볼 것이다. 열방과 더불어 영원토록 그분의 만족 안에 들어갈 것이다.

그 마음이 이 책에 담겨 있다. 프랜시스 챈 목사와 처음 만났을 때부터 제자 양육에 대한 동일한 열정으로 가슴이 뛰었다. 우리는 여전히 배울 것이 많다. 하지만 간절히 소원하기는 우리 삶을 통해 제자들을 만들기 원한다. 또한 모든 성도들이 자신의 삶을 통해 제자 만드는 사명에 뛰어들기를 원한다.

이 책은 그런 열정의 산물이다. 프랜시스 챈은 예수님의 제자를 양육하기 원하는 예수님의 제자들을 위해 이 책을 만들었다. 이 책은 간단하고 실용적이면서도 성경적이고 유용한 개인용 제자 양육 매뉴얼이다. 하나님의 은혜로 이 책이 그리스도의 사랑과 생명을 온 세계에 배가시키는 일에 도화선이 되어 마침내 하나님의 영광을 나타내는 데에 쓰임받기를 바란다.

_데이비드 플랫(「래디컬」 저자)

Disciple-Making

for

Ordinary

People

제자 × 교회 = 제자$^\infty$

제자, 교회와 함께 제자를 삼다

multiply

part 1

인생에서
가장 가치 있는 선택,
제자 삼기

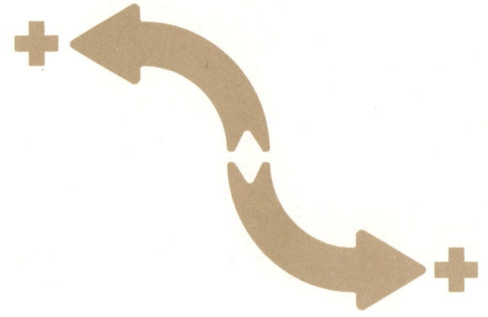

chapter 1

예수님을 믿는다면
제자다

2천 년 전 예수님은 소수의 사람들에게 다가가 말씀하셨다.

"나를 따르라."

그 예수님의 열두 제자들 중에 한 사람이 된다고 생각해 보라. 그들은 우리와 다름없는 평범한 사람들이었다. 그들에게도 직업, 가족, 취미와 사회생활이 있었다. 다들 일상을 살고 있던 어느 날, 예수님이 그들을 부르셨다. 그 순간, 어느 누구도 자신의 삶이 그렇게 빠른 속도로 완전히 변하리라고 상상하지 못했다.

예수님의 부르심에 반응할 때, 그들은 앞으로 어떤 일이 일어날지 알 수 없었다. 그 순간 기대감이 생겼든 의심이 솟구쳤든, 아니면 호기심이나 흥분감이 생겼든 앞으로 일어날 일에 대한 대비책은 전혀 생각하지도 못했다. 예수님의 모든 것, 즉 그분의 가르침과 긍휼과 지혜, 그리고 그분의 생애와 죽음과 부활, 또한 그분의 능력과 권세와 부르심이 앞으로 제자들의 삶 전체를 구석구석 새롭게 만들 참이었다.

불과 몇 년 뒤 이 평범한 사람들은 지상 최고의 통치자들 앞에 당당히 서서 "천하를 뒤집어 놓았다"는 죄목으로 고소를 당했다(행 17:6). 예수님의 부름에 단순히 순종한 데서 시작한 일은 자신의 인생을 바꾸었고 마침내 세상을 바꾸었다.

제자란 팔로워다

예수 그리스도의 제자가 된다는 것은 어떤 의미인가? 앞으로 알게 되겠지만 대답은 무척 간단하다. 하지만 그 간단한 답이 우리네 인생을 완전히 바꿔 놓을 것이다.

'제자'라는 단어는 학생 내지 견습생을 의미한다. 예수님 당시에 제자들은 자신의 랍비, 즉 스승이 어디에 가든 따라다니며 가르침을 배울 뿐 아니라, 랍비가 행동하는 대로 따라하도록 훈련을 받았다. 그래서 기본적으로 제자는 문자적으로만 번역하면 팔로워(follower), 즉 따르는 자다. 예수님의 제자가 된다는 것도 '따르라'는 그분의 부르심에 단순하게 순종하는 것이다.

예수님이 열두 제자들을 부르셨을 때도 그들은 예수님이 어디로 데리고 갈지, 자신들의 삶에 어떤 영향을 미칠지 전혀 알 수 없었지만, 단지 '따르라'는 말의 의미가 무엇인지는 알고 있었다. 그들은 예수님의 부르심을 문자적으로 받아들였다. 주님이 가시는 곳이면 어디든 따라다녔고 주님이 하시는 것은 무엇이든 따라 행했다.

그러니 누군가의 제자나 팔로워가 되면 그 인격을 닮지 않을 수가 없다. 예수님은 말씀하셨다.

제자가 그 선생보다 높지 못하나 무릇 온전하게 된 자는 그 선생과 같으리라(눅 6:40).

이 말씀 안에 예수님의 제자 됨의 핵심이 담겨 있다. 우리는 주님을 모방한다. 그리고 주님의 사역을 수행한다. 또한 그 과정 속에서 주님을 닮아 간다.

그런데 어쩌다 보니 오늘날에는 많은 사람들이 그리스도를 닮지 않고서도 '크리스천'일 수 있다고 믿게 되었다. 따르지 않는 '따르는 자'라니, 어불성설 아닌가? 많은 성도들이 그리스도의 이름만 차용할 뿐, 그 외의 어떤 것에도 손대지 않으려 한다. 예수님이 마치 열두 제자들에게 다가가 이렇게 말씀하시는 것과 같다.

"이봐, 여기서 어떤 방식이든 내 편이 될 마음이 있는 사람이 있니? 걱정할 건 없어. 내가 하는 일을 해야 하거나 너희들이 살아오던 방식을 바꾸지 않아도 괜찮으니까. 난 그저 나를 믿는다고 말하고 자신을 크리스천이라고 부를 생각이 있는 사람들을 찾아다닐 뿐이라네."

예수님의 진심인가? 그 누구도 그렇지 않다는 것을 안다. 그런데도 어떻게 많은 사람들이 실제로는 삶을 전혀 바꾸지 않은 채 입으로만 크리스천인 삶을 살아가는가? 예수님의 팔로워가 된다는 의미를 상실한 것처럼 말이다.

제자가 된다는 개념은 전혀 난해하지 않다. 또한 그 개념은 모든 것에 영향을 미친다.

어떻게 제자가 되는가?

어떻게 예수 그리스도의 제자가 되는지 알려면 예수님이 말씀하신 지점에서 출발하는 것이 가장 좋다. 주님은 제자들에게 "나를 따라오라. 내가 너희를 사람을 낚는 어부가 되게 하리라"(마 4:19)고 말씀하셨다. 성경을 자세히 보면, 주님은 이 말씀을 하시기 전에 한 가지 메시지를 더 선포하셨다.

> 회개하라 천국이 가까이 왔느니라(마 4:17).

이 구절을 문자적으로 받아들이라. 누군가 왕과 그의 군대가 오고 있으니 어서 준비하라고 알려 주면 어떻게 하겠는가? 누구든 분명 왕을 맞을 준비를 할 것이다. 왕과 싸울 마음이 아니라면, 어떻게든 왕과 평화를 맺기 위해 노력할 것이다.

'회개하다'라는 단어는 '돌이키다'라는 뜻이다. 돌이킨다는 것은 방향 전환, 곧 오던 방향의 반대 방향으로 전진하는 것이다. 구체적인 행동을 말한다. 곧, 예수님은 스스로 준비하라고 말씀하신 것이다. 변화하라는 말씀이다. 하나님 나라(하늘나라)가 다가오고 있기 때문이다.

하늘나라를 맞이하려면 어떤 준비를 해야 하는가? 다가오시는 왕과 평화를 맺으려면 어떤 확신이 필요한가? 예수님은 '회개'가 필요하다고 말씀하신다. 현재의 사고방식과 생활방식에서 돌아서야 한다는 뜻이다. 로마서 3장 23절은 "모든 사람이 죄를 범하였으매 하나님의 영광에 이르지 못하더니"라고 말한다. 이 구절을 읽는 우리는 모두 악한 일들을 저질렀고 왕께 무례한 일들을 저지른 사람들이다. 로마서는 이어서 말한다. "죄의 삯은 사망이요"(롬 6:23). 우리는 죄인이기 때문에 죽음을 기다릴 수밖에 없다.

그러나 놀라운 진리가 있다.

> 그리스도께서 우리를 위하여 죽으심으로 하나님께서 우리에 대한 자기의 사랑을 확증하셨느니라(롬 5:8).

왕으로부터 받아야 할 사형의 형벌을 누군가 대속했다. 바로 왕의 아들인 예수 그리스도시다.[1]

성경은 "네가 만일 네 입으로 예수를 주로 시인하며 또 하나님께서 그를 죽은 자 가운데서 살리신 것을 네 마음에 믿으면 구원을 받으리라"(롬 10:9)라고 말한다. 우리는 예수 그리스도를 믿음으로 하나님의 은혜로 구원을 받았다. 구원은 예수님이 누구이신가와 무엇을 하셨는가에 관한 것이다. 회개는 우리 자신을 구원하기 위해 스스로 할 수 있는 것이 남아 있다고 믿는 데서 돌이키는 것이다. 예수 그리스도께서 모든 것을 이루셨기 때문이다.

일반적으로 생각했을 때, 다른 누군가가 내 죄를 위해 대가를 지불했다는 것은 납득하기 어려운 말이다. 게다가 우리를 대신해서 희생한 사람을 믿어야 한다는 것은 더 낯선 개념이다. 하지만 하나님은 성경 전체에서 시종일관 그렇게 말씀하고 행동하신다.

출애굽기에서도 이 낯선 그림을 발견한다. 모세는 바로에게 회개하지 않으면 하나님이 어떤 일을 하실지 모른다고 반복해서 경고한다. 그리고 마침내는 하나님이 모든 집안의 장자에게 죽음을 내리실 것이라고 말한다. 하지만 이스라엘 백성에게는 문지방에 양의 피를 바르면 주의 천사가 그 집은 넘어가 장자가 죽지 않을 것이라고 말해 준다. 그들은 자신을 대신해서 희생당한 어린 양의 피를 믿어야 했다. 그 길만이 구원받는 유일한 길이었다.

은혜의 주님을 모시라

구원은 전적인 하나님의 은혜다. 스스로를 구원하거나 하나님의 호의를 얻기 위해 당신이 할 수 있는 일은 전무하다. 그래서 바울은 말했다.

> 너희는 그 은혜에 의하여 믿음으로 말미암아 구원을 받았으니 이것은 너희에게서 난 것이 아니요 하나님의 선물이라. 행위에서 난 것이 아니니 이는 누구든지 자랑하지 못하게 함이라(엡 2:8-9).

그 누구도 자신의 선행을 자랑치 못할 것은 행위가 우리를 구원하지 못하기 때문이다. 구원은 예수 그리스도를 믿을 때 하나님의 은혜를 통해 주어진다. 구원이 요구하는 것은 믿음 하나다. 예수님이 누구신지 그분 스스로 하신 말씀을 믿는가?

단순하지만 쉽지 않은 길이다. 로마서 10장 9절에 기초해 볼 때, 예수 그리스도를 믿는다는 것은 그분이 주님이라고 믿는다는 뜻이다. '주님'이라는 단어의 의미를 생각해 본 적이 있는가? 종종 '주님'을 하나님의 또 다른 이름이라 여긴다. 하지만 '주님'은 이름이 아니라 칭호다. 주인이나 소유주나 권위의 자리에 있는 사람을 칭하는 말이다. 그렇다면 당신은 진심으로 예수님을 당신의 주인이라고 믿는가? 당신의 소유주이며 실제로 당신은 그분께 속해 있다고 믿는가?

바울은 너무도 담대하게 말한다.

> 너희 몸은 너희가 하나님께로부터 받은 바 너희 가운데 계신 성령의 전인 줄을 알지 못하느냐. 너희는 너희 자신의 것이 아니라 값으로 산 것이 되었으니 그런즉 너희 몸으로 하나님께 영광을 돌리라(고전 6:19-20).

우리를 죄와 사망에서 은혜로 자유케 하신 동일한 주님께서 이제 우리를 소유하신다. 우리는 주님께 속해 있고 주님은 우리에게 그분의 통치에 순종하라고 하신다.

하지만 많은 성도들이 '예수님을 주님이라고 고백'하면서도 실제적으로는 주인이라고 생각하지 않는다는 것이 문제다. 여기서 명백한 모순을 알겠는가? 누구나 예수 그리스도의 제자가 되는 부름을 받을 수 있지만 제자가 되는 순간 우리는 자신의 업무 내역을 스스로 작성하지 못한다. 예수님이 주님인 이상 일정표는 그분이 쓰신다. 예수 그리스도께서 주님이시기에 당신 인생은 그분께 속해 있다. 주님께는 당신을 향한 계획과 일정표와 부르심이 있다. 주님께 나는 오늘 무엇을 할 것이고 평생 무엇을 하고 싶다는 이야기를 할 필요가 없다.

제자의 삶, 희생인가?

하지만 예수님을 따르는 것이 재미없는 희생일 뿐이라는 인상을 받으면 곤란하다. 무엇보다도 예수님을 따르는 삶은 두 가지 계명으로 요약된다. 주님이 말씀하신 대로 구약 율법의 가장 중요한 계명들이다.

> 네 마음을 다하고 목숨을 다하고 뜻을 다하여 주 너의 하나님을 사랑하라 하셨으니 이것이 크고 첫째 되는 계명이요 둘째도 그와 같으니 네 이웃을 네 자신 같이 사랑하라 하셨으니 이 두 계명이 온 율법과 선지자의 강령이니라(마 22:37-40).

결국 모든 것은 사랑으로 귀결된다. 예수님을 본 적 없지만 따르고 있는 우리 같은 사람들에게 베드로가 잘 설명해 준다.

> 예수를 너희가 보지 못하였으나 사랑하는도다. 이제도 보지 못하나 믿고 말할 수 없는 영광스러운 즐거움으로 기뻐하니(벧전 1:8).

선한 인생을 살기 위해 일련의 규칙들을 성실히 지키거나 도덕성을 억지로 만들어 내라는 말이 아니다. 예수님을 따르는 삶은 하나님을 사랑하고 하나님을 기뻐하는 것이다.

다행히 예수님은 우리 멋대로 하나님을 사랑할 수 있다고 착각하지 않도록 명확하게 말씀하셨다.

> 너희가 나를 사랑하면 나의 계명을 지키리라(요 14:15).

'하나님을 사랑하라'는 으뜸 되는 계명은 '이웃을 사랑하라'는 둘째 계명에서 구체화된다. 요한 사도도 실제적으로 이야기한다. 우리가 주변 사람들을 사랑하지 않는다면 보이지 않는 하나님을 사랑할 수는 없다(요일 4:20)는 것이다.

진정한 사랑은 자신이 사랑하는 이들을 위해 희생하는 것이다.

> 그가 우리를 위하여 목숨을 버리셨으니 우리가 이로써 사랑을 알고
> 우리도 형제들을 위하여 목숨을 버리는 것이 마땅하니라(요일 3:16).

사랑을 이런 의미에서 이해한다면 하나님을 사랑하는 것과 예수 그리스도께 순종하는 것은 분리될 수 없음을 쉽게 이해할 수 있다. 하나님의 사랑은 우리를 내면으로부터 변화시키시며 우리 인생의 모든 측면을 새롭게 정의하신다.

모든 것을 버려도 아깝지 않은 투자, 제자

앞으로 이 책을 읽으면서 예수님의 제자가 된다는 것이 무엇을 의미하는지 고민할 것이다. 성경이 가르치는 바와 그것이 지금 각자 삶의 방식에 어떤 의미가 있는지 생각할 것이다. 또한 다른 사람을 예수님의 제자로 가르치기 전에, 자신의 마음을 점검하고 스스로 제자인지 확인하는 시간이 될 것이다.

다음 말씀을 천천히 주의 깊게 읽어 보라. 말씀을 읽고 난 뒤, 이 책을 어떻게 대할지, 주님과의 관계에 어떻게 임할지 생각해 보라. 그러고 나서 이 책 부록에 정리해 둔 질문을 활용하여 예수님을 따르는 삶의 대가를 계산해 보라.

> 수많은 무리가 함께 갈새 예수께서 돌이키사 이르시되 무릇 내게 오는 자가 자기 부모와 처자와 형제와 자매와 더욱이 자기 목숨까지 미워하지 아니하면 능히 내 제자가 되지 못하고 누구든지 자기 십자가를 지고 나를 따르지 않는 자도 능히 내 제자가 되지 못하리라. 너희 중의 누가 망대를 세우고자 할진대 자기의 가진 것이 준공하기까지에 족할는지 먼저 앉아 그 비용을 계산하지 아니하겠느냐. 그렇게 아니하여 그 기초만 쌓고 능히 이루지 못하면 보는 자가 다 비웃어 이르되 이 사람이 공사를 시작하고 능히 이루지 못하였다 하리라. 또 어떤 임금이 다른 임금과 싸우러 갈 때에 먼저 앉아 일만 명으로써 저 이만 명을 거느리고 오는 자를 대적할 수 있을까

헤아리지 아니하겠느냐. 만일 못할 터이면 그가 아직 멀리 있을 때에 사신을 보내어 화친을 청할지니라. 이와 같이 너희 중의 누구든지 자기의 모든 소유를 버리지 아니하면 능히 내 제자가 되지 못하리라(눅 14:25-33).

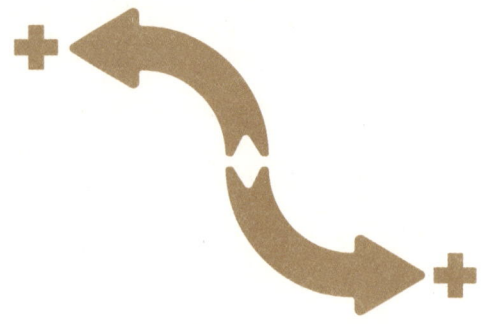

chapter **2**

예수님을 따른다면
제자를 삼으라

상상해 보라. 죽은 사람이 살아나서 말한다면 어떻겠는가? 정말 지금 눈앞에서 그런 일이 일어난다면 어떻겠는가? 어떤 느낌이겠는가? 얼마나 집중해서 그의 말을 듣겠는가? 얼마나 진지하게 그의 말을 받아들이겠는가?

열두 제자들에게 예수님의 부활이 어떻게 다가왔을지 상상해 보라. 그들은 각자 직업을 갖고 일상을 살다가 어느 날 신비로운 스승으로부터 그를 따르라는 부름을 받았다. 제자들은 스승을 따르는 동안, 그가 종교 지도자들에게 도전하고 죄인들을 품어 주고 병자들을 치유하고 죽은 자를 살려 내는 것을 보았다. 예수님이 범상치 않은 분이심을 알았다. 여러 번 여러 각도에서 사람들은 예수님을 하나님의 백성에게 구원을 베푸실 메시아로 인식했다. 하지만 메시아를 향한 사람들의 기대와 딱 맞아떨어지는 분은 아니었다.

제자들은 예수님 곁에서 이 모든 것을 직접 경험했다. 눈 먼 자가 눈을 뜨는 장면을 목격했다. 구제불능의 죄인을 용서하시고 망가진 인생들을 회복하시는 주님의 말씀도 생생하게 들었다. 주님이 기적을 베풀어 큰 무리를 먹이실 때 직접 곁에서 빵과 물고기를 나누어 주기도 했다. 제자들은 항상은 아니었지만 드문드문 예수님의 진짜 정체를 인식했던 것 같다. 그들은 어디를 가든 예수님을 따랐다. 하나님 백성들의 미래를 회복할 유일한 분이라고 믿었기 때문이다.

그러나 주님은 죽으셨다. 그냥 죽으셨다. 끝이었다. 한때는 예수님이 절대적인 능력을 가지신 것 같았다. 질병과 사망, 모든 사람과 모든 사물을 다스리는 능력을 가지신 것 같았다. 그 능력으로 세상이 갈망하는 치유와 구원을 이루실 것 같았다. 하지만 더 멋진 세상에 대한 제자들의 희망은 예수님이 십자가에 달리셨을 때 함께 죽고 말았다.

제자들은 3일간을 혼란과 슬픔 가운데 보냈다. 바라던 모든 것이 사라졌다. 예수라는 신비한 인물을 따라다닌 3년은 허송세월이었던가.

그때 사건이 일어났다. 예수님이 죽은 자들 가운데서 살아 돌아왔다! 예수님이 죽은 지 3일 만에 다시 나타났을 때 제자들의 모든 희망이 되살아났다! 이제는 어떤 의심도 있을 수 없었다! 예수님이 죄와 사망까지 정복하셨으니 이 부서진 세상을 고치실 것이 분명했다. 예수님은 모든 사람이 고대하던 것을 완성하실 것이다. 아무것도 주님을 막을 수 없을 것이다.

다시 한 번 주님은 모든 사람을 놀라게 했다. 그러나 주님은 즉각 세상을 변화시키겠다고 말씀하지 않으셨다. 오히려 제자들에게 마지막 한 가지 명령을 주고 하늘로 승천하셨다. 그렇게 흔적 없이 가셨다.

어떤 명령을 주셨는가? 주님이 시작하신 일을 그들이 완수해야 한다는 말씀이었다. 예수님이 예루살렘과 인근에서 선포하시고 선보이신 메시지를 땅 끝까지 전파하라는 명령이었다.

예수께서 나아와 말씀하여 이르시되 하늘과 땅의 모든 권세를 내게 주셨으니, 그러므로 너희는 가서 모든 민족을 제자로 삼아 아버지와 아들과 성령의 이름으로 세례를 베풀고, 내가 너희에게 분부한 모든 것을 가르쳐 지키게 하라. 볼지어다. 내가 세상 끝날까지 너희와 항상 함께 있으리라 하시니라(마 28:18-20).

교회, 영혼의 생사를 위임받다

모든 민족을 제자 삼으라는 예수님의 명령을 생각할 때 어떤 생각이 드는가? 이 성경 구절을 선교지에 나가는 목사나 선교사들을 독려하는 말씀이라고 생각하는 사람들이 많다. 그런 사람들 중 하나인가? 바로 당신에게 주신 예수님의 명령이라고는 생각해 본 적은 없는가?

신약성경 전체를 읽다 보면 하나님의 백성이 다 함께 예수님 명령에 순종하는 모습을 본다. 그들은 주변 사람들에게 다가가 예수님을 따르고 순종하라고 부른다. 제자들은 나가서 사람들을 제자 삼고 가르쳐서 예수님이 명령하신 모든 것을 지키게 하고 세례를 베푼다. 어떤 이들은 다른 지역으로 이동해서 순회하며 더 많은 사람들에게 증거하며 살기도 했다. 예수님 말씀을 진지하게 문자 그대로 받아들였기 때문이다.

신약을 읽으면, 예수님의 제자들이 제자 삼는 일에 중점을 두고 있다는 사실을 알게 된다. 예수님의 공생애 사역과 대위임 명령을 고려할 때 일맥상통한다. 하지만 제자 삼으라는 예수님의 명령을 생각할 때 오늘날 교회들의 모습은 의아하지 않을 수 없다.

왜 오늘날 교회에서는 제자 삼는 일을 거의 볼 수 없는 것일까? 혹시 예수님이 열두 제자들에게는 제자 삼으라고 말씀하셨지만 21세기 교회에는 다른 것을 원한다고 믿는가? 누구나 그렇지는 않을 것이지만, 우리는 그런 교회 문화를 만들어 냈다. 유급 사역자들이 '사역'을 담당하고 나머지 사람들은 출석만 해서 헌금 좀 하고 '채움' 받았다고 느끼며 떠나는 문화 말이다. 예수님의 명령으로부터 너무 많이 벗어났다. 성도들은 제자 삼는 것이 무엇인지 기준 자체를 잃어버렸다.

그저 프로그램이 아니다

그렇다면 제자 삼는 것은 무엇인가? 이 질문에 조심스럽게 답해야 한다. 어떤 이들에게 교회 생활은 너무 프로그램에만 초점이 맞춰져 있어서 제자 삼으라는 예수님의 명령조차 프로그램 용어로 받아들이기 때문이다. 쉽게 상상할 수 있는 그림은 이렇다. 교회 지도자들이 제자 양육 운동을 일으키면 성도들이 등록한 뒤 몇 달간 시간을 내서 참석한다. 그러고는 대위임 명령을 이행했다고 착각하고 사역 목록에서 지워 버리는 것이다.

하지만 제자 양육은 프로그램이 아니다. 사명이다. 우리의 존재이유다. 예수님의 제자란 제자 양육자이다. 그렇다면 제자 삼는 것을 어떻게 정리해야 할까?

대위임 명령은 제자 양육의 구성 요소를 3단계로 설명한다. '가라. 세례를 주라. 예수님이 명하신 모든 것을 가르쳐 지키게 하라.' 놀라울 정도로 간단하다. 학위를 요구하는 것도 아니고 안수를 받아야 하는 것도 아니고, 특정한 성직이 필요한 것도 아니다. 다만 사람들에게 가서, 예수님을 따르도록 권면하고(이것이 세례의 참 의미다) 성경에 나오는 예수님의 명령에 순종하도록 가르치는 것이다. 개념만큼은 어려울 것이 없다.

하지만 이해는 참 쉬운데 실천은 참 어렵다. 세례부터 이야기해 보자. 지금은 세례가 대수로운 문제가 아닌 것처럼 보일 수 있다. 그래서 그렇게 많은 크리스천들이 세례를 받지 않는 것 같다. 하지만 초대교회 때 세례는 굉장한 일이었다. 세례는 한 사람이 예수 그리스도의 제자라는 표시로서 빼놓을 수 없는 행위였다. 예수님이 죽으시고 땅에 묻히신 것처럼 크리스천도 수면 아래 잠긴다. 그리고 예수님이 부활의 몸으로 무덤에서 나오신 것처럼 크리스천도 새로운 피조물로 세례의 물에서 나온다.

1세기 크리스천들은 예수님의 죽음과 부활에 연합하여 자기 인식을 하는 단계를 밟을 때 공개적으로 그리스도에 대한 충성 서약을 했다. 이는 곧 순교의 다짐이었다. 세상이 예수님을 향해 드러내는 모든 적대감이 이제는 그들에게 쏠릴 것이기 때문이었다. 그러므로 세례는 한 사람의 삶과 정체성, 우선순위가 예수님과 예수님이 주신 사명에 집중된다는 선언이었다.

어떤 환경에 사느냐에 따라 세례를 받겠다는 결정이나 다짐을 하지 않았을 수도 있다. 하지만 그리스도와 연합하여 자기를 인식하는 행위는 어느 환경에 있느냐와 상관없이 크리스천에게 본질적인 문제이다.

세례가 생각했던 것보다 훨씬 중요한 것처럼, 마찬가지로 사람들에게 예수님의 명령을 가르쳐 지키게 하는 것도 중차대한 임무다. 실제적으로 볼 때, 이 임무를 수행하려면 평생 헌신하여 성경을 연구하고 주변 사람들에게 투자해야 한다. 결코 쉬운 일도 아니고 우리의 사역 목록에서 지울 수도 없는 일이다. '끝'이 없는 임무다. 꾸준히 성경 연구에 매진함으로 더 깊이 더 분명하게 하나님이 우리에게 원하시는 것을 배워서 알고 실행하고 전할 수 있다. 또한 끊임없이 주변 사람들에게 투자하여 그들을 가르치고 그들과 삶의 애환을 함께하게 된다.

제자도 과정은 '완료'가 없다. 마치 아이를 키우는 것과 같다. 아이가 자립할 준비가 되는 날이 오겠지만 그렇다고 관계가 끝나는 것은 아니기 때문이다. 우정이 계속되는 동안, 언제든 인도와 격려가 필요한 시기들이 있게 마련이다. 그뿐 아니라, 하나님은 계속해서 새로운 사람들을 우리에게 보내셔서 제자도 과정을 처음부터 새롭게 시작할 기회들을 주신다.

제자를 양육함으로 예수님을 따르는 삶은 이해하기 어려운 것이 아니다. 하지만 큰 대가를 치러야 할 때도 있다. 때로 예수님의 가르침은 소화하기 어렵다. 그래서 그 말씀을 나누다가 메시지와 함께 거부를 당하기도 한다. 예수님이 말씀하셨다.

> 세상이 너희를 미워하면 너희보다 먼저 나를 미워한 줄을 알라. 너희가 세상에 속하였으면 세상이 자기의 것을 사랑할 것이나 너희는 세상에 속한 자가 아니요 도리어 내가 너희를 세상에서 택하였기 때문에 세상이 너희를 미워하느니라. 내가 너희에게 종이 주인보다 더 크지 못하다 한 말을 기억하라. 사람들이 나를 박해하였은즉 너희도 박해할 것이요. 내 말을 지켰은즉 너희 말도 지킬 것이라 (요 15:18-20).

아주 이해하기 쉬운 말씀이다. 하지만 엄청난 대가 지불을 요구할 때도 있다.

"나만의 고민으로도 벅차다"

안타깝게도 제자 양육은 목사나 선교사들의 전유물이 되었다. 외판원은 물건을 팔고, 보험업자는 보험을 계약하고, 사역자들은 사역을 한다. 적어도 오늘날 대부분 교회들의 생리다.

신약에 나오는 목사, 장로, 사도들이 제자를 세운 것은 맞다. 그러나 제자도는 모든 이의 의무였다는 사실을 간과하면 안 된다. 초대

교회 구성원들은 제자 양육의 의무를 매우 진지하게 받아들였다. 그들에게 교회는 CEO가 운영하는 회사가 아니었다. 오히려 그들은 교회를 각 지체가 역할을 해야만 정상적으로 기능하는 몸으로 인식했다.

바울은 교회 기능을 이렇게 설명한다.

그가 어떤 사람은 사도로, 어떤 사람은 선지자로, 어떤 사람은 복음 전하는 자로, 어떤 사람은 목사와 교사로 삼으셨으니 이는 성도를 온전하게 하여 봉사의 일을 하게 하며 그리스도의 몸을 세우려 하심이라. 우리가 다 하나님의 아들을 믿는 것과 아는 일에 하나가 되어 온전한 사람을 이루어 그리스도의 장성한 분량이 충만한 데까지 이르리니 … 오직 사랑 안에서 참된 것을 하여 범사에 그에게까지 자랄지라. 그는 머리니 곧 그리스도라. 그에게서 온몸이 각 마디를 통하여 도움을 받음으로 연결되고 결합되어 각 지체의 분량대로 역사하여 그 몸을 자라게 하며 사랑 안에서 스스로 세우느니라"(엡 4:11-16).

바울은 교회를 구원받은 사람들의 공동체로 보았다. 그 안에서 각 사람은 적극적으로 사역에 동참하는 것이다. 목사는 사역자가 아니다. 적어도 우리가 전형적으로 생각하는 사역자의 개념은 아니다. 목사는 돕는 자다. 교회의 모든 구성원이 사역자다.

이는 시사하는 바가 크다. 단지 신학적인 이슈로 치부하지 말라. 이 구절을 직접 읽어 보라. 바울은 봉사의 일을 하는 것, 즉 사역이 당신의 임무라고 말하고 있다! 예수님도 제자 삼으라고 명령하셨다!

대부분 크리스천들이 몇 백 가지 근거를 대서라도 다른 사람을 제자 삼을 수 없는 이유나 그래서는 안 되는 이유를 말하려 할 것이다. "나는 사역자로 부름받지 않은 것 같다." "지금 감당해야 할 일이 너무 많다. 다른 사람에게 투자할 시간까지는 없다." "나는 아는 게 없다." "나만의 고민으로도 벅차다. 삶이 좀 정리되면 시작하겠다."

이런 변명들에 어떤 설득력이 있다 해도 예수님의 명령에는 예외 조항이 없다. 바쁘지 않다면 따라오라고 하지 않으셨다. 준비되었다고 느낄 때만 이웃을 사랑하라고 말씀하지 않으셨다. 누가복음 9장 57-62절에 보면, 그 시점에 예수님을 따를 수 없는 이유를 말하는 몇몇 사람이 나온다. 이 구절을 읽고 예수님이 그들에게 어떻게 반응했는지 확인해 보라. 아마도 놀랄 것이다.

지금의 당신을 만드신 이도 하나님이시다. 또한 지금까지 공급하셨던 그분이 앞으로도 당신이 이 임무를 수행하는데 필요한 모든 것을 공급하실 것이다. 예수님은 당신이 주변 사람들을 주목하여 그들을 제자로 세우는 일을 시작하라고 명하신다. 물론 하나님만이 사람들의 마음을 바꾸실 수 있고 제자 되고 싶은 소원을 주실 수 있다. 여전히 배울 것이 많지만 우리는 단지 그들을 열심히 가르치는 일에 순종해야 한다.

첫걸음을 내딛다

제자 양육자가 된다는 것은 사람들을 다르게 보기 시작한다는 뜻이다. 세상 모든 사람은 하나님의 형상대로 창조되었다. 예수님은 그들 모두가 각자 주님을 따르라고 명령하신다. 하나님은 이들을 당신 삶에 이끌어 오셔서 그들에게 영향을 미칠 수 있는 모든 것을 행하게 하신다. 예수님을 따른다는 것은 다른 사람들이 예수님을 따르도록 가르치는 것을 의미한다.

제자 양육을 향한 첫걸음에 대해 잠시 생각해 보라. 당신이 가르쳐 예수님을 따르도록, 하나님이 당신 삶에 보내신 사람은 누구인가? 그다지 잘 알지 못하는 사람이지만 하나님이 마음에 생각나게 하는 사람이 있을 수도 있다. 그렇다면 첫걸음은 그 사람과 관계를 형성하는 것이다. 아니면 오랜 시간 곁에서 알고 지낸 사람일 수도 있다. 그렇다면 그 관계가 다른 깊이에서 다뤄지도록 부르시는 것이다. 지금 서 있는 곳은 하나님이 세우신 자리다. 그러므로 주변 사람들은 우연히 거기에 있는 것이 아니다.

기억하라. 대위임 명령은 우리를 모든 종류의 사람들에게로 인도한다. 교회 안에 있는 사람들뿐 아니라 교회 밖에 있는 사람들에게도, 우리와 비슷한 사람들뿐 아니라 전혀 다른 사람들에게도 우리는 대위임 명령을 이행해야 한다. 다만 상대가 누구이든지 간에 우리는, 예수님이 누구시며 예수님을 따른다는 것이 어떤 의미인지를 이해해야 한다.

제자 삼는 일에 동역하라

하나님은 다른 크리스천들을 동역자로 바라보기 원하신다. 하나님은 제자 세우는 일을 혼자서 하라고 부르지 않으셨다. 우리 각자를 교회라는 몸 안에 두셔서 주변 사람들에게 격려와 도전을 받도록 하셨다. 당신도 그들에게 격려와 도전을 주도록 부름받았다.

이 책을 교재 삼아 함께 공부할 크리스천들이 있는가? 반드시 도전해야 할 질문들을 던질 수 있는 성숙한 성도들이 있는가? 무엇보다 이 책을 읽으면서 성경의 진리들로 생각과 마음과 생활방식을 가득 채워야 한다. 그러나 더 나아가 다른 사람들과 나누고 도전하고 동역하면 훨씬 많은 유익을 얻을 것이다. 인간은 홀로 살도록 지음받지 않았기 때문이다.

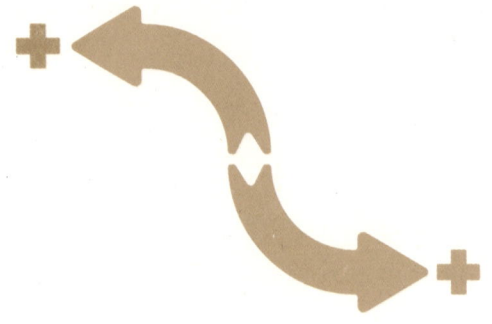

chapter 3

제자라면 먼저
삶의 본을 보이라

마음의 동기가 중요하다

"왜 제자를 양육하기 원하는가?" 이 질문을 스스로에게 던져본 적이 있는가? 그에 대한 대답이 매우 중요하다.

예수 그리스도의 제자로서 우리는 제자 양육에 집중해야 한다. 하지만 바른 동기로 이 일을 하지 않는다면 시간을 낭비하는 것이다. 설상가상으로 유익이 아닌 해를 끼칠 수도 있다. 어느 시대에나 경건의 모양만 있는 사람들에게는 다른 사람을 섬기는 일 자체가 치명적인 덫이 되어 왔다. 만약 하나님이 겉모습과 종교 활동에만 관심을 두신 분이라면 어떠한 사역과 활동이든 하나님을 기쁘시게 할 것이다. 그러나 하나님은 반복해서 말씀하시기를, 외모보다 중심을 보신다.

하나님이 종교 활동만 신경 쓰는 분이셨다면 단연 바리새인들이 믿음의 영웅이 되었을 것이다. 바리새인들은 꾸준히 사역했다. 경건을 외적으로 표현하는 일에 상당히 열정적이었다. 주변 사람들에게 거룩한 삶을 살도록 강권했고 하나님의 법을 성실하게 가르쳤다. 그러나 복음서는 바리새인들을 악인으로 묘사한다. 예수님은 이 종교 공로주의자들에게 가장 혹독한 언어를 쏟아부으셨다.

이 백성이 입술로는 나를 공경하되 마음은 내게서 멀도다. 사람의 계명으로 교훈을 삼아 가르치니 나를 헛되이 경배하는도다 하였느니라 하시고(마 15:8-9).

바리새인들은 종교 행위에 인생을 다 바친 사람들이었다. 주변 사람들에게도 상당히 감명을 주었던 것이 분명하다. 그러나 예수님은 오셔서 바리새인들이 다 부질없는 짓을 한다고 폭로하셨다! '외식과 중심'은 성경 전반의 주요 주제 중 하나다.

내가 보는 것은 사람과 같지 아니하니 사람은 외모를 보거니와 나 여호와는 중심을 보느니라 하시더라(삼상 16:7).

단연코 하나님은 우리가 어떤 행동을 실천하기 원하신다. 하지만 하나님 명령을 실천할 때 비로소 우리의 동기가 모든 것을 변화시킨다.

가르침은 위험하다

스스로에게 질문하라. 왜 제자를 양육하기 원하는가?

제자 양육자가 되겠다고 결정했지만 그다지 내키지 않을 수도 있다. 예수님은 제자 삼으라고 명령하셨고 그 명령에 불순종하고 싶지 않기 때문에 아직까지 이 책을 덮지 않은 것일 수 있다. 보여 드릴 것은 많지 않지만 하나님이 원하시는 대로 쓰시도록 자신을 내드려야 함을 알고 있기 때문일 수 있다. 아니면 늘 자신을 리더로 인식하고 있어서일 수도 있다. 교회가 들어야 할 메시지가 당신에게 있고 누구든 듣고자 하는 이들에게 가르칠 준비가 되어 있기 때문일 수도 있다. 동기 부여는 필요하지 않다. 다만 잘 준비되기만 바랄 뿐이다.

제자 삼는 일이 그다지 내키지 않는 사람들에게 말한다. 하나님은 우리가 단지 의무감이 아니라 기쁨으로 사역하기를 원하신다. 다른 사람을 즐거이 섬기는 특권과 기쁨을 누리기를 원하신다(고후 9:7). 또한 다른 사람을 기꺼이 인도하기를 원하신다.

> 너희 중에 있는 하나님의 양 무리를 치되 억지로 하지 말고 하나님의 뜻을 따라 자원함으로 하며 더러운 이득을 위하여 하지 말고 기꺼이 하며(벧전 5:2).

자원하여 제자 삼기를 시작하려는 이들에게 당부한다. 당신은 이제 성경을 가르쳐서 그들로 하여금 경건한 삶을 살도록 안내할 것이다. 성경이 교사의 역할을 진지하게 보듯이, 우리도 그리해야 한다. 하나님은 주의하여 인도하기 원하신다.

야고보는 혀의 권세에 대해 무시무시한 경고를 했다. 혀는 진리를 말하여 생명을 전할 수도 있지만, 또한 엄청난 상처를 남길 수도 있기 때문이다. 혀는 길들여지지 않는다고 야고보가 말한다. 우리 인생이 방향을 바꿀 수도 있고 치명적인 독을 뿜을 수도 있고 "삶의 수레바퀴를 불사르나니"라고 말한다(약 3:6).

심중에 다른 사람을 가르치고 인도함으로 얻어지는 영광과 특권에 대한 갈망이 조금이라도 있다면 야고보의 경고를 마음에 새겨야 한다.

입술로 할 수 있는 것이 무엇인지 생각해 보라. 제자 양육자로서 당신은 하나님의 나라에 거대한 영향력을 미칠 수 있다. 아니면 사람들을 심각하게 오도할 수도 있다.

사랑이 먼저다

바울은 다른 각도에서 도전을 준다. 가장 아름다운 언어로 말하기를, 지식과 능력이 있어도, 심지어 자기 몸을 희생할지라도, 사랑이 없으면 아무 소용이 없다고 한다.

> 내가 사람의 방언과 천사의 말을 할지라도 사랑이 없으면 소리 나는 구리와 울리는 꽹과리가 되고 내가 예언하는 능력이 있어 모든 비밀과 모든 지식을 알고 또 산을 옮길 만한 모든 믿음이 있을지라도 사랑이 없으면 내가 아무것도 아니요. 내가 내게 있는 모든 것으로 구제하고 또 내 몸을 불사르게 내줄지라도 사랑이 없으면 내게 아무 유익이 없느니라(고전 13:1-3).

사랑이 없는 사역은 결과가 심각하다. 바울은 "소리 나는 구리와 울리는 꽹과리가 되고 … 아무것도 아니요 … 아무 유익이 없느니라"라고 말한다. 가장 인상적이고 희생적인 행위도 사랑으로 한 것이 아니면 소용이 없다는 뜻이다.

혹시 상대방을 사랑하지 않고도 가르치는 유형인가? 너무 급하게 대답하지는 말라. 훌륭하다고 존경받는 많은 목회자들도 사역의 분주함에 빠져 사람들을 사랑하지 않고 활동할 때가 있다고 고백한다. 우리는 모두 사랑을 최우선으로 삼기 위해 부단히 노력해야 한다.

사람들과 모임을 할 때 어떤 생각과 느낌을 갖는가? 부유하고 매력적이어서 무언가 당신에게 줄 게 많은 사람들의 존재를 지나치게 의식하지 않는가? 사람들이 당신을 어떻게 생각할지 걱정하지는 않는가? 아니면 사람들을 사랑할 방법과 무언가를 나눌 기회를 찾으려고 하는가? 사람들을 내 필요의 수단으로 보고 있다면 그 마음에 사랑이 없는 게 분명하다. 예를 들면, 내가 원할 때는 경청하고 원하지 않을 때는 반응하지 않는 것이다. 이런 태도로 누군가를 가르친다면 그야말로 바울의 말처럼 '소리 나는 구리와 울리는 꽹과리'가 될 뿐이다. 자신을 성가시고 쓸모없는 존재로 만드는 것이다.

제자 삼으라는 예수님의 명령을 수행하는 것은 단지 바른 신학을 갖고 잘 정리된 강의를 하는 것 이상이다. '모든 비밀과 모든 지식을 알지라도' 사랑이 없다면 아무것도 아님을 기억하라. 동일한 서신에서 바울은 말한다.

만일 누구든지 무엇을 아는 줄로 생각하면 아직도 마땅히 알 것을 알지 못하는 것이요, 또 누구든지 하나님을 사랑하면 그 사람은 하나님도 알아주시느니라(고전 8:2-3).

무엇을 아느냐의 문제도 무엇을 안다고 생각하느냐의 문제도 아니다. 결국 사랑의 문제다.

하나님을 사랑하는 것과 사람들을 사랑하는 것을 최우선 순위에 놓을 생각이 없다면 여기서 책을 덮어라. 진지하게 말하는데, 이 본질적인 부분이 해결될 때까지는 물러서 있으라. 사랑이 없다는 것은 틀림없이 죽어 있다는 표시다.

우리는 형제를 사랑함으로 사망에서 옮겨 생명으로 들어간 줄을 알거니와 사랑하지 아니하는 자는 사망에 머물러 있느니라(요일 3:14).

제자 양육은 가르침에 따를 학생들을 모은다는 뜻이 아니다. 진짜 초점은 사람들을 가르치는 데 있지 않고 사람들을 사랑하는 데 있다. 제자 삼으라는 예수님의 부르심에는 사람들을 가르쳐 예수님께 순종하는 제자가 되게 만들라는 뜻이 있긴 하지만, 가르침이 최종 목표는 아니다. 궁극적으로 제자 양육은 주변 사람들을 사랑하라는 하나님의 부르심을 신실하게 따르는 것이다. 그들을 사랑하되 충분히 사랑하여 그들도 하나님을 사랑하고 하나님께 순종할 필요가 있음을 깨닫게 하는 것이다. 다만 그들을 구세주께 인도하여 주님이 그들을 죄와 사망의 권세로부터 자유케 하시고 그리스도를 사랑하는 제자로 변화시키시도록 하는 것이다. 더 나아가 그들 역시 하나님을 사랑하고 하나님께 순종하도록 가르칠 제자들을 세우는 일에 순종함으로 하나님을 영화롭게 하는 것이다.

단도직입적으로 묻겠다. 주변 사람들을 얼마만큼 소중히 여기는가? 회중 가운데 있거나, 가족과 함께하거나, 교회 사람들과 이야기할 때, 그들을 사랑하는가? 그들이 삶의 모든 면에서 하나님께 영광 돌리는 것을 보기 원하는가? 정직하게 마음을 점검하고 하나님께 내면의 동기를 정화시켜 달라고 간구하는 일이 습관화 되어야 한다.

잠시 현재 인간관계를 생각해 보라. 가족과 친구들, 동역자들과 이웃들을 떠올려 보라. 하나님이 보내 주신 사람들과의 상호관계를 보면 내면의 동기가 어떤지 알 수 있다. 곁에 있는 그들을 얼마나 사랑하는지 자문해 보라. 현재 인간관계를 평가하면 힘써야 할 영역을 파악할 수 있다.

삶의 본보기로 가르치라

최악의 상황 가운데 하나는 자신도 지키지 않는 진리를 가르치는 것이다. 이를 '위선'이라 부른다. 오늘날 크리스천들이 가장 많이 받는 비난 중 하나일 것이다. 예수님은 이처럼 위선적으로 행했던 종교 지도자들에게 강한 어조로 경고하셨다.

그리므로 무엇이든지 그들(서기관과 바리새인들)이 말하는 바는 행하고 지키되 그들이 하는 행위는 본받지 말라. 그들은 말만 하고 행하지 아니하며 또 무거운 짐을 묶어 사람의 어깨에 지우되 자기는 이것을 한 손가락으로도 움직이려 하지 아니하며 그들의 모든 행위를 사람에게 보이고자 하나니 곧 그 경문 띠를 넓게 하며 옷술을 길게 하고(마 23:3-5).

위선은 본인뿐 아니라 다른 사람에게까지 해를 끼친다. 위선을 멀리해야 할 것이다. 야고보는 하나님의 말씀을 듣고도 말씀대로 행하지 않는다면 스스로를 속이는 것(약 1:22-25)이라고 말했다. 구체적인 실천이 없는 경건은 헛것이라고까지 말한다(약 1:26-27). 스스로를 속이며 헛된 경건을 일삼는 성도는 제자 양육자가 되기에 그다지 좋은 후보가 아니다.

히브리서는 본보기로 가르치는 것에 대해 잘 설명한다.

하나님의 말씀을 너희에게 일러 주고 너희를 인도하던 자들을 생각하며 그들의 행실의 결말을 주의하여 보고 그들의 믿음을 본받으라 (히 13:7).

여기서 생각하라는 말은 '주의깊게 조사하라'는 뜻이다. 인도자의 생활방식이 어떤 결과를 낳고 있는지 보라는 것이다. 종종 교리적인 입장만 집중적으로 따지느라 생활방식 살피는 것을 간과할 때가 있다.

중요한 것은 일상에 드러난 인도자의 믿음이다. 따라서 제자를 양육하려면 믿음을 실천하여 주변 사람들이 그 믿음을 본받도록 해야 한다.

결코 짧은 시간에 이루어질 일이 아니다. 제자 양육자가 되려면 인생 전체를 걸어야 한다. 제자 양육자는 예수 그리스도의 제자로서의 임무를 다해야 한다. 인생 전 영역에서 예수님을 따라야 한다. 전적인 헌신으로 주님을 좇아야 한다. 매우 간단하다. 그리스도께 삶을 바칠 각오가 되어 있지 않다면 아직 제자를 양육할 준비가 되지 않은 것이다.

시작도 하기 전에 완벽해야 한다는 뜻은 아니다. 평생을 거쳐도 영원 앞에 서기까지는 완성되지 않을 과정이다(빌 1:6; 3:12-14을 보라). 그러나 '비용을 계산'해 보고(눅 14:25-33을 보라) 하나님의 진리가 삶을 변화시키게 해야 한다. 제자 양육이란 하나님 말씀의 능력으로 사람들이 변화되는 것이다. 이런 일이 다른 사람들에게서 일어나는 것을 보기 원한다면, 개인적으로 먼저 그런 변화를 체험해야 한다.

multiply

part 2

제자를 삼는
가장 특별한 공동체,
교회

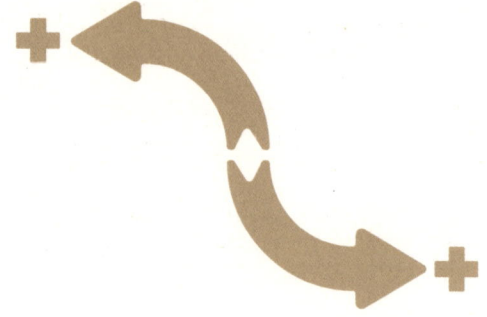

chapter 1

형제를 세우는 것은 하나님의 뜻이다

미디어에 그려지는 서구식 영웅들은 강하고 자존심이 강하고 혼자 다니는 경향이 있다. 서구 교회도 이런 종류의 개인주의 경향을 나타낸다. 많은 크리스천들이 자기 십자가를 지고 나를 좇으라고 하신 예수님의 부르심에 즉각 순종한다. 참으로 바람직한 반응이지만 주의할 점이 있다. 각자 예수님의 부르심에 순종해야 하지만, 그렇다고 각 개인으로 예수님을 따르는 것은 아니기 때문이다.

모든 제자 양육자에게 교회는 좋은 울타리다. 예수 그리스도의 교회와 무관하게 제자를 양육하는 것은 불가능하다. 이런 관점에서 생각해 보자. 신약은 이런저런 일들을 하되 '서로'를 위해 하라는 명령으로 가득하다. 서로 사랑하라, 서로를 위해 기도하라, 서로 격려하라 등. 그러니 사랑할 사람, 기도해 줄 사람, 격려해 줄 사람이 없다면 어떻게 사람들에게 "내가 분부한 모든 것을 지키게" 할 수 있겠는가?

혼자서는 '서로'라는 개념이 존재할 수 없다. 예수님을 혼자 따르는 것은 불가능하다. 예수님이 만드신 교회, 예수님이 위해서 죽으신 교회, 예수님이 당신의 사명을 맡기신 교회를 무시한다면 예수님을 따른다고 주장할 수 없다.

이번 장과 앞으로 두 장에서는 제자 양육을 '교회'라는 문맥에 바르게 자리매김해 보고자 한다. 이번 장은 교회로서 함께 살도록 부름받았다는 것이 무엇인지 살펴볼 것이다.

누군가를 예수님이 분부하신 것에 순종하도록 가르치는 것은 자신의 삶과 주변 크리스천들의 삶을 연결시켜야 하는 지속적인 과정이다. 따라서 우선 이번 장을 통해, 우리 개인이 다른 성도들과 연합하여 스스로 매인 죄에서 자유하고 보다 능력 있는 제자 양육자로 성장하도록 도전할 것이다. 그 다음 지역 사회 사람들과 전 세계 사람들에게 가라는 부르심을 집중적으로 살필 것이다. 어떤 경우에든 성도의 소명은 제자 삼는 것이다. 그러므로 하나님이 세우신 교회라는 견인차를 통해 이 부르심을 완성하는 법을 배워야 한다.

삶을 교회에 헌신하라

먼저, 하나님의 교회를 어떤 방식으로든 폄하하는 잘못이 우리에게 없는지 확인하자. 교회는 사회 모임도 아니고 단지 건물도 아니고 선택 사항도 아니다. 교회는 삶과 죽음이다. 교회는 세상에 다가가는 하나님의 전략이다. 그래서 교회 안에서 우리가 무엇을 하느냐가 중요하다. 교회 생활을 이벤트와 프로그램들로 규정하려는 경향이 있는데, 결코 이런 것들이 교회를 구성하는 게 아니다. 교회의 생명력과 사명을 촉진시킨다는 점에서는 도움이 될 수 있지만 이벤트성 프로그램을 교회의 건강과 직결시킬 수는 없다.

하나님은 성도들이 서로 사랑하는 방식과 그분의 사명을 추구하는 방식에 관심이 있으시다. 교회는 구원받은 사람들이 함께 살고 함께 섬기며 자신의 삶과 공동체를 변화시켜 가는 것이다. 여기서 중요한 점은 하나님이 보내 주신 사람들과 맺는 상호작용이다. 다른 크리스천들과 연결되어 섬기고 섬김받고, 도전하고 도전받지 않는다면 하나님이 뜻하신 대로 사는 것이 아니다. 또한 그런 교회는 하나님이 의도하신 대로 기능하는 것이 아니다.

성경 전체에서 세계 교회(모든 지역의 모든 제자들을 포함하는)의 그림들을 보기도 하고 지역 교회(일부 지역의 일부 제자들을 포함하는)의 그림들을 보기도 한다. 신약 성경에는 '교회'라는 언급이 114회 나온다. 그 중에 적어도 90회는 교제와 선교를 위해 함께 모인 특정 지역 성도들의 모임을 지칭한다. 하나님은 예수님의 모든 제자들이, 하나님의 영광을 위해 교회를 목양하는 목회자들의 섬김의 리더십 아래, 그런 모임의 일원이 되기 원하신다.

성경은 성도들이 지역 교회 일원이 되는 것을 분명히 우선순위로 말한다. 그러나 많은 크리스천들이 지역 교회에 진지하게 헌신하는 것을 멀리하는 신앙생활을 하려고 한다. 이유는 다양하다. 자립적인 성향이 강하고 성경이 말하는 상호의존이나 서로에 대한 순종과 책임이라는 주제를 두려워하기 때문일 수도 있다. 종종 우유부단하게 이 교회에서 저 교회로 다니며 '완벽한 장소'와 '완벽한 사람들'을 찾아다니기도 한다. 과거에 교회에서 일어난 일들로 상처받았기 때문이거나 굳이 지역 교회에 연결되어야 할 필요성을 느끼지 못하기 때문이기도 하다.

하지만 성경은 지역 교회가 중요하다고 말한다. 하나님은 지역 교회들을 주의 말씀을 가르치고 영혼들을 돌볼 신실한 지도자들에게 위탁하셨다(히 13:17, 벧전 5:1-6, 딤전 3:1-13; 5:17, 딛 1:5-9). 하나님이 우리를 지역 교회 안에 묶어 주신 것은 서로를 지켜 주어 죄 짓지 않게 하고 그리스도를 떠나지 않게 하시려는 것이다(갈 6:1-5, 마 18:15-20). 하나님은 지역 모임에 함께 모여 하나님 말씀을 선포하고 주의 만찬을 기념하고 새로운 신자들에게 세례를 주고 서로를 위해 기도하고 격려하라고 명하셨다(행 2:42, 히 10:24-25). 또한 흩어져서 성도들을 돌보고 불신자들에게 복음을 나누어야 한다(행 2:43-47).

제자가 되는 것과 제자 삼는 것은 삶을 지역 교회에 헌신하여 성경적인 리더십 아래 다른 성도들과 연합하는 것이다. 또한 그 덕분에 그리스도의 형상으로 자라 가고 세상에 그리스도의 사랑을 전하는 것이다.

서로의 짐을 지라

1부에서 모든 크리스천이 사역자라고 말했다. 바울은 하나님이 교회에 목사와 교사와 장로들을 주셔서 그들이 성도들을 가르쳐 사역할 수 있게 했다고 말했다. 목사의 직무는 교회에서 모든 사역을 하는 것이 아니다. 성경은 "성도를 온전하게 하여 봉사의 일을 하게 하며 그리스도의 몸을 세우려 하심이라"(엡 4:12)라고 말한다.

그렇다면 누구에게 사역해야 하며 어떻게 해야 할까? 사역이라는 임무 때문에 겁내지 말라. 하나님이 보내 주신 사람들을 신실하게 섬기는 것뿐이다. 바울은 이렇게 설명한다.

> 형제들아 사람이 만일 무슨 범죄한 일이 드러나거든 신령한 너희는 온유한 심령으로 그러한 자를 바로잡고 너 자신을 살펴보아 너도 시험을 받을까 두려워하라. 너희가 짐을 서로 지라. 그리하여 그리스도의 법을 성취하라(갈 6:1-2).

사역이 정말 무엇인지 실제적인 관점을 가지면 사역이라는 말에 겁을 먹지 않을 것이다. 물론 설교하는 은사나 회복 상담을 하는 은사나 가정 훈련 학교를 인도할 은사가 없을 수 있다. 그러나 죄의 문제로 씨름하거나 무거운 짐을 지고 가는 사람들을 알고 있지 않은가? 사역의 첫걸음은 간단하다. 그냥 그들을 도우라.

많은 크리스천들이 다른 사람 문제에 개입하기를 원치 않는다. 자신의 문제만으로도 충분히 머리 아프기 때문이다. 다른 사람의 골칫거리까지 끌어안아 문제를 복잡하게 만들 필요가 없지 않겠는가. 그럼에도 불구하고 그들에게 다가가야 하는 이유는 간단하다. 하나님이 다른 사람을 도우라고 말씀하셨기 때문이다. 이런 일을 하라고 우리를 창조하신 것이다. 한 개인의 문제는 개인의 문제로 끝나지 않는다.

궁극적으로 하나님이 울타리로 세우신 교회 공동체의 문제다. 크리스천이라면 누구나 삶 속에서 다른 이들을 격려하고 도전하고 돕도록 부름받았다. 그들도 당신에게 동일하게 해 주도록 부름을 받았다. 누군가를 돕기 전에 자신의 문제가 먼저 해결되기를 기다리지만, 그런 일은 결코 일어나지 않는다. 수많은 사람들이 그런 함정에 빠져 있다. 다른 사람을 섬길 때 진정한 만족감이 일어난다는 사실을 알지 못하기 때문이다.

문제의 표면 아래로 들어가라

하나님이 우리에게 보내 주신 사람들을 돕는다는 것이 어떤 뜻인지 재정의할 필요가 있다. 우리는 빠르고 쉬운 해결책에 끌리는 편이다. 사람들을 도울 때면 종종 문제의 표면에만 접근하고 결코 문제의 핵심까지 가려고 하지 않는다. 누군가 고통하고 신음할 때면 내가 힘들던 순간에 도움을 준 책을 건넨다. 그러나 시간을 내서 정말 상대방 인생에 투자하려고 하지 않는다. 과연 얼마나 많은 사람들이 지속적으로 경청하고 도움을 요청할 때마다 가능한 한 도움을 주려고 하는가?

죄의 문제로 씨름하는 친구에게는 즉시 그 죄가 왜 해로운지 설명하고 (끝까지 함께하든 못하든) 기도하겠다는 말만 하고 끝낸다. 과연 얼마나 많은 사람들이 죄와 씨름하는 친구의 문제가 다 해결되기까지 진지하게 그의 곁을 지켜주려고 하는가?

크리스천은 무관심하면 안 된다. 물론 종종 주변 사람들을 진지하게 도와주려고 하지만 외적인 행동에 대한 간편한 해답 찾기에 몰두하느라 진짜 문제점은 간과할 때가 너무 많다. 분노의 문제로 씨름하는 친구가 있다. 우리는 무엇이 그를 화나게 했는지 알아낸다. 그러고는 그의 분노를 자극하는 것들에서 그를 멀어지게 하려고 충고한다. 출퇴근 시간에는 운전하지 말라, 사장과는 되도록 말을 주고받지 말라, 정치 이야기는 피하라 등등 단순한 지침들이다. 그러나 외적 환경을 바꾼다 한들 마음의 변화는 일어나지 않는다. 실제로 그의 분노는 마음에 뿌리내리고 있는 문제다. 따라서 환경이 변한다 해도 분노는 스스로 표출될 또 다른 길을 찾기 마련이다.

예수님의 제자들이 관례적인 정결 의식을 행하지 않고 음식을 먹자 바리새인들은 스스로 부정케 되었다고 비난했다. 그러자 예수님은 겉으로 보이는 것 너머 마음에서 일어나는 것이 무엇인지 살피라고 말씀하신다.

예수께서 이르시되 너희도 이렇게 깨달음이 없느냐. 무엇이든지 밖에서 들어가는 것이 능히 사람을 더럽게 하지 못함을 알지 못하느냐. 이는 마음으로 들어가지 아니하고 배로 들어가 뒤로 나감이라. 이러므로 모든 음식물을 깨끗하다 하시니라. 또 이르시되 사람에게서 나오는 그것이 사람을 더럽게 하느니라. 속에서 곧 사람의 마음에서 나오는 것은 악한 생각 곧 음란과 도둑질과 살인과 간음과 탐욕과 악독과 속임과 음탕과 질투와 비방과 교만과 우매함이니 이 모든 악한 것이 다 속에서 나와서 사람을 더럽게 하느니라(막 7:18-23).

우리 삶에서 또는 주변 사람들 삶에서 대면하는 죄와의 씨름 목록이 이 말씀 가운데 다 있다. 악한 생각, 음란, 도둑질, 살인, 간음, 탐욕, 악독, 속임, 음탕, 질투, 비방, 교만, 우매함 등. 이런 문제에 접근할 때 오직 환경이나 행동을 조절하려고만 하는데, 실제로는 시간 낭비일 뿐이다. 이런 요소들은 "사람의 마음에서 나오는 것"들이다. 죄와 씨름하는 사람을 도울 수 있는 길이 무엇이든 간에 행동이 아닌 마음을 변화시키는데 집중해야 한다.

마음은 복음으로만 변화된다

그렇다면 어떻게 한 사람의 마음이 변할 수 있는가? 불가능하다. 분노 폭발을 억제하기 위해 몸을 묶거나 입을 막을 수는 있겠지만 우리에게는 그의 마음을 변화시킬 능력이 없다.

이 지점에서 하나님의 구원 계획이 작동하기 시작한다. 복음은 그저 '구원시켜 주는' 것만이 아니다. 기도만 하면 즉시 천국으로 직행하는 것이 아니다. 하나님은 '구원'과 크리스천 삶의 변화를 다음과 같이 말씀하신다.

또 새 영을 너희 속에 두고 새 마음을 너희에게 주되 너희 육신에서 굳은 마음을 제거하고 부드러운 마음을 줄 것이며 또 내 영을 너희

속에 두어 너희로 내 율례를 행하게 하리니 너희가 내 규례를 지켜 행할지라(겔 36:26-27).

구원은 지각변동과 같은 사건이다. '구원받는다'는 것은 기도하고도 여전히 아무 일도 일어나지 않은 것처럼 계속 사는 것이 아니다. 그럴 수 없다. 하나님이 우리 삶에 들어오시면 속에서부터 변화된다.

복음은 하나님이 예수 그리스도의 인격 안에서 일하신다는 것이다. 그리스도의 삶과 죽음과 부활을 통해 우리는 변화되었다. 새롭게 되었다. 문제는 우리 존재의 핵심에 놓여 있지만 하나님은 중심을 변화시키신다. 문자 그대로 하나님은 그의 영을 우리 안에 두사 우리가 속으로부터 변화되게 하신다.

그러므로 하나님이 우리에게 보내신 마음이 깨지고 상한 사람들을 대할 때 어디에서 능력이 나오는지 기억하자. 그저 열심히 일한다고 고칠 수 있는 육적인 문제들이 아니다. 상상하는 것 이상으로 상당히 영적인 문제들이다.

그러나 하나님은 우리가 그분의 소명을 완수하도록 필요한 모든 것을 공급하신다. 마음을 변화시키고 삶을 변화시키는 능력은 성령을 통해서(요 6:63), 하나님 말씀을 통해서(딤후 3:16-17), 기도를 통해서(약 5:16-20) 나온다. 다른 사람을 상담할 때 성경을 사용하면 능력이 있다(히 4:12). 그들 마음이 변화되도록 열정적으로 기도할 때 능력이 있다.

우리 노력으로는 다른 사람 마음에서 육욕이 사라지게 할 수 없지만 하나님의 영이 우리를 통해 일하시면 가능하다. 복음을 통해 사람들은 종노릇하게 만드는 죄의 권세로부터 자유케 된다(롬 6장). 복음을 통해 마음속에 있는 죄의 뿌리를 뽑고 하나님이 기뻐하시는 삶을 살 수 있는 실제적인 능력을 얻는다(갈 5장, 롬 8장). 바울은 약속한다.

> 너희가 육신대로 살면 반드시 죽을 것이로되 영으로써 몸의 행실을 죽이면 살리니(롬 8:13).

서로의 짐을 지는 것은 쉽지 않다. 그렇다고 선택 사항도 아니다. 이 도전을 정면으로 대면해야 한다. 기쁨을 상실하고 죄로 인한 패배감이 가득한 사람들이 쓸쓸히 흩어져 있는 교회 모습은 교회를 향한 하나님의 계획이 아니다. 예수님은 교회가 세기를 거듭할수록 사랑과 기쁨으로 충만하여 강력하게 전진해 가기를 원하셨다. 예수님은 분명하셨다.

> 내 교회를 세우리니 음부의 권세가 이기지 못하리라(마 16:18).

바울 또한 예수 그리스도를 죽은 자 가운데서 일으키신 하나님의 영이 우리를 통해서 일하신다(엡 1:15-23, 롬 8:11)고 말했다. 하나님은 교회가 외로운 개인들의 집합체가 아니라 하나로 연합된 유기체가 되기를 원하신다. 하나님은 우리에게 능력을 주사 주변 사람들의 삶에 진리와 변화를 전하게 하신다. 하나님은 우리가 그저 책이나 나뉘 주고 소망 사항이나 읊어 주는 수준에 만족하기를 원치 않으신다.

교회가 현대 사회에서 하나님이 주신 사명을 완수하기 원한다면, 서로에 대한 책임을 진지하게 받아들여야 한다. 서로의 짐을 지라고 하신 주님의 명령을 받아들인다는 것은, 상황이 복잡하거나 감당할 능력이 없다고 생각될 때에도 순종하겠다는 뜻이다.

그러므로 그리스도 안에 있는 한 자매가 교회 공동체의 다른 지체를 향해 해로운 말을 한다면, 그녀가 자신의 교만과 사랑 없음을 스스로 깨닫도록 도와야 한다. 더 나아가 그녀와 동행하면서 성령께서 그 문제에 관해 그녀 마음을 변화시키도록 간구해야 한다. 그리스도 안에 있는 한 형제가 육적 소욕에 노예가 되어 있는 것을 발견한다면, 그가 주를 경외함이 무엇인지 이해하도록 도와야 한다. 더 나아가 하나님이 그의 이기적인 욕구들을 진정한 사랑으로 변화시켜 주시도록 간구해야 한다.

심리학 학위가 없어도, 부르심에는 변함이 없다. 여전히 우리는 다른 크리스천들이 오직 성령의 능력으로부터 오는 치유와 변화를 구할 때 그들과 함께하도록 부름을 받았다.

모든 지체는 각자 역할을 한다

교회 사명은 다른 사람들에게 맡겨 두기에는 너무 중요하다. 당신은 열외되어 있는데도 교회가 건강할 수 있다고 믿는다면 하나님의 구원 계획을 포기한 것이다. 독특한 상황 가운데 두신 것은 하나님이 당신에게 보내신 다른 크리스천들을 섬기기 원하시기 때문이다. 교회에 대한 바울의 비전은 모든 크리스천을 포함한다.

> 오직 사랑 안에서 참된 것을 하여 범사에 그에게까지 자랄지라. 그는 머리니 곧 그리스도라. 그에게서 온몸이 각 마디를 통하여 도움을 받음으로 연결되고 결합되어 각 지체의 분량대로 역사하여 그 몸을 자라게 하며 사랑 안에서 스스로 세우느니라(엡 4:15-16).

교회의 목표는 모든 면에서 그리스도의 형상까지 자라 가는 것이다. 그러나 "각 지체가 분량대로 역사"하지 않는 이상 교회는 이 목표를 결코 이룰 수 없다. 그렇다고 우리가 모두 정확하게 똑같이 기능한다는 뜻은 아니다. 다만 모두에게 책임이 있다는 뜻이다. 또한 교회에서 적극적이지 않다면 지금 다른 형제자매들에게 상처를 주고 있다는 뜻이기도 하다. 다리 한 쪽이 마비되면 몸의 나머지 부분들이 두 배로 애를 써야만 보충할 수 있다.

지금 모습을 만드신 분은 하나님이시다. 성령님은 독특한 영적인 능력, 즉 '은사들'을 허락하신다. 우리는 함께 하나의 몸으로 기능한다. 당신을 포함해서 교회 모든 구성원이 주변 사람들에게 적극적으로 사역할 때까지, 우리 공동체는 교회의 본래적인 청사진을 정확하게 볼 수 없다.

자기 자신으로부터 걸어 나와 주변 사람들의 짐을 지라. 물론 시간을 소비하고 복잡하고 때로는 혼란스러울 것이다. 그래도 해야 한다. 사람들이 변하도록 돕는 것이야말로 제자도가 추구하는 것이다. 다른 크리스천들이 예수님을 따르도록 도울 때 그들을 사로잡는 유혹과 거짓과 우상들을 대면할 것이다. 어렵겠지만 예수님이 이루신 것과 이 모든 이야기가 어떻게 끝날지 알아야 한다. 하나님의 구원 계획에서 각자 맡을 역할이 있기 때문이다. 역할이 항상 재미있지는 않겠지만 우리는 하나님의 부르심에 신실해야 한다.

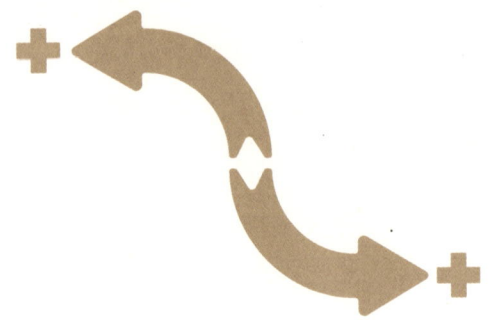

chapter 2

이웃이 교회의
특별함을 알게 하라

우리가 아직 지상에 살고 있다는 것은 "가서 모든 족속으로 제자를 삼으라"라는 예수님이 맡기신 사명을 이어 가기 위함이다.

하지만 혼자 그 일을 할 수는 없으며 그렇게 기대할 수도 없다. 하나님은 동료 크리스천들과 더불어 일하며 세상 사람들에게 하나님의 치유와 변화를 전달하라고 말씀하신다. 하나님의 구원 계획에는 주위 사람들에게 다가가기 위해 교회가 연합하여 일하는 것도 포함된다. 교회 안에서 교회의 몸 된 지체들에게 서로 헌신한다는 뜻이다. 다방면에서 서로에게 도전을 주고 서로를 사랑하고 서로를 섬길 책임이 있다. 모든 지체가 이 책임을 진지하게 받아들일 때 건강한 교회가 세워진다(엡 4:16).

교회가 하나님이 의도하신 대로 기능할 때 기적적인 결과가 나온다. 교회는 치유의 장소가 될 것이다. 또한 하나님이 원하시는 교회의 그림을 보게 될 것이다.

그러나 이러한 비전은 교회 공동체 안에 있는 사람들에게 국한되지 않는다. 하나님의 계획은 보다 광대하여, 온 세상으로 가기 원하신다. 교회 안에 있는 사람들과만 행복하게 지낸다면 하나님의 구원 계획은 완성되지 않는다. 내부에만 초점을 맞추는 교회는 건강한 교회가 아니다. 오히려 죽어 가는 교회다. 성경적으로 볼 때 바깥세상을 바라보지 않는 교회는 교회도 아니다.

예수님은 지상에서의 목적을 분명히 하셨다.

인자가 온 것은 잃어버린 자를 찾아 구원하려 함이니라(눅 19:10).

이와 같이 우리의 부르심도 하나님을 알지 못하는 사람들에게 다가가는 것에 초점이 맞춰져 있어야 한다.

너희는 세상의 빛이라. 산 위에 있는 동네가 숨겨지지 못할 것이요. 사람이 등불을 켜서 말 아래에 두지 아니하고 등경 위에 두나니 이러므로 집 안 모든 사람에게 비치느니라. 이같이 너희 빛이 사람 앞에 비치게 하여 그들로 너희 착한 행실을 보고 하늘에 계신 너희 아버지께 영광을 돌리게 하라(마 5:14-16).

초점을 내부에 두지 말라. 적대적 환경 가운데 살지만 우리는 폭탄이라기보다는 등대에 더 가깝다. 문제 뒤에 숨도록 부름받은 것이 아니라 문제 가운데 사람들을 인도하도록 부름받았다. 사랑으로 다른 사람을 섬기지 않으면 사명을 완성할 수 없다. 그러므로 끼리끼리의 모임 안에서만 살아가는 것은 궁극적인 목적이 아니다. 하나님이 교회를 더 넓은 지역 공동체 안에 심어 두신 것은 그분의 사랑과 희망과 치유를 주변 사람들의 삶에 전하게 하시려는 것이다.

사랑으로 알려지다

우리는 서로 사랑해야 함을 안다. 두 가지 큰 계명은 하나님을 사랑하고 이웃을 사랑하는 것이다(막 12:28-31). 사랑은 예수님의 제자가 되는 일에 기초가 된다. 사랑이 있어야만 우리는 바깥세상을 향해 가겠다는 동기를 부여받기 때문이다. 다른 사람을 사랑할 수 있는 유일한 이유는 하나님이 우리를 먼저 사랑하셨기 때문이다(요일 4:19). 우리가 사랑으로 변화된 것은 "우리에게 주신 성령으로 말미암아 하나님의 사랑이 우리 마음에 부은 바" 되었기 때문이다(롬 5:5).

그렇다면 사랑의 목적은 무엇인가? 사랑은 우리가 상호 작용하는 방식을 좌우하며, 이로써 세상이 우리를 알아볼 것이다.

> 새 계명을 너희에게 주노니 서로 사랑하라. 내가 너희를 사랑한 것 같이 너희도 서로 사랑하라. 너희가 서로 사랑하면 이로써 모든 사람이 너희가 내 제자인 줄 알리라(요 13:34-35).

가령 주님 곁에서 3년을 배웠다고 치자. 삶이 변하지 않았겠는가? 다른 사람들이 그 변화를 감지했을 것이다. 뭔가 개인적으로 예수님과 연결되어 있음을 보여 주는 신호였을 것이다. 그러나 그 변화의 신호가 단지 말의 가르침이나 경건의 추구에서만 나타나면 안 된다. 사람들이 지금껏 보지 못한 사랑을 감지할 수 있어야 한다.

예수님은 제자들에게 그들의 사랑 때문에 세상에서 다르게 보여야 한다고 말씀하셨다. 그와 마찬가지로 우리 역시 주변 사람들을 사랑하는 방식이 우리가 예수님께 속했음을 세상에 알리는 신호가 되어야 한다. 사명에는 선포와 격려, 책망과 섬김, 훈련과 고난 등 많은 것들이 포함된다. 그러나 이 모든 활동이 사랑의 표현이 되지 못하면 핵심을 잃어버리는 꼴이다.

세상을 압도하는 공동체

배반당하시던 밤, 예수님은 제자들을 위해 기도하셨다. 제자들에게 매우 중요한 순간이었기 때문이다. 예수님은 제자들이 중심을 잃지 않고 강해지고 보호함을 받길 기도하셨다. 흥미롭게도 제자들만을 위해 기도하지 않으시고 "그들의 말로 말미암아 나를 믿는 사람들"을 위해서도 기도하셨다. 다시 말해, 예수님은 우리를 위해 기도하셨다. 예수님의 기도 내용을 주의 깊게 읽어 보라.

내가 비옵는 것은 이 사람들만 위함이 아니요 또 그들의 말로 말미암아 나를 믿는 사람들도 위함이니. 아버지여, 아버지께서 내 안에, 내가 아버지 안에 있는 것 같이 그들도 다 하나가 되어 우리 안에 있게 하사 세상으로 아버지께서 나를 보내신 것을 믿게 하옵소서. … 그들로 온전함을 이루어 하나가 되게 하려 함은 아버지께서 나를 보내신 것과 또 나를 사랑하심 같이 그들도 사랑하신 것을 세상으로 알게 하려 함이로소이다 (요 17:20-23).

예수님은 우리가 하나가 되도록 기도하셨다. 그래야 예수님을 하나님이 보내셨음을 세상이 알게 되고, 그래야 하나님이 우리를 사랑하심을 세상이 알 수 있기 때문이다. 놀랍지 않은가! 예수님은 교회의 연합이 이 모든 것을 세상에 알려 줄 것이라고 믿으셨다!

그런데도 우리는 논리적인 주장으로 세상과 충분히 소통할 수 있는 것처럼 스스로를 지나치게 과신한다. 하지만 예수님은 세상이 우리의 연합을 보고 확신을 가질 것이라고 말씀하셨다. 잘 생각해 보면 정말 그렇다. 불신자들이 교회의 분열을 지목하며 교회를 반대하는 것을 누구든 들어보았을 것이다.

예수님의 기도에서 알 수 있듯이, 크리스천들에게 연합은 사라지면 안 된다. 세상이 우리의 연합을 볼 수 있어야 한다. 하지만 오늘날 크리스천들의 신앙생활이라는 게 너무 내면화되고 개인화되어 세상은 우리가 상호작용하는 것을 보지 못하고 있다. 그저 주일마다 사유지에 모이거나 주중에 누군가의 가정에 모여 성경공부를 하는 것뿐이라면 세상이 어찌 우리가 하나된 것을 알겠는가. 예수님의 소망을 실현하려면, 더 이상 불신 세상의 눈에서 숨으면 안 된다. 예수님이 우리의 연합을 위해 기도하셨기에, 우리는 서로 사랑하고 섬기는 일에 집중해야 한다. 세상이 직접 보고 연합이라고 인식할 수 있는 방식으로 해야 한다.

개인적인 믿음에 대해 누군가로부터 질문을 받은 적이 있는가? 한 번도 없다고 대답할 사람이 많을 것이다. 그러나 신약성경은 사람들이 교회를 보고 충격을 받을 것이라고 말했다. 베드로 사도의 권면을 경청해 보라.

> 또 너희가 열심으로 선을 행하면 누가 너희를 해하리요. 그러나 의를 위하여 고난을 받으면 복 있는 자니 그들이 두려워하는 것을 두려워하지 말며 근심하지 말고 너희 마음에 그리스도를 주로 삼아 거룩하게 하고 너희 속에 있는 소망에 관한 이유를 묻는 자에게는 대답할 것을 항상 준비하되 온유와 두려움으로 하고 선한 양심을 가지라. 이는 그리스도 안에 있는 너희의 선행을 욕하는 자들로 그 비방하는 일에 부끄러움을 당하게 하려 함이라(벧전 3:13-16).

베드로는 우리가 아무 잘못이 없음에도 불구하고 억울하게 고난당할 것이라고 말했다. 선을 행함으로 고난을 당하면 어떤 일이 일어나는가? 사람들이 어찌된 일인지 물을 것이고, 그때 우리는 충만한 소망과 기쁨으로 대답할 수 있을 것이다. 따라서 우리 마음에 그리스도를 경외해야 하며 우리 소망을 설명할 준비를 해야 한다. 복음을 선포할 준비가 되어 있어야 한다.

그러나 오늘날 교회에서 이런 일은 일어나지 않고 있다. 우리가 사는 방식은 특별히 공격당할 일이 없고, 우리의 사랑은 그다지 눈에 띄지도 않는다. 연합이란 것이 아예 부재하거나 있어 봤자 교회 친교실 안에 숨어 있는 정도다. 고난은 보통 우리가 잘못했기 때문에 닥치고, 어쩌다 억울하게 고난을 당하면 당장 불평들이 쏟아진다.

다시 말해, 누구에게도 우리가 독특하다는 점을 드러낼 단서가 전혀 없다. 그러니 아무도 묻지 않는다. 여전히 복음을 전해야 할 필요를 느끼지만 결국 아무에게도 설득력 없는 물건을 강매하는 판매원처럼 돌아다니다가 끝나고 만다. 다른 사람에게 예수님에 대해 말할 수 있는 용기를 달라고 기도해야 한다. 그러나 그보다 먼저, 교회를 진정 매력있는 곳으로 만드는 사랑과 연합을 위해 노력해야 한다. 교묘한 상술에 희망을 걸지 말자. 오늘날에는 도저히 불가능해 보인다는 핑계로 예수님의 전략을 포기하지 말자. 예수님의 전략은 교회의 생명이었다. 우리는 그분의 계획을 고수해야 한다. 초월적인 사랑이야말로 교회의 특징이 되도록 기도해야 한다.

예수님은 사랑과 연합 때문에 세상이 우리를 인식할 것이라고 말씀하셨다. 베드로는 사람들이 우리의 희망에 압도될 것이라고 했다. 그렇다면 지금 섬기는 교회를 돌아보라. 과연 불신자들이 보기에 사랑과 연합과 희망으로 설명될 수 있겠는가?

열방을 대표하는 제사장 나라

구약을 보면, 하나님은 모세와 이스라엘과 더불어 언약을 맺으셨다. 시내 산에서 하나님은 모세에게 이스라엘과 하나님이 어떤 관계가 될 것인지, 하나님이 그들 가운데 사신다는 것이 어떤 뜻인지 설명해 주셨다. 이스라엘의 소명과 정체성은 분명했다.

세계가 다 내게 속하였나니 너희가 내 말을 잘 듣고 내 언약을 지키면 너희는 모든 민족 중에서 내 소유가 되겠고 너희가 내게 내하여 제사장 나라가 되며 거룩한 백성이 되리라(출 19:5-6).

모든 세상이 하나님께 속했지만 이스라엘은 특별한 방식으로 하나님께 속했다. 그들은 하나님의 백성이었다. 거룩한 나라요, 하나님의 목적을 위해 구별된 백성이었다. 또한 제사장 나라였다. 제사장은 하나님 앞에 백성들을 대표한다. 백성들을 위해 중보하고, 백성들 앞에 하나님을 대변한다. 하나님의 진리와 계명과 은혜를 삶으로 전달한다. 이스라엘 공동체는 세상의 열방을 대표해서 하나님 앞에 서고, 하나님을 대변하여 나라들 앞에 서는 제사장 역할을 했다.

신약성경을 살펴보면, 교회에 동일한 소명이 주어졌다.

> 너희는 택하신 족속이요 왕 같은 제사장들이요 거룩한 나라요 그의 소유가 된 백성이니 이는 너희를 어두운 데서 불러내어 그의 기이한 빛에 들어가게 하신 이의 아름다운 덕을 선포하게 하려 하심이라(벧전 2:9).

하나님의 구원 계획에서 교회는 이스라엘이 망각한 존재 의미와 실패한 사명을 회복하도록 부름받았다. 하나님은 우리를 어두운 데서 불러내어 그의 기이한 빛에 들어가게 하셨다. 따라서 우리는 하나님의 탁월하심을 세상에 선포해야 한다.

지금 섬기는 교회가 중요하다

하나님이 특별히 당신이 섬기는 교회에 계획이 있다는 사실을 아는 것은 얼마나 영광스러운가. 하나님이 진행중인 구원 계획에 교회가 필수적이기 때문이다. 지역을 떠나서는 교회가 존재할 수 없다. 개인적으로 독특한 상황에 놓인 것은 주변 불신 세상에 하나님을 선포하라는 부르심이다. 따라서 사람들과 교류하는 방식이 중요하다. 수천 명이 모이든 집에서 두세 사람이 모이든 중요하지 않다. 어제 세워진 개척 교회든 100년 전통의 오래된 교회든 중요하지 않다. 교회가 기능하는 방식이 중요할 뿐이다.

하나님은 교회에게 그분의 사명을 맡기신 것이지 보충 계획을 맡기신 게 아님을 명심하라. 교회가 하나님의 사명을 추구하지 않으면 결국 교회가 속한 지역 공동체는 하나님이 복음을 통해 주시려는 소망을 경험하지 못할 것이다. 너무나 많은 교회들이 예수님의 사명을 함께 추구할 때 경험할 수 있는 생명력 넘치는 삶을 놓치고 있다.

교회 생활은 취미생활이 아니라 생사가 걸린 문제다. 하나님은 이 이야기가 어떻게 끝날지 알려 주셨다. 우리에겐 감당해야 할 필수적인 역할이 있다. 그렇다면 이제, 교회가 일어나 예수님의 긍휼로 주변 공동체를 바라보도록 돕겠는가? 더 나아가 교회 공동체를 변화시킨 구원의 계획으로 그들을 초대하겠는가?

하나님은 이 시점에 당신을 그 교회에 보내신 이유가 있다.

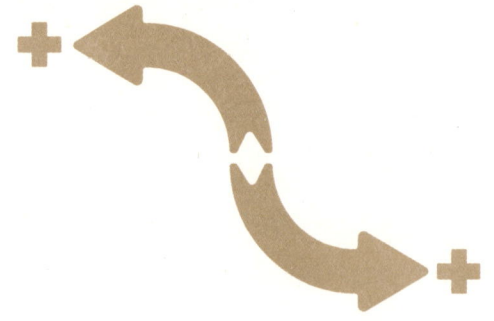

chapter 3

세계의 모든
도시와 정글에서
제자들이 일어날 때까지

지역 교회도 중요하지만 하나님의 계획은 도시 너머까지 펼쳐진다. 하나님은 성도들이 지역 안에 있는 사람들에게 다가가기를 원하시지만 지역 안에 머무를 생각도 없으시다. 하나님의 구원 계획은 우리 이웃 모두에게, 곧 지역을 넘어 전 세계 모든 마을, 심지어 인적이 드문 정글에까지 다가가는 것이다.

교회가 연합하여 지역 내에 있는 모든 개인에게 다가간다 해도 여전히 하나님의 사명을 완수한 것은 아니다. 또한 아무리 큰 부흥을 경험할지라도 하나님이 복음으로 변화시키려는 세상의 작은 부분에 해당할 뿐이다. 교회의 비전이 온 세상을 감쌀 때까지 우리는 하나님의 교회나 하나님의 구원 계획에 대해 정확히 아는 것이 아니다.

지구상의 모든 가족

태초로 돌아가 보자. 하나님이 만드신 아름다운 세상이 아담과 하와의 죄로 타락하자마자 하나님은 이를 회복하겠다고 약속하셨다. 하나님은 뱀에게 말씀하셨다.

내가 너로 여자와 원수가 되게 하고 네 후손도 여자의 후손과 원수
가 되게 하리니 여자의 후손은 네 머리를 상하게 할 것이요 너는 그
의 발꿈치를 상하게 할 것이니라 하시고(창 3:15).

이후로 죄의 파괴적인 영향력이 온 인류를 물들였고 여자의 후손
과 뱀의 후손 사이에 구원에 대한 전투가 계속되었다. 그리고 마침내
이 약속은 예수 그리스도가 십자가에서 죽으시고 무덤에서 부활하심
으로 실현되었다. 주님은 사탄의 머리를 상하게 하셨다. 그러나 잊
지 말아야 할 것은, 구원의 약속은 모든 사람에게 속해 있다는 것이다.
특정 인종이나 지역에 국한되지 않고 전 인류에게 선포된 약속이다.

하나님은 아브라함에게 이 약속을 반복해서 말씀하셨다.

내가 너로 큰 민족을 이루고 네게 복을 주어 네 이름을 창대하게 하
리니 너는 복이 될지라. 너를 축복하는 자에게는 내가 복을 내리고
너를 저주하는 자에게는 내가 저주하리니 땅의 모든 족속이 너로
말미암아 복을 얻을 것이라 하신지라(창 12:2-3).

여기서 하나님이 약속하신 복은 아브라함의 자손인 이스라엘 백
성을 통해 나타났으며, 마침내는 특별한 한 분, 나사렛 예수 그리스
도가 복의 초점이었다. 비록 한 나라를 통해 약속이 성취되었지만 언
제나 모든 나라를 위해 예비된 축복이었음을 잊지 말라.

하나님은 각 교회를 그분의 구원 계획에서 특별한 역할을 맡도록

부르셨다. 하나님의 계획이 전 세계적인 만큼, 교회도 도시의 한계선 너머를 바라보아야 한다. 물론 동시에 여러 곳에 있을 수도 없고, 자원과 인력도 한정되어 있다. 하지만 이 땅에서 하나님의 사명의 한 부분이 되려면 세계적인 관점에서 시작해야 한다.

그리스도를 부르지 않는 곳에서

우리는 신약에서 바울의 선교 사역을 볼 수 있다. 바울은 신학자 내지 목회자일 수도 있지만 행적 그대로 선교사였다. 사도행전의 많은 분량에 바울의 선교 활동이 담겨 있다. 때로 큰 위험과 어려움과 박해를 당했지만, 곳곳을 다니며 복음을 전하고 예수님을 따르기로 결심한 사람들 가운데 교회를 세웠다. 생의 대부분을 바쳐 새로운 지역에 복음을 전했다. 로마서에서 바울은 어쩌다 그렇게 된 것이 아니라 열정 때문이었다고 설명한다.

> 또 내가 그리스도의 이름을 부르는 곳에는 복음을 전하지 않기를 힘썼노니 이는 남의 터 위에 건축하지 아니하려 함이라. 기록된 바 주의 소식을 받지 못한 자들이 볼 것이요 듣지 못한 자들이 깨달으리라 함과 같으니라(롬 15:20-21).

바울은 이사야 52장을 인용하면서 "기록된 바"라고 말했다. 이사야 52장에서 예수님은 백성을 치유하기 위해 고난받는 여호와의 종으로 묘사된다.

> 좋은 소식을 전하며 평화를 공포하며 복된 좋은 소식을 가져오며
> 구원을 공포하며 시온을 향하여 이르기를 네 하나님이 통치하신다
> 하는 자의 산을 넘는 발이 어찌 그리 아름다운가. 여호와께서 열방
> 의 목전에서 그의 거룩한 팔을 나타내셨으므로 땅 끝까지도 모두
> 우리 하나님의 구원을 보았도다(사 52:7,10).

흥미롭게도 바울은 이 본문의 서두를 로마서 앞부분에 인용했다.
구원은 전 인류에게 주어진 것이며, 더 나아가 우리는 이 복음을 증
거하는 일에 적극적으로 역할을 감당하도록 부름받았다.

> 유대인이나 헬라인이나 차별이 없음이라. 한 분이신 주께서 모든
> 사람의 주가 되사 그를 부르는 모든 사람에게 부요하시도다. 누구
> 든지 주의 이름을 부르는 자는 구원을 받으리라. 그런즉 그들이 믿
> 지 아니하는 이를 어찌 부르리요. 듣지도 못한 이를 어찌 믿으리요.
> 전파하는 자가 없이 어찌 들으리요. 보내심을 받지 아니하였으면
> 어찌 전파하리요. 기록된 바 아름답도다 좋은 소식을 전하는 자들
> 의 발이여 함과 같으니라(롬 10:12-15).

무슨 뜻인가? 하나님의 구원 계획은 온 인류에게 속했으나 메시
지를 들은 사람들만이 복음에 반응한다는 뜻이다. 바울은 살면서 이

구원의 메시지를 들고 한 번도 들어보지 못한 사람들에게 전하러 가길 소망했다.

명심하라. 더 널리 복음을 전파하겠다는 바울의 열정은 개인적인 선호도의 문제가 아니었다. 예수님이 교회에 주신 사명의 본질적인 부분이었다. 기억하라. 그리스도는 우리에게 모든 족속을 제자 삼으라고 명령하셨다. 하나님의 구원 계획이 온 인류에게 미치는 줄을 알지 못한다면 하나님의 계획을 오해하는 것이다.

끝이 오기 전에

하나님의 계획이 완성되기까지 세상은 끝나지 않는다. 하나님은 백성들을 세상에 보내서서 그의 치유하심을 선포하고 실현하도록 하신다. 이 사역이 완성되기까지는 인류 역사를 종결하지 않으신다. 모든 나라 사람들의 구원이 언제나 그분의 계획이었던 만큼 우리 지역에서만 행복하고 건강한 교회들에 만족하실 수가 없다. 우리 역시, 처한 현장에서 그리스도께서 영광 받으시길 열망하면서도 동시에 세상 모든 곳에서 주님이 영광 받으시기 원했던 바울의 열정을 가져야 한다.

땅 끝이 정확히 어디며, 마지막 때가 언제냐는 문제는 논쟁의 도마 위에 자주 오르지만, 분명한 것은 복음의 메시지가 세상 어느 한 곳에 머물면 안 된다는 것이다. 예수님은 "이 천국 복음이 모든 민족에게 증언되기 위하여 온 세상에 전파되리니 그제야 끝이 오리라"(마

24:14)라고 말씀하셨다.

놀랍게도 여전히 지구상에는 예수님의 이름을 한 번도 들어보지 못한 민족들이 많다. 물론 주변에 교회도 없고 크리스천이 한 명도 없어도 텔레비전이나 라디오나 인터넷을 통해 누구나 복음의 메시지를 들을 수 있는 세상이다. 하지만 전 세계가 그런 것은 아니다. 아직도 지구촌에는 희망과 치유와 구원이 간절히 필요하지만 복음의 메시지는 전혀 접하지 못한 사람들이 있다.

바울의 질문은 2천 년 전이나 지금이나 동일하다. 믿지 아니하는 이를 어찌 부르겠는가? 듣지도 못한 이를 어찌 믿겠는가? 전파하는 자가 없이 어찌 듣겠는가? 보내심을 받지 아니하였으면 어찌 전파하겠는가? 이 질문들이 성도들의 마음과 가슴속에 타올라야 한다. "천국 복음이 모든 민족에게" 증거되는 것에 무관심하다면 진정으로 예수님을 온전히 따르는 것이 아니다(마 24:14). 복음 전파는 예수님이 지상에 계실 때 하셨던 일이며 지금도 그분의 죽으심과 부활하심의 능력을 통해 우리를 부르셔서 맡기신 일이기 때문이다.

누구도 예외 없이 부름받다

그리스도의 영광이 온 세계에 비추기를 소원하는 열정이 생겼다면, 이제는 하나님이 맡기신 역할이 무엇인지 깨달아야 한다. 누구도 예외 없이 모든 크리스천들은 온 세계에 복음을 증거하는 일에 동참하도록 부르심을 받았다! 세계 선교와 동떨어진 삶으로 부름받은 이는 하나도 없다. 그렇다고 모두 지금 당장 정글에 들어갈 짐을 싸야 하는 건 아니다.

물론 하나님은 복음을 들고 해외로 나가기를 원하실 수도 있는데, 많은 크리스천들이 이 가능성을 쉽게 제외시킨다. 어떤 사람들은 현재 삶이 너무 안락해서 하나님의 영광을 위해 편의를 희생할 생각이 추호도 없다. 또 다른 사람들은 성급하게 자신들은 좀 더 평범한 다른 일에 부름을 받았다고 결론내린다.

진심으로 자기 자신을 드려 하나님의 뜻에 헌신하겠다고 고백한 적이 있는가? 그렇다면 바로 지금 복음을 위해 다른 지역에서 살기를 원하시는지 하나님께 여쭤 봐야 한다. 물론 두려운 생각일 수 있다. 하지만 우리 자신보다는 우리를 더 잘아시는 하나님을 더 신뢰해야 한다. 그분의 영광을 위해 지금 지상의 그 지점에 있는 것이기 때문이다. 하나님이 지금까지 복을 내리신 것은, 그 복들을 통해 우리 개인의 영광이 아니라 하나님의 영광을 나타나게 하시려는 것이다. 하나님의 계획은 우리가 열정을 품지 않았으면 가지 않았을 곳으로 우리를 인도하실 것이다.

크리스천이라면 누구든 하나님이 그분과 함께 선교지로 부르시지 않는지 고민해야 한다. 물론 열방으로 나가는 것이 하나님의 계획을 완성하는 일은 아니다. 그러나 하나님이 우리를 부르신 자리에 당분간 머물기를 원하신다고 판단될지라도, 우리는 전 세계에 선교를 진척시키기 위해 가진 자원들을 활용해야 한다. 당장 관련 있는 사람들에게 사역하는 것이 우선이겠지만 동시에 지구 반대편에 있는 동역자들을 위해서도 기도해야 한다. 우리는 지구상의 모든 지역과 족속에게 가기 위해 총력을 기울여야 한다.

요한 사도는 가이오에게 서신을 썼다. 가이오는 복음을 전하는 선교사들을 돕는 사람이었다. 이 말씀을 보면 전 세계에 있는 선교사들을 돕는 우리의 역할이 어떠해야 하는지 알게 된다.

사랑하는 자여, 네가 무엇이든지 형제 곧 나그네 된 자들에게 행하는 것은 신실한 일이니 그들이 교회 앞에서 너의 사랑을 증언하였느니라. 네가 하나님께 합당하게 그들을 전송하면 좋으리로다. 이는 그들이 주의 이름을 위하여 나가서 이방인에게 아무것도 받지 아니함이라. 그러므로 우리가 이 같은 자들을 영접하는 것이 마땅하니 이는 우리로 진리를 위하여 함께 일하는 자가 되게 하려 함이라(요삼 1:5-8).

요한은 "이 같은 자들" 곧 선교사들을 영접하는 것이 마땅하다고 말했다. 그들을 도울 때 우리는 실제로 "진리를 위하여 함께 일하는 자"가 된다.

우리 중에 이 선교 사명을 받지 않은 사람은 없다. 우리 모두 이 일에 동참해야 한다. 우리 모두 한 부분씩 역할을 해야 한다. 우리 자신이 먼 정글에 발을 들여놓지 않을 수도 있다. 그러나 우리 삶을 드려 아프리카와 파푸아뉴기니에 있는 이웃들에게 하나님의 뜻이 이뤄지는 것을 보아야 한다.

예수님을 따르라는 부르심을 받아들이면 우리는 터전에서뿐 아니라 중동에서도 제자 삼는 일에 헌신해야 한다. 전 세계에 복음을 전파하는 일에 동참할 것인가 말 것인가의 문제가 아니다. 우리가 이 일에 어떤 역할을 해야 하는가가 문제이다. 온 세상에 그리스도의 대의를 위해 헌신하지 않는 교회는 성경적인 교회가 아니다.

역사는 마지막 날을 향해 달려가고 있다

역사는 영광스러운 마지막을 향해 정확히 움직인다. 하나님은 아브라함을 통해 땅의 모든 족속이 복을 받을 것이라고 약속하셨다. 맨 처음부터 하나님의 구원 계획이었으며 마지막 때에 완성될 것이다. 교회가 사명을 다할지 아닐지에는 의심의 여지가 없다. 세상이 어떻게 끝날지 분명히 알기 때문이다. 요한은 하나님이 아브라함에게 주셨던 약속의 완성을 실제로 보았다.

> 이 일 후에 내가 보니 각 나라와 족속과 백성과 방언에서 아무도 능히 셀 수 없는 큰 무리가 나와 흰 옷을 입고 손에 종려 가지를 들고 보좌 앞과 어린 양 앞에 서서 큰 소리로 외쳐 이르되 구원하심이 보좌에 앉으신 우리 하나님과 어린 양에게 있도다 하니(계 7:9-10).

우리가 바라보는 모습이기도 하다. 인도와 아프리카, 중국과 파푸아뉴기니에 있는 교회들이 멀고 낯설어 보일지라도 미래는 그들과

긴밀하게 연결되어 있다. 예수님이 재림하셔서 진정한 왕으로 이 세상을 되찾으시는 날, 우리는 모든 나라 남녀노소를 막론하고 모든 크리스천들과 더불어 하나님을 찬양할 것이다.

미래를 향한 하나님의 계획은 오늘 우리가 사는 방식과 생각하는 방식에 영향을 미친다. 중국에 있는 교회가 당신에게 중요한가? 지구 반대편에서 크리스천들이 박해를 당한다는 소식을 들을 때 긍휼한 마음이 생기는가? 이라크나 태국에 선교 팀이 꾸려졌다는 소식을 들으면 기도나 재정으로 후원할 계획을 세우는가? 이들은 우리의 형제자매들이다. 우리와 같은 사명을 가졌으며 동일한 목표를 향해 뛰는 동역자들이다. 그들 없이는 하나님께서 우리에게 주신 사명을 완수할 수 없다.

예수님은 제자들을 불러 주의 증인되게 하셨다.

예루살렘과 온 유대와 사마리아와 땅끝까지 이르러(행 1:8).

아직 땅끝에 이르지 못했지만 하나님의 성령의 능력으로 이를 것이다. 예수 그리스도의 제자들로서 우리의 소명은 신실하게 제자 삼는 것이다. 이 제자들 또한 제자 삼도록 부름을 받는다. 예수님은 약속하시기를 우리가 제자 삼는 일을 할 때 세상 끝 날까지 우리와 함께하신다고 하셨다(마 28:20).

언제 그 끝이 올지 모르지만 하나님은 그때가 올 때까지 우리가 충성하기를 원하신다. 우리는 하나님의 피조물이요 하나님의 땅 안에 살며 하나님의 구원 계획 안에 서 있다. 부디 그의 나라와 그의 영광을 위해 당신 삶을 드리기를 바란다.

Disciple-Making

for

Ordinary

People

제자 × 성경 = 참 제자²

제자, 성경으로 참 제자 되다

multiply

part 3

제자들의
가장 강력한 무기,
성경

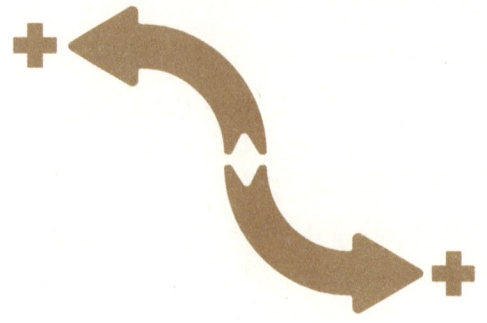

chapter 1

생명에 관한 지식은
성경에 있다

앞서 말했듯이, 주님이 분부하신 모든 것을 가르쳐 지키게 하는 것은 제자 양육에서 중요한 일부분이다(마 28:20). 그렇다면 먼저 예수님의 가르침과 명령이 무엇인지 알아야 한다. 그런 점에서는 열두 제자들이 혜택을 입은 셈이다. 우리는 주님의 사역을 본 적도, 주님의 가르침을 들은 적도 없기 때문이다. 그러나 하나님이 그 사역과 말씀뿐 아니라 제자들의 증언을 한 권의 책, 성경에 기록하셨으니 우리가 전혀 불리한 입장은 아니다.

크리스천에게 성경 읽기는 가장 자연스러운 행위여야 한다. 베드로는 어린 아기의 모습에 비유해서 말했다.

> 갓난아기들 같이 순전하고 신령한 젖을 사모하라. 이는 그로 말미암아 너희로 구원에 이르도록 자라게 하려 함이라. 너희가 주의 인자하심을 맛보았으면 그리하라(벧전 2:2-3).

신생아가 생존과 성장을 위해 젖에 의존하는 것처럼 동일하게 우리도 영적 생존과 성장을 위해 성경 말씀에 의지해야 한다. 성경 말씀은 지난 수천 년간 수백만 명 인생에 영향을 미쳤을 뿐 아니라 이제도 우리 인생을 변화시킨다. 성경 말씀을 그다지 사모하지 않는다면 말씀을 사랑하도록 기도하라.

지난 일은 뒤로하고 지금 잠시 성경이 무엇인지 생각하는 시간을 갖도록 하라. 성경에 대해 논할 때 종종 무슨 말인지 모르겠는 심오한 말들을 한다. 아마 성경에 대한 가장 강력한 말은 성경이 '하나님의 말씀'이라는 사실이다. 이 말은 무슨 뜻일까? 그 개념을 알면 놀라는 게 정상이다. 성경에 대해 말한다는 것은, 전지전능하고 초월자이신 하나님이 우리에게 써서 보내기로 결심하신 내용을 우리가 말한다는 뜻이다. 이보다 중요한 것은 없다. 상상해 보라. 하늘에서 직접 소리가 들려 당신에게 말한다면 어떻게 반응하겠는가? 그와 같은 경외감으로 성경을 대해야 한다.

성경을 정말 하나님 말씀으로 인정한다면 이 책은 그저 익숙한 책 이상이어야 한다. 우리 존재의 모든 면을 형성하는 기준이 되어야 한다. 인생에서 내리는 모든 결정을 인도하는 지침이 되어야 한다. 하나님이 세상의 창안자시고 창조주이신 이상, 하나님이 이 땅에 우리를 지으신 이상, 하나님이 누구이고 우리가 누구이며 세상은 어떻게 돌아가는지 하나님이 직접 말씀하신 이상, 우리에게 성경보다 더 중요한 것은 없다!

그러나 성경이 중요하다는 점을 인정할지라도 여전히 성경을 바른 방법과 바른 동기로 접근하는 법을 배워야 한다. 많은 크리스천들이 성경을 오용하는 것은, 무엇보다도 성경을 왜 공부하는지 그 이유에 대해 스스로 질문한 적이 없기 때문이다. 이번 장에서는 성경의 특징, 성경 연구가 중요한 이유, 성경이 우리 인생을 변화시키는 방법에 대해 생각하도록 돕고자 한다.

올바른 책을 그릇된 이유로 공부하다

우선 자신에게 질문해 보라. 왜 성경을 공부하는가? 지나치게 긍정적으로 답하려 들지 말라. 속마음을 점검하고자 하라. 성경을 들고 읽기 시작할 때 어떤 동기로 하는가? 죄책감에 영향을 받는가? 하나님을 더 잘 알고자 하는 갈망이 있는가? 다른 관점들에 대해 논증할 거리를 찾는가? 성경 공부나 설교를 위한 자료를 수집하는가?

많은 크리스천들이 그릇된 동기를 가지고 성경을 공부한다. 여기서는 흔히 성경을 연구하는 세 가지 그릇된 동기를 살펴볼 것이다. 죄책감, 지위, 가르칠 거리이다. 이 동기들을 넘어서야 한다.

죄책감

죄책감에 영향을 받는 크리스천들이 굉장히 많다. 크리스천이라면 성경을 읽어야 한다는 사실을 알고 있다. 성경 읽기는 종종 교회 출석, 십일조, 또는 하나님 이름으로 욕하지 않기와 같은 필수 행위 목록에 올라가 있다. 누구도 성경을 죄책감으로 읽고 있다고 인정하고 싶어 하지 않지만, 사실 죄책감은 매우 강력한 동기로 작용한다.

종종 죄책감은 율법주의와 연결되어 있다. "하루에 몇 장씩 읽어야 해"라는 식으로 나름 기준을 세우고 그 기준에 자신을 얽어맨다.

이런 기준을 하나님이 아닌 자신이 세웠다는 사실은 잠시도 고려하지 않고 금세 다른 사람들에게도 적용하기 시작한다. 그렇게 죄책감의 문화가 형성된다. '좋은 크리스천들'은 성경을 읽지 않는 게 두렵기 때문에 읽는 문화가 형성된다. '나쁜 크리스천들'은 성경 읽기 할당치를 채우지 못해 죄책감을 느낀다.

지위

성도들 사이에는 성경을 잘 아는 사람들에 대한 일종의 지위 내지는 존경의 분위기가 있다. 마땅히 크리스천들은 하나님 말씀을 내면으로나 삶으로나 알고자 소망해야 한다. 말씀이 입술을 떠나지 않을 뿐 아니라 마음과 생각에 깊이 새겨져 있어야 한다.

그러나 왜 성경을 잘 알고 싶은지 스스로에게 물어보라. 물론 하나님은 말씀을 소중하게 여기면 기뻐하신다. 그러나 지적으로 보이고 싶어서 공부하는 것이라면 기뻐하시겠는가? 어떤 질문에도 막힘없이 대답해 주는 '해결사'가 되고 싶은 것이라면 하나님이 영광을 받으시겠는가? 모임 중에 최고의 선생 내지는 가장 영적인 사람으로 인정받고 싶은 것이라면 어떻겠는가?

성경을 얼마나 많이 공부하느냐의 문제가 아니다. 공부하는 동기의 문제다. 본래는 하나님을 알고 싶고, 말씀으로 변화 받고 싶고, 주위 사람들을 사랑하고 섬기고 싶은 소망이 동기여야 하는데도 불구하고 너무나 자주 지위가 동기가 되어 성경을 읽는다.

성경을 속속들이 잘 아는 누군가를 향한 경쟁심 역시 강력한 동기로 작용한다. 존경받는 사람이 부러워서 그를 따라가는 경우다. 그러나 하나님은 우리의 생산력보다 인격을 더 소중하게 생각하신다. 그러니 다른 사람보다 비교 우위가 되기 위해 성경을 공부하는 것은 우스운 일이다.

가르칠 거리

또한 우리는 성경공부를 인도하거나 설교를 하거나 아니면 누군가와 나눌 주옥같은 성구를 찾기 위해 성경을 연구할 때가 있다. 그럴 때 잘못된 동기가 찾아온다. 우리는 상당히 교묘하게 성경을 오용하는 경향이 있다. 사실 다른 사람을 가르칠 준비를 하느라 성경을 사용하는 것은 잘못된 것이 아니다. 그래야 한다. 그런데 성경을 단지 가르칠 거리를 찾는 창고 정도로 접근할 때 문제가 발생한다. 다른 사람에게 설교하거나 가르치는 자리에 있다면 그 위험성은 더 하다. 떡밥을 나눠 주기 위해 성경을 훑어가는 자신을 발견하는가? 아니면 온전히 성경이 말하는 바에 집중하고 하나님의 가르침에 경청하며 전혀 예상치 못한 방법으로 당신을 변화시키더라도 순종하며 성경에 몰입하는가?

하나님은 왜 성경을 주셨는가

성경을 연구하는 동기를 정결케 하기 위해 간단한 질문을 하나 던지는 것이 좋겠다. 하나님은 왜 성경을 주셨는가? 우리는 성경이 하나님 말씀이라는 생각에 익숙해져 있다. 하지만 왜 그것을 우리에게 주셨는가? 성경이 하나님 말씀이라면 왜 하나님은 우리에게 말씀하기로 결정하셨는가? 성경의 목적이 무엇인지 이해하지 못하면 하나님의 의도를 간과한 채 다른 방법으로 성경에 접근할 수밖에 없을 것이다.

하나님 자신에 대해 가르쳐 주시고자 한다

하나님은 왜 성경을 주셨는가? 명백한 한 가지 이유는, 하나님 자신을 설명하기 원하셨다는 점이다. 처음부터 끝까지 성경의 주제는 하나님이다. 책 안에 있는 모든 것이 하나님 중심이다. 창세기는 홀로 존재하셨고 이후로 만물이 존재하도록 말씀하신 하나님 이야기로 시작한다. 요한계시록은 이 동일한 하나님이 창조하신 만물 위에 영원히 다스리신다는 이야기로 끝난다. 중간 모든 책들은 역사 속에 드러난 하나님의 주권적인 활동을 기술하여 하나님의 성품과 특징을 계시한다.

하늘에 계신 하나님은 우리에게 그분에 대한 것들을 알게 하시려고 성경을 사용하신다. 사람은 본성적으로 인간이 중심인 세상을 생각하고 싶어 한다. 그래서 하나님은 성경을 주셔서 만사가 하나님 중심으로 돌아가고 있음을 보여 주시고자 한다. 하나님은 처음과 나중이시며, 만왕의 왕이시오 만주의 주시다. 하나님은 '거룩'하시다고 묘사된다. 거룩은 하나님과 인간 사이의 거대한 간극을 말해 준다. 인간이 그 간극을 이해하는 것은 매우 중요하다.

우리는 성경을 통해서만 하나님의 능력, 공의, 자비, 진노, 사랑, 인자, 화, 신실하심, 질투, 거룩, 긍휼 등에 대해 배울 수 있다. 성경에 이미 하나님이 묘사되어 있기 때문에 우리는 나름의 견해를 형성할 수 있는 변명의 여지가 없다.

하나님을 더 잘 이해하기 원한다면 공부해야 한다. 하나님에 대한 진리를 알아 가고 또한 하나님에 대한 오해를 제거하기 위해 부지런히 연구해야 한다.

우리 자신과 우리가 사는 세상에 대해 가르쳐 주기 원하신다

하나님이 성경을 주신 또 다른 이유는 우리가 사는 세상을 이해시키기 위함이다. 우리가 어디로부터 왔는지, 세상이 왜 이와 같은지, 만물이 어디로 가고 있는지를 설명하는 것은 거대한 이야기다. 성경은 인간이 어떤 존재인지 설명해 준다.

많은 크리스천들이 성경을 종교적인 질문에 답변하는 참고서나 경건한 삶의 노하우를 알려 주는 지침서 정도로 생각한다. 하지만 성경은 인생의 가장 중대한 모든 문제들에 답을 준다. '종교적 진리들' 이상의 것을 제공한다. 우리가 살고 있는 세상을 명확하게 설명한다. 성경을 기록하신 분이 이 세상을 도안한 하나님이시니 당연하지 않은가. 그분의 세상에서 우리는 마땅히 그분의 관점으로 세상을 바라보고 그분의 원칙대로 살아가야 한다.

따라서 성경을 연구할 때, 하나님과 세상, 우리 자신을 이해하려고 노력하는 자세를 가져야 한다. 감정적인 경험을 추구하거나 종교적인 지식을 축적하려고 하기보다, 하나님이 만드신 세상 안에서 살아가는 법을 배워야 한다.

경건한 삶을 살도록 힘주기를 원하신다

또한 하나님은 우리가 경건한 삶을 살 수 있도록 힘주시기 위해 성경을 주셨다. 베드로는 "그의(하나님의) 신기한 능력으로 생명과 경건에 속한 모든 것을 우리에게 주셨으니 이는 자기의 영광과 덕으로써 우리를 부르신 이를 앎으로 말미암음이라"(벧후 1:3)라고 말했다. 간단히 말하자면, 하나님을 아는 지식을 통해 우리는 경건한 삶을 사는 데 필요한 모든 것을 얻는다. 성경 공부를 하는 다양한 동기가 있겠지만, 어떤 동기들을 갖고 있을지라도 경건한 삶은 리스트의 상위권에 위치해 있을 것이다. 우리는 경건해지기 원하기 때문에 공부한다.

바울은 "모든 성경은 하나님의 감동으로 된 것으로 교훈과 책망과 바르게 함과 의로 교육하기에 유익하니 이는 하나님의 사람으로 온전하게 하며 모든 선한 일을 행할 능력을 갖추게 하려 함이라"(딤후 3:16-17)라고 말했다.

바울은 문자 그대로 성경에 하나님이 "숨을 불어넣으"셨다고 말한다. 성경 각 권을 쓰기 위해 인간 저자를 사용하셨지만 하나님 당신이 모든 말씀의 궁극적인 근원이시라는 것이다. 다만 바울이 말한 그 목적에 해당하는 문장을 주목하라. "하나님의 사람으로 온전하게 하며 모든 선한 일을 행할 능력을 갖추게 하려 함이라."

하나님은 우리를 온전케 하기 위해, 즉 하나님이 무엇을 명하시든 기꺼이 행하고 감당하는 성숙한 사람들이 되도록 하기 위해 성경을 주셨다.

그렇다면 성경을 공부할 때 변화를 기대해야 한다. 히브리서 4장 12절은 경고한다. "하나님의 말씀은 살아 있고 활력이 있어 좌우에 날선 어떤 검보다도 예리하여 혼과 영과 및 관절과 골수를 찔러 쪼개기까지 하며 또 마음의 생각과 뜻을 판단하나니."

우리는 주로 지식을 얻기 위해 성경을 읽는다고 생각하지만 사실 방향이 정반대다. 우리가 성경을 읽는 것이 아니라 반대로 성경이 우리를 읽는 것이다. 골수를 찔러 쪼개며 우리가 실제 누구인지 드러내시기 때문이다. 성경을 읽으면서도 변하지 않는다면 성경을 잘못된 방법으로 접근하고 있는 것이 분명하다. 자신의 생활방식이나 사고방식을 합리화하기 위해 성경을 공부하는 것이 아니다. 성경을 공부하는 것은 곧 하나님 마음에 다가가려는 것이고, 하나님이 우리를 변화시키고 새롭게 하시도록 자신을 내어 드리는 것이다.

하나님과의 관계를 촉진하기 원하신다

하나님은 크리스천 각 개인이 하나님을 바로 알기 원하신다. 그래서 성경을 주셨다. 모든 관계는 소통이 필요하다. 서로의 생각과 감정, 관심과 꿈에 대한 사랑스런 표현이 있어야 관계가 강화되고 친밀감이 깊어진다. 하나님과의 관계 역시 인간 상호간의 관계가 기능하는 것과 다를 바가 없다. 성경은 우리에게 그분의 생각과 소망을 나누시는 그분의 방법이다! 하나님은 우리를 관계적인 존재로 창조하셨다. 또한 삼위일체 간의 완벽한 연합과 사랑 속에서 순전한 관계가 무엇인지 몸소 보여 주셨다. 아담을 동산에 두신 이후부터 하나님은 인간과 관계를 유지하셨고 소통이 언제나 그 관계의 중심에 있어 왔다.

그러므로 성경을 열 때 우리는 하나님과의 소통 속으로 들어가는 것이다. 하나님은 특별한 때에 특별한 사람들에게 말하기 위해 특별한 말씀을 해 주셨다. 하나님은 66권의 책을 보존하셔서 우리가 그분을 더 잘 알 수 있도록 하셨다. 성경 각 부분이 각기 다른 사람들에게 전달되었지만, 성경의 모든 부분은 궁극적으로 우리 모두의 유익을 위해 기록된 것이다. 진실로 성경이 "하나님이 숨을 불어넣으심", 즉 하나님 그분의 입술로부터 나온 말씀이라면 성경을 읽는 것은 하나님의 음성을 듣는 것이다.

그릇된 동기로 성경에 접근하는 것만 아니라면 성경을 읽을 때마다 하나님과의 관계를 강화하는 것이다. 겸손하게 우리가 듣고 싶은 것보다 하나님이 말씀하고자 하는 것을 간절히 경청하며 기다린다면, 우리는 그분께 좀 더 가까이 다가가고 있는 것이다. 하나님이 우리를 하나님 당신과 교제하도록 지으셨기 때문이다. 진정한 성경 공부는 언제나 하나님과의 친밀감을 최우선 목표로 삼는다.

예수님을 높이기 원하신다

하나님은 성경을 사용하셔서 예수님을 최고로 높이시는 이유와 방법을 설명하신다. 성경 역사에 나오는 모든 사건들은 그 아들을 주목한다. 율법은 우리의 죄성과 예수님에 대한 필요를 보여 준다. 구약의 제사장들과 제사들은 더 높은 대제사장이신 예수님과 궁극적인 제사 곧 십자가 사건의 필연성을 나타낸다. 복음서는 하나님의 아들이 보이신 사랑의 언행을 기록하고 있다. 서신서들은 우리가 오직 그분의 십자가 공로를 통해서만 죄 사함 받고 성령 충만할 수 있음을 설명한다. 계시록은 장차 주님이 다시 오셔서 이 땅을 심판하고 회복하실 것이며 그 제자들과 영원히 다스리실 것을 보여 준다. 이 모든 것은 예수님을 높이되 하나님 아버지의 영광에 이르도록 쓰였다. 그러므로 말씀을 읽을 때 우리는 감동을 받아 날마다 삶에서 예수님을 높이게 된다.

하나님이 주신 사명을 위해 준비시키기 원하신다

태초부터 하나님은 인류에게 사명을 주셨다. 하나님은 세상과 그 안에 있는 만물을 다 창조하신 후에 첫 사람을 만드시고 동산에 두셔서 "그것을 경작하며 지키게" 하셨다(창 2:15). 또한 하나님은 인간에게 피조물에 대한 통치권을 주셨다. 사람이 피조물에 대한 '통치권'을 갖는 것의 진의가 무엇이든 간에, 내키는 대로 세상을 파괴할 권한을 가졌다는 뜻은 아니다. 오히려 인간의 통치권은 하나님의 통치와 같은 것이라고 봐야 한다. 하나님이 만드신 세상을 사랑으로 돌봐야 할 책임이다. 하나님이 아담을 창조하신 순간부터 사람은 이 땅에 대한 사명을 부여받은 것이다.

하나님은 아브라함을 이스라엘 나라의 아버지로 선택하셨다. 하나님은 아브라함에게 복 주시고 그로 큰 민족을 이루겠다고 약속하셨다.

> 땅의 모든 족속이 너로 말미암아 복을 얻을 것이라(창 12:3).

어떤 사람들은, 하나님이 이스라엘을 선택하는 바람에 세상의 나머지 사람들과 분리되어 하나님의 복을 누리고 '총애'를 누리며 살게 되었다고 생각한다. 하지만 아브라함을 선택하는 순간부터 하나님은 아브라함이 받은 복을 밖으로 나눠야 한다는 것을 분명히 하셨다. 아브라함은 이 땅의 모든 민족에게 복이 되어야 했다. 또한 이스라엘은 온 세상에 그들이 섬기는 하나님이 어떤 분인지 보여 줘야 할 사명을 가졌다.

신약에 와서는 하나님의 백성이 가진 사명이 더 분명해졌다. 우리가 이 땅에 사는 것은 단지 하나님과의 개인적인 관계를 누리기 위함이 아니다. 하나님의 종, 하나님의 대사로 살기 위해 이곳에 있는 것이다.

> 그러므로 우리가 그리스도를 대신하여 사신이 되어 하나님이 우리를 통하여 너희를 권면하시는 것 같이 그리스도를 대신하여 간청하노니 너희는 하나님과 화목하라(고후 5:20).

어떤 사상가들은, 인간이 만물의 중심에 있고 인간과 하나님만이 중요할 뿐 그 외에는 그다지 중요할 것이 없다고 말한다. 하지만 실제로는 하나님이 중심에 계신다. 하나님이 우리를 구원하사 그분과 동역하여 인류를 구원하고 피조 세계를 회복하여 본래 의도하셨던 모습으로 돌이키는 사명을 감당하도록 하신 것이다.

그렇다면 우리는 성경을 행군 명령으로 받아들여야 한다. 자신이 세운 계획을 들고 나와 하고 싶은 일을 지지해 주는 구절들을 찾기 위해 성경을 보는 것이 아니다. 성경이 우리의 소망과 꿈 자체를 새롭게 형성하도록 온전히 내어드려야 한다. 성경을 읽을 때마다 우리는 자신의 사명을 조금씩 더 잘 이해해야 한다. 우리는 왜 이 땅에 있는가? 하나님이 이 땅에서 하시는 일에 어떻게 동참할 수 있는가? 성경은 이런 질문들에 답을 준다. 경청할 준비만 되었다면 말이다.

하나님의 마음에 접근하라

궁극적으로 성경을 읽는 것은 하나님 마음에 접근하는 것이다. 성경책을 펼 때마다 온 우주의 창조주와 대면할 준비를 해야 한다. 그렇다면 어떻게 자신을 준비해야 하는가?

겸손함으로 하나님께 다가가야 한다. 사람과 하나님 앞에서는 겸손해야 한다는 것을 알면서도 성경 앞에서는 그다지 겸손해야 한다고 생각하지 않는다. 이런 실수를 하는 것은 성경을 읽을 때조차 성경이 무엇인지 생각하지 않기 때문이다. 겸손하게 성경책을 든다는 것은 철저하게 배우는 입장인 학생 신분에 서라는 말이다. 그러나 자신이 이미 갖고 있는 관점과 일치하는 구절을 찾기 위해 성경을 뒤지는 경우가 너무 많다. 자동차가 역주행하는 꼴이다. 우리가 아무것도 알지 못한다는 사실을 인식하는 것에서 시작해야 한다.

우리에게는 해답이 없다. 그래서 우리는 성경을 읽는 것이다.

겸손히 성경을 대한다는 것은 자신의 계획을 내려놓고 하나님이 가르쳐 주시려는 것을 기대한다는 뜻이다. 성경이 말하는 것을 받아들이려고 몸부림 칠 때마다 그리스도께 복종해야 할 삶의 영역들을 매번 발견할 것이다. 안타깝게도 이런 기회들을 자주 날려 버린다. 그리고는 성경이 우리에게 말하는 바를 설명할 방법만 열심히 파헤친다.

시험에 빠지지 말라. 자신의 믿음과 생활방식이 성경과 맞지 않을 때, 성경이 틀렸다고 주장하겠는가? 하나님과 우리 자신이 일치하지 않을 때마다 변화되어야 할 쪽은 분명히 우리 자신이다. 하나님은 우리가 뭔가를 행하는 방식에 대해 편안함을 느끼라고 성경을 주신 것이 아니다. 우리가 어떤 존재가 되고 어떤 일을 하기 원하는지 말씀해 주시려는 것이다. 성경을 읽을 때 하나님께 가까이 다가가고 하나님 말씀을 실천하려고 하지 않는다면, 우리는 완전히 핵심을 놓치고 있는 것이다.

올바른 동기가 모든 것을 변화시킨다

고린도전서 8장에서 바울은 우상에게 바친 음식에 대해 말한다. 당시 이방 종교들은 자기네 우상 앞에 고기를 바쳤다. 그 의식이 끝나면 고기를 가져다가 시장에서 인하된 가격에 팔았다. 그런데 어떤 회심한 크리스천이 이런 고기를 먹고서는 마치 우상 숭배에 동참한 것처럼 죄책감을 느꼈다. 또 다른 크리스천은 상황을 제대로 이해하고 이런 우상들은 아무것도 아니기에 깨끗한 양심으로 고기를 먹었다. 여기서 문제가 일어났다. 후자의 크리스천들이 자신들의 지식을 이용해서 전자의 형제자매들에게 양심에 어긋나는 행동을 하도록 강요했다. 바울은 이 주제를 언급하면서 심오한 말을 했다.

> 우상의 제물에 대하여는 우리가 다 지식이 있는 줄을 아나 지식은 교만하게 하며 사랑은 덕을 세우나니(고전 8:1).

바울의 경고는 성경을 그릇된 동기로 공부할 때 어떤 일이 발생하는지 보여 주는 적절한 예다. 지식을 더 얻기 위해서, 더 지적으로 보이고 싶어서, 아니면 다른 사람에게 주장을 펴기 위해서, 또는 다른 사람들이 우리가 하는 것처럼 생각하고 말해야 한다고 설득하기 위해서 성경을 연구한다면, 그릇된 동기로 공부하는 것이다. 이런 식으로 공부할 때 그 열매는 무엇인가? '교만'이다. 모순되면서 슬프게도 성경 공부라는 행위가 오늘날 세상에서 가장 거만한 사람들의 부류를 양산해 냈다. 아마 이런 사람을 한두 명쯤 알고 있을 것이다.

분명히 말하지만, 하나님은 이런 식으로 성경을 공부하는 걸 원치 않으신다. 하나님 말씀을 읽으면 더 하나님을 닮아 가야 하는 것이 정상이다. 바울이 말한 것처럼, 지식은 교만하게 하나 사랑은 덕을 세운다. 어떤 계획 없이 하나님이 가르치시고 변화시키기 원하시는 부분을 기대하며 성경 앞에 나온다면, 우리는 점점 더 하나님이 원하시는 모습으로 변화되기 시작할 것이다.

베드로의 권면을 기억하라.

> 그러므로 모든 악독과 모든 기만과 외식과 시기와 모든 비방하는 말을 버리고 갓난아기들 같이 순전하고 신령한 젖을 사모하라. 이는 그로 말미암아 너희로 구원에 이르도록 자라게 하려 함이라(벧전 2:1-2).

모든 경건치 못한 욕구와 성향을 내려놓고 하나님 말씀으로 공급받아 채우려는 열망을 가져야 한다. 아주 간단한 개념이지만 그 결과는 삶을 변화시킬 것이다. 사고방식과 생활방식을 성경과 일치시킨다면 어떻게 삶이 달라질지 상상해 보라. 거만해지는 대신 더 하나님을 사랑하게 될 것이다. 그리고 하나님이 주신 사명에 더 일치된 삶을 살 것이다. 또한 사람들을 개인적인 목적을 이루는 수단이 아니라 존귀한 하나님의 피조물로 바라보게 될 것이다. 주변에 있는 사람들을 사랑하고 섬길 방법들을 찾게 될 것이다.

순전한 갈망을 위해 기도하라

이야기를 종합해 보자. 성경에 접근하는 바른 방법은 먼저 우리가 원하고 기대하는 모든 것을 내려놓는 것이다. 그 다음 하나님이 무엇을 생각하고 무엇을 행하라고 말씀하시는지 그대로 듣는 것이다. 물론 우리의 자연스런 이기적 성향과는 상반되기 때문에, 하나님이 우리 마음 가운데 어설픈 동기들을 제거해 주시고 말씀에 대한 순전한 갈망을 주시도록 요청해야 한다.

다음 장에서는 성경을 주의 깊게 공부하는 방법들에 대해 말할 것이다. 그러나 성경 연구에 대한 기술을 익히기 전에 먼저 성경 연구에 대한 동기를 점검하는 시간이 절대적으로 필요하다. 마음이 바르지 않다면, 아무리 성경을 주의 깊게 공부하는 전문가가 될지라도 성경을 오용할 가능성이 크기 때문이다.

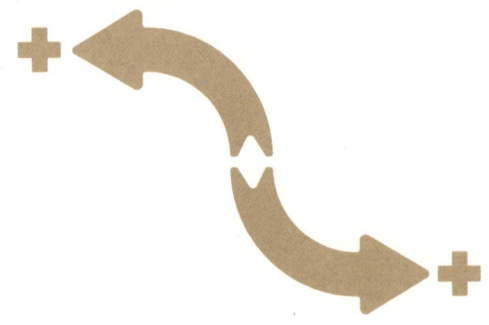

말씀을 배우고 싶다면
하나님 앞에 서라

성경을 공부하는 '바른' 방법이 있을까

성경 공부가 중요하다는 점에는 누구나 동의하겠지만 어떤 방법이 가장 좋은가에 대해서는 의견이 일치하지 않을 것이다. 크리스천들이 성경을 어떻게 대해야 하는지에 대해 전 세계적으로 공인된 방법이 있는 것은 아니다.

어떤 이들은 인생을 어떻게 살 것인가에 대한 방향 제시를 위한 교과서 내지는 지침서로 성경에 접근한다. 다른 이들은 성경상의 이야기나 인물들을 경건한 삶의 모범 내지 도전으로 생각하고 집중한다.

또 다른 이들은 좀 더 신비적인 접근을 한다. 성경을 갑자기 아무 쪽이나 펼쳐서 그날 필요한 영적인 격려나 인도의 말씀을 찾기도 한다. 학문적으로 접근하는 이들도 있다. 성경의 각 구절을 주의 깊게 연구하여 원저자가 말하려고 의도한 바가 무엇인지 정확하게 판단하는 것이다.

우리는 이런저런 방법들을 두루두루 사용하면서 성경에서 최선의 유익을 얻으려고 노력한다. 우리는 성경이 필요함을 알고 있다. 다만 성경 읽기를 최대한 활용하려고 애를 쓰고 있을 뿐이다.

경건하게 성경을 연구하라

성경 공부를 위한 최고의 접근법이 무엇인지 결정하기 전에 성경이 무엇인지 다시 기억해 보자. 성경은 하나님의 말씀이다. 우리를 향한 그분의 말씀이다. 그러므로 그분의 목적과 의지를 우리에게 보이실 때 그분의 권위를 염두에 두어야 한다. 성경을 읽을 때 우리는 하나님의 음성을 듣고 있는 것이기 때문이다. 그렇다면 하나님의 음성이 하늘로부터 생생하게 들려오는 것과 동일한 무게감으로 다가오는 이 책을 어떻게 읽어야 하겠는가?

당연히 주의 깊게 읽어야 한다. 하나님이 정확히 무슨 말씀을 하시는지 세심한 주의를 기울여야 한다. 이것은 다음 장에서 다룰 개념이다. 이번 장에서는 또 다른 중요한 사실에 초점을 맞추고자 한다.

우리는 이 말씀을 경건하게 읽어야 한다. 다시 말해 말씀에 '몰입'해야 한다. 하나님이 말씀하실 때, 우리는 빨리 경청하고 말씀해 주시는 모든 것을 간절히 받아들여야 한다. 그러는 과정 또한 즐겨야한다. 성경 읽기를 그저 즐긴다고 생각해 본 적이 있는가? 삶의 분주함에 휘둘리거나 성경 본문의 부분적인 내용에 치우친 나머지 감동을 놓치고 마는 게 현실이다. 우리는 지금 우리를 향한 하나님의 말씀을 듣고 있단 말이다!

성경을 즐긴다는 게 무슨 의미인지 감을 잡고 싶다면 시편 119편을 읽어 보라. 이 시편은 원래 하나님의 말씀에 바쳐진 러브레터이다. 이 시편에는 두 가지 사실이 특별히 충격적이다. 첫째, 시편 기자가 하나님 말씀에 대해 할 말이 참으로 많다는 점이다. (176절이나 쓰다니!) 둘째, 시편 기자는 정말로 말씀을 좋아한다. 하나님의 율법, 계명, 유례, 명령 등을 즐거워한다는 내용이 반복된다. 이렇게까지 말한다.

> 내가 주의 계명들을 사모하므로 내가 입을 열고 헐떡였나이다(시 119:131).

정말 진지한 갈망이다!

하나님 말씀을 사모하되 갓난아기가 엄마의 젖을 사모하듯이 하라는 베드로의 권면을 기억해 보라(벧전 2:2-3). 이 말씀이 크리스천으로서 성경을 향해 가져야 할 태도를 보여 주는 것이라면 모두들 상당히 부족한 처지임을 인정할 것이다.

우리는 성경을 그런 강도로 접근해야 한다. 하나님의 말씀을 읽고 있다는 사실을 인지하고 그 말씀들이 우리 자신을 향하고 있다는 사실을 기억하면서 말이다. 하나님은 우리가 주위 사람들을 양육하고 상담하고 가르치고 격려하는데 성경을 사용하도록 주셨다(딤후 3:16-17을 보라). 그러나 성경으로 다른 어떤 활동을 하든 간에 성경을 경건하게 읽는 것을 놓쳐서는 안 된다. 다른 사람을 가르치고 교정하고 격려하기 위해 성경을 공부할 때 먼저 하나님의 진리가 우리 생각과 마음과 생활방식의 모든 면에 스며들도록 해야 한다.

성령님을 배제시키지 말라

크리스천들은 기도와 성경 읽기에 대해 자주 이야기하지만, 성경을 읽는 중에 기도하는 것에 대해서는 별로 신경쓰지 않는다. 기도가 성경을 이해하는 데 중요한 부분임을 인정하면서도 제대로 실천하는 크리스천이 많지 않은 게 사실이다.

아마도 성경 본문을 충분히 세밀하게 연구하되, 가능하면 히브리어와 헬라어까지 배우고 주석들까지 참고하며 본문을 완벽하게 도해하면 어떤 구절이든 정확한 의미에 도달할 수 있다는 믿음 때문이다. 물론 세심하게 공부하는 태도는 매우 중요하다. 하지만 여기에 기도를 포함시키지 않는다는 것은 성령님을 배제시키는 것이며, 완전한 자립적 사고방식일 뿐이다.

인간의 지혜와 하나님의 지혜 사이의 차이점에 대해 바울이 언급한 말씀을 여기에다 길게 인용할 필요가 있겠다.

기록된 바 하나님이 자기를 사랑하는 자들을 위하여 예비하신 모든 것은 눈으로 보지 못하고 귀로 듣지 못하고 사람의 마음으로 생각하지도 못하였다 함과 같으니라. 오직 하나님이 성령으로 이것을 우리에게 보이셨으니 성령은 모든 것 곧 하나님의 깊은 것까지도 통달하시느니라. 사람의 일을 사람의 속에 있는 영 외에 누가 알리요. 이와 같이 하나님의 일도 하나님의 영 외에는 아무도 알지 못하느니라. 우리가 세상의 영을 받지 아니하고 오직 하나님으로부터 온 영을 받았으니 이는 우리로 하여금 하나님께서 우리에게 은혜로 주신 것들을 알게 하려 하심이라. 우리가 이것을 말하거니와 사람의 지혜가 가르친 말로 아니하고 오직 성령께서 가르치신 것으로 하니 영적인 일은 영적인 것으로 분별하느니라. 육에 속한 사람은 하나님의 성령의 일들을 받지 아니하나니 이는 그것들이 그에게는 어리석게 보임이요, 또 그는 그것들을 알 수도 없나니 그러한 일은 영적으로 분별되기 때문이라(고전 2:9-14).

이 말씀의 핵심을 확실히 이해하기 바란다. 성령의 도우심이 없이는 성경을 이해할 수 없다는 것이다.

사고 활동 중에 하나님께 의지하는 것은, 인류 타락 이전부터 인간됨의 기본이다. 아담과 하와는 에덴동산에 있을 때, 무엇을 해야 하는지 하나님의 음성을 들어야 했다. 놀랍게도 죄가 세상에 들어오기 전에도 인간은 세상을 이해하기 위해서 하나님으로부터 계시가 필요했다! 인간이 된다는 의미 중에는 자신의 존재를 이해하려면 하나님의 계시에 의존해야 한다는 뜻이 있다. 이런 의존도는 타락 이후에 더 강화되었다.

타락의 결과로 인간은 행위에서뿐 아니라 마음에서도 부패해졌다(롬 1:21). 다시 말해 우리는 자연적으로 놓아두면 도덕적으로 하나님으로부터 멀어진다는 것이다(모두에게 익숙한 개념일 것이다). 그러나 더 나아가 우리는 마음이 죄로 물들어 버렸다. 더 이상 우리가 마땅히 생각해야 하는 방식으로 생각하지 않는다. 따라서 하나님의 진리를 우리가 원하는 대로가 아니라 있는 그대로 알기 원한다면, 하나님의 영의 도우심에 더욱 의존해야 한다.

바울이 말하려는 바다. 우리는 하나님의 영이 없이는 영적 진리들을 이해할 수 없다. 성령이 없이는 자연과 성경에서 하나님의 계시를 보면서도 오역하게 된다.

그래서 성경 공부에 기도가 절대적으로 필요하다. 기도는 상징적이거나 형식적인 행위가 아니다. 그것은 무엇보다 하나님의 마음을 이해하는데 기초가 된다. 성경이 하나님의 말씀이라면, 성경을 이해한다는 것은 하나님의 마음을 이해한다는 뜻이다(물론 그분이 계시해 주는 만큼일 뿐이지 전적으로는 아니다). 그래서 바울은 우리가 하나님의 마음을 이해할 수 있는 유일한 방법은 오직 하나님의 영을 통해서라고 분명하게 말한 것이다.

성경 공부가 기도에 깊이 들어가지 않으면 하나님이 의도하신 방법으로 성경을 공부하고 있지 않은 것이다. 성경에는 하나님의 지혜가 가득하다. 우리는 절대적으로 성령님이 그 지혜를 우리에게 계시하시고 우리 삶에 심어 주시기를 바라고 의지해야 한다.

순종할 마음으로 성경을 공부하라

깊이 기도하는 가운데 성경을 공부해야 하는 가장 강력한 이유는, 우리 삶이 진리와 일치하려면 성령님이 절대적으로 필요하기 때문이다. 굳이 통계 자료가 없어도 많은 성도들이 위선에 빠지는 경향이 있는 게 사실이다. 진리에 대해 열정적이지만 선포된 말씀을 실천한다는 개념은 이해하지 못하는 것처럼 보이는 사람들이 있다. 그런 부류의 사람이 되지 않으려면 성령님이 절대적으로 필요하다. 그래서 기도가 중요한 것이다.

진리가 우리를 변화시키지 못한다면 무슨 소용이 있는가? 바울도 이렇게 말했다.

> 내가 사람의 방언과 천사의 말을 할지라도 사랑이 없으면 소리 나는 구리와 울리는 꽹과리가 되고 내가 예언하는 능력이 있어 모든 비밀과 모든 지식을 알고 또 산을 옮길 만한 모든 믿음이 있을지라도 사랑이 없으면 내가 아무것도 아니요(고전 13:1-2).

탁월한 언변으로 사람들을 감동시키고, 모든 것을 이해하고 이 세상 그 누구보다 믿음이 좋다 해도, 이웃을 자기 자신만큼 사랑하지 않는다면, 그게 무슨 소용인가? 그래서 기도가 중요하다. 진정으로 사랑하려면 그분의 도우심을 받아야 한다. 지식이 사랑의 행동으로 나타나도록 도움을 받아야 한다.

너무 많은 크리스천들이 지식을 얻는 게 지상 최대의 과제인 것처럼 하나님 말씀을 공부한다. 하지만 바울에 따르면 지식은 전적으로 무익할 뿐 아니라 해롭기까지 하다. 지식은 교만하게 하고 사랑은 덕을 세운다(고전 8:1).

이 말씀을 믿는다면서 왜 지식이 많은 이들을 동경하는가? 지식은 더 위대한 목적을 위한 수단에 불과하다는 사실을 망각했는가? 지식은 하나님과 이웃을 더 온전히 사랑하도록 돕는 역할을 한다. 아는 것을 삶에서 활용하지 않는다면, 지식은 단지 우리를 더 거만하게 만들 뿐이다. 무서운 모순에 빠지는 것이다. 성경 공부가 실제로는 우리를 주님으로부터 멀어지게 만들 것이다.

그렇다고 덜 공부하면 문제가 깔끔하게 해결되는 것도 아니다. 오히려 가능한 모든 것을 배우되 즉각 적용해야 한다. 하나님과 이웃에 대한 더 깊은 사랑을 달라고 하나님께 간구해야 한다. 그래야만 하나님이 계시하신 진리들을 실천할 수 있다. 종종 우리는 배운 진리들 때문에 이 말씀들을 어떤 상황에 적용할지 고민할 것이다(가령 가난한 사람을 돌보라든지 나보다 남을 낫게 여기라는 말씀을 어떻게 적용할지 고민한다). 배운 것을 적용하지 않은 채 성경을 공부하고 있다면 성경을 요용하는 것이다. 단순하지만 심각한 사실이요, 우리가 간과할 수 없는 진실이다.

성경에 대해 아는 것을 모두 생각해 보라. 성경은 하나님의 명령으로 가득하다. 이미 하나님이 내게 행동하기 원하시는 것을 부분적으로나마 이미 알고 있다. 거기서 시작하라. 기도하라. 순종하라. 순종할 마음으로 성경을 공부하는 데서 오는 평강을 즐거워하라.

이제 이런 명령들의 관점에서 삶을 평가해 보라. 하나님이 우리 모두가 행하기를 원하신다고 생각되는 명령들을 삶에서 실행하고 있지 않다면, 성경 공부 방식이 변해야 한다. 주님의 명령이 삶의 방식으로 표현되지 않고 있다면 성경을 오용하는 것이다. 지식을 실행에 옮기는 것이야말로 우리의 평생 과제다. 당장 극적인 결과를 볼 수는 없을 것이다. 하지만 배우는 것들이 행하는 것들로 전환되지 않는다면 근본적인 무언가가 결여되고 만다.

믿음으로 성경을 공부하라

성경 공부에서 자주 간과되는 요소가 믿음의 중요성이다. 다시 한 번 성경의 본래적인 성격으로 돌아가 보자. 성경이 정말 하나님 말씀이라면 이 말씀들은 하나님 자신과 동일한 권위와 능력을 갖고 있다. 모든 약속은 어떤 개인이 제시하는 것으로 그 사람만큼 신뢰성을 갖는다. 성경이 명령할 때 그 명령은 하나님의 모든 권위를 수반한다. 마찬가지로 성경이 약속할 때면 그 약속은 하나님만큼 신뢰성을 갖는다.

교회의 최대 장애 중 하나는, 크리스천들이 성경을 믿음으로 공부하지 않는다는 점이다. 성경은 읽지만, 성경이 말하는 바를 믿는 것처럼 행동하지는 않는다. 예수님을 부인하는 사람들에 대해 심판이 있을 것이라고 읽지만 주위 사람들에게 다가가는 방식에 아무런 변화가 없다. 그러면 의문이 생긴다. 지금 우리는 하나님이 하신 말씀을 정말 믿는가(아니 믿음이 있는가)? 또 성경에서 하나님의 은혜에 대해 읽는다. 성경은 하나님이 용서하신다고 분명히 말한다(엡 2:1-9, 요일 1:9). 하지만 과거의 행위 때문에 의심과 불안에 쌓여 살아가는 사람들이 너무 많다. 믿음으로 성경을 공부했다면, 평안과 기쁨으로 사는 모습이 두드러지게 나타나야 하지 않겠는가?

성경을 하나님이 말씀하시는 바로 그 말씀으로 공부하려 한다면, 성경이 말하는 바를 믿어야 한다. 절대적인 믿음으로 성경을 공부해야 한다. 하나님이 모든 일을 그의 뜻의 결정대로 일하신다는 말씀을 읽을 때(엡 1:11), 있는 그대로 믿고 그 말씀을 진리로 받아들이고 살아야 한다. 성령께서 몸의 행실을 죽이도록 우리에게 힘주신다는 말씀을 읽을 때(롬 8:13), 이 진리를 온전히 확신하고 하나님의 영으로 새 힘을 얻은 사람들로서 살아가야 한다.

좋은 성경 공부는 변화를 일으킨다

종종 사람들은 성경공부 모임을 마치면서 "정말 좋은 성경 공부였어"라고 말한다. 그 말이 진짜 의미하는 것은 무엇인가? 뭔가를 배웠다는 뜻인가 아니면 뭔가를 뉘우쳤다는 뜻인가? 아니면 정말 삶이 변했다는 의미인가? 좋은 성경 공부는 변화를 일으킨다. 갑자기 그렇게 되지 않을지라도, 꾸준히 성경을 대하면 분명히 변화가 일어나게 되어 있다.

앞에서 이미 히브리서 4장 12절 말씀을 간단하게 살펴보았다.

"하나님의 말씀은 살아 있고 활력이 있어 좌우에 날선 어떤 검보다도 예리하여 혼과 영과 및 관절과 골수를 찔러 쪼개기까지 하며 또 마음의 생각과 뜻을 판단하나니."

성경은 단순히 공부해서 정보를 얻어 내기 위한 생명 없는 물체가 아니다. 성경에는 그 자체의 생명이 있다. 성경은 움직인다. 우리를 읽어 낸다. 우리 존재의 깊은 내면을 통찰하며 내적 동기를 분별해 낸다. 하나님이 살아 계신 분이기에 그분의 말씀도 살아 있다. 하나님은 우리 존재의 모든 부분을 적극적으로 변화시키기 위해 그분 말씀을 통해 일하신다.

야고보는 성경을 통해 변화되어야 할 필요성을 보여 주기 위해 강렬한 이미지를 사용했다.

> 너희는 말씀을 행하는 자가 되고 듣기만 하여 자신을 속이는 자가 되지 말라. 누구든지 말씀을 듣고 행하지 아니하면 그는 거울로 자기의 생긴 얼굴을 보는 사람과 같아서 제 자신을 보고 가서 그 모습이 어떠했는지를 곧 잊어버리거니와 자유롭게 하는 온전한 율법을 들여다보고 있는 자는 듣고 잊어버리는 자가 아니요 실천하는 자니 이 사람은 그 행하는 일에 복을 받으리라(약 1:22-25).

야고보는 성경 공부하는 과정을 한 사람이 거울을 보는 것에 비유했다. 마치 거울처럼 성경에는 자신의 상태가 어떤지 진실을 보여 줄 수 있는 능력이 있다. 먼저, 한 사람이 거울에 투영된 자신의 모습을 분명히 보았는데, 뒤돌아서서 잊어버리고 아무것도 하지 않는다. 정말 어처구니없는 태도다. 하지만 이는 대부분 크리스천들이 성경을 공부하는 방식과 같다. 성경에서 변화를 요구하는 진리를 보고서도 아무 일이 없었다는 듯이 뒤돌아버리기 때문이다.

야고보는 또 다른 사람을 대비시킨다. 그는 거울을 보고 자신이 본 것을 행한다. 이 사람은 하나님 말씀을 읽고 자신이 대면하여 본 것을 가치 있게 여기고 진리에 의지하여 행동한다. 야고보의 요점은 분명하다. 이 사람은 자신이 행한 것에 복을 받을 사람이다. 진리를 듣는 것만으로는 보상이 없다. 성경 공부는 순종과 변화에 이르기 전까지는 불완전하고 부적합하다.

그러므로 다시 이 질문을 던져야 한다. 왜 성경을 공부하는가? 변화되기 원하기 때문인가, 아니면 지식을 얻고 싶기 때문인가?

야고보는 강력한 비유를 든 이후 놀라운 말씀을 한다.

> 누구든지 스스로 경건하다 생각하며 자기 혀를 재갈 물리지 아니하고 자기 마음을 속이면 이 사람의 경건은 헛것이라. 하나님 아버지 앞에서 정결하고 더러움이 없는 경건은 곧 고아와 과부를 그 환난 중에 돌보고 또 자기를 지켜 세속에 물들지 아니하는 그것이니라(약 1:26-27).

다시금 야고보는 "자기 마음을 속이는" 사람들이 있을 것이라고 지적한다. 마음을 속이는 사람이 되지 말자. 스스로 경건한 사람이라고 생각하면서 하나님의 진리에 따라 행하지 않는다면 성경은 '경건'이 헛것이라고 말한다. 자신을·속이지 말라. 진정한 경건의 좌표는 무엇을 아느냐가 아니라 하나님과 하나님의 말씀에 대해 아는 것을 얼마나 실천하는가이다.

하나님이 우리에게 말씀하신다는 것은 정말 은혜로운 것이다. 하나님의 말씀은 우리를 생명으로 인도하기 때문이다. 또 그 말씀은 우리를 자유케 하기 때문이다! 그러므로 그분의 음성을 경청하고 그 말씀을 실천할 때, 엄청난 하나님의 복을 경험한다. 그렇기에 공부만 하고 말씀의 본래 의도대로 복을 누리지 못한다면 부끄러운 일이 아닐 수 없다.

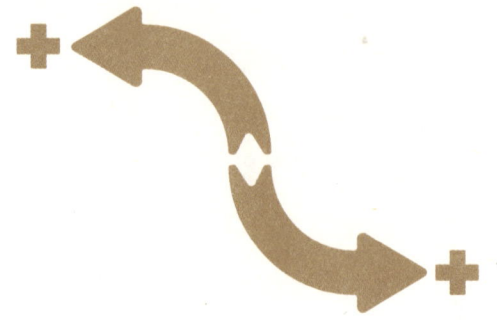

chapter **3**

성경은 성경으로
해석하라

앞 장에서 말한 것처럼, 성경을 학문적으로 공부한다 해도 적합한 해석이 보장되는 것은 아니다. 성경 공부를 학문적으로 접근하는 게 맞다면 가장 지적인 사람을 찾아내서 우리를 대신해서 성경을 해석하도록 하는 것이 최선의 방법일 것이다. 물론 열띤 연구가 바른 결과를 보장해 주는 것이 아니라고 해서, 성경에 대한 탐구와 논리적 접근이 중요하지 않다는 뜻은 아니다. 이런 접근은 도움이 될 뿐 아니라 필요하기도 하고 성경에서 요청하는 것이기도 하다.

> 너는 진리의 말씀을 옳게 분별하며 부끄러울 것이 없는 일꾼으로 인정된 자로 자신을 하나님 앞에 드리기를 힘쓰라(딤후 2:15).

하나님은 최선을 다해 '힘쓰라'고 명하신다. 게으름은 변명의 여지가 없다. 하나님이 우리와 소통하시기 위해 선택하신 말씀들을 공부하는 것이기에, 기도와 순종으로 성실하게 해야 한다. 하나님은 마음을 다해 하나님을 사랑하라고 명하셨다(마 22:37). 그분 생각을 이해하기 위해 우리 마음을 다하는 것은 경배의 표현이다. 덕분에 마침내 하나님을 더 사랑하게 될 것이다.

우리는 그다지 경청할 필요성이 없을 때는 주의 깊게 듣는 경향이 있다. 방향을 오해해서 마침내 길을 잃고 헤매는 것과 같다. 그러니 하나님이 하시는 말씀을 제대로 이해하는 것이 얼마나 중요하겠는가? 크리스천으로서 우리 삶은 성경의 가르침에 기초해야 하건만, 그 가르침을 오해한다면 삶이 어떻게 되겠는가?

그러나 우리는 성경 구절에서 오해하는 부분들이 많다. 완벽하게 성경을 이해한다면 교리상 이견이 없을 것이다. 하지만 그렇지 않은 게 사실이다. 우리가 성경이 말하는 바를 오해하도록 만드는 많은 요소들이 있다. 우리 자신의 억측, 우리 삶에 영향을 주는 사람들의 관점을 아무 생각 없이 따르는 것, 나만의 것을 하고 싶어 하는 죄성 등이다. 성경이 실제로 말하는 바에 집중하지 않고 오히려 우리가 주장하고 원하는 것에 집중할 때 이런 요소들은 강화된다. 그러므로 성경 해석의 몇 가지 일반적인 원칙을 염두에 두는 것이 좋겠다.

문맥을 고려하라

모든 본문에는 문맥이 있다. 모든 장, 단락, 문장, 단어는 주변 단어들, 문장들, 단락들, 장들과의 관계에서 의미가 도출된다. 일반 서적을 읽을 때도 그렇지만, 성경을 읽을 때도 마찬가지다.

간단한 영어 단어 'ship'을 생각해 보자. 누구나 이 단어의 의미를 안다(사전을 찾아보면 금세 알 수 있다). 그러나 'ship'이라는 단어는 문맥에 따라 다양한 의미를 지닌다. 이 단어가 커다란 배를 지칭하는 것인지 어떤 물건을 수송하는 과정을 지칭하는 것인지 어떻게 판단할까? 당연히 문맥을 본다. 문맥을 보는 것은 복잡한 과정이 아니지만 이 단어의 의미를 결정하는 데에는 절대적으로 필요한 과정이다.

문맥에 따라 글을 읽는 것이 우리의 일차적인 습성이 아니기 때문에 자꾸 이 점을 놓친다. 뭔가를 읽을 때는 주변 단어들과의 관계에 기초해서 그 단어들의 의미가 결정된다. 애매모호한 단어를 만날 때 우리는 문맥에 따라 적절한 정의와 시제를 자동적으로 결정한다.

간단한 예를 든 것은 성경 공부의 본질적인 측면을 강조하기 위함이다. 특정 단어, 절, 장, 책을 이해하려면 문맥의 차원에서 고려해야 한다. 종종 성경 구절들을 따로 읽고 인용한다. 그렇게 한다고 필히 잘못된 것은 아니지만, 오역의 가능성이 상당히 높긴 하다.

이해를 돕는 방법이 하나 있다. 성경을 공부할 때 오렌지보다는 사과를 생각하라. 보통 사과를 먹을 때는 과일 전체를 한 입 베어 물고, 오렌지를 먹을 때는 여러 조각으로 나누어서 하나씩 먹는다. 성경 구절을 읽을 때는 더 큰 이야기 덩어리에서 하나의 생각(한 입)을 먹는다는 점을 항상 명심하라. 문맥을 이해하는 최고의 길은 성경을 통독하는 것이다. 성경 읽기에 어떤 접근법을 사용하든, 성경을 자주 읽을수록 성경 전체 이야기를 더 잘 이해할 수 있을 것이다.

해석과 적용 사이의 차이점을 알라

성경 해석에서 가장 보편적으로 실수를 범하는 것은 "이 구절이 내게 의미하는 바가 무엇인가?"에 너무 초점을 맞출 때이다. 성경 공부 그룹에서는 둥그렇게 돌아가며 각 사람이 개인적인 해석을 나누는 모습을 흔히 볼 수 있다. 이런 상황에서 사람들은 하나님이 성경을 통해 말씀하시는 것에 초점을 맞추지 않고 각자 생각하는 그 구절의 의미에 초점을 맞춘다. 이런 접근법은 성경이 각 크리스천에게 개인적인 의미를 전달한다는 가정에 근거한다.

이런 접근법을 완전히 비난하고 싶지는 않다. 많은 성경 구절들이 다양한 뉘앙스를 가지기에 다른 사람이 놓친 부분을 감지할 수도 있다. 그런 점에서 매우 도움이 되는 방법이다. 하지만 성경이 각 사람에게 개별적인 의미를 갖는다는 말과 똑같은 것은 아니다. 각자 생각하는 의미를 나누는 방법을 쓰다 보면, 성경에 대한 '오역'을 피해 누구든 자유롭게 성경에 대해 말할 수 있기 때문이다.

중요한 것은 하나님이 의도하신 대로 성경이 의미하는 바를 이해하는 것이다. 자녀들에게 설거지를 하라고 말할 때 우리는 전달하려는 분명한 메시지가 있는 것이며, 자녀들이 제대로 이해하여 행동할 것을 기대한다. 하나님도 마찬가지로 우리에게 전달하려는 메시지가 분명히 있다. 따라서 우리는 하나님 말씀을 연구하여 우리를 향한 진의를 알기 위해 노력할 필요가 있다.

때로 '이 구절이 내게 의미하는 바'에 대해 이야기하는 것은, 해석보다는 적용에 대해 말하는 것이다. 해석이라고 할 때는, 그 구절이 말하는 바와 의미하는 바를 질문해야 한다. 적용이라고 할 때는, 그 의미를 각자 특수한 상황에 응용하는 것이다. 궁극적으로 각 본문은 한 가지 의미를 갖고 있으나, 다양한 적용점을 가질 수 있다.

가령, 마태복음 22장 39절에서 예수님은 레위기 19장 18절을 인용하셨다. "네 이웃을 네 자신 같이 사랑하라"라는 구절의 의미를 파악하는 것은 매우 쉽다. 그러면 이제 하나님이 보내 주신 사람들을 사랑해야 하는 법, 이 진리의 말씀을 어떻게 개별 삶에 적용할까? 한 사람은 이웃의 정원 관리를 도와주는 것으로 적용할 테고, 또 다른 사람은 동료의 걱정을 관심 있게 경청하는 것으로 적용할 것이다. 사람들은 이 동일한 진리를 각기 다른 방법으로 삶에 적용할 것이다.

적용은 특수한 삶의 상황에 따라 달라지기 때문에 동일한 본문을 읽고도 각기 다른 적용점을 가질 수 있다. 반면 해석은 하나님이 실제로 하신 말씀을 발견하고 본래 소통하려고 의도하신 바를 깨닫는 것이다. 우리는 동일한 구절을 읽고 동일한 의미를 받아들여야 한다.

분명한 의미를 발견하라

때로는 개인적으로 계획하거나 상정하는 것들 때문에 하나님이 성경 본문에서 하시는 말씀으로부터 곁길로 갈 때가 있다. 가령 누가복음 12장 33절에서 예수님은 "너희 소유를 팔아 구제하라"라고 말씀하셨다. 우리는 종종 이런 구절을 읽고 말한다. "그래. 하나님이 내 소유를 팔아서 가난한 자들에게 다 나눠 주라고 문자적으로 요구하시는 것은 아니지. 이 구절은 이런 의미임이 분명해….”

정말 그런가? 예수님은 문자적 의미 그대로, 자기 소유를 팔아서 가난한 자들에게 나눠 주라고 말씀하신 것이라 보이기 때문이다. 사실 누가복음에 나타난 예수님의 가르침과 사역의 문맥 속에서 보건데, 예수님은 제자들에게 그대로 행하도록 요청하신 것이 분명하다.

물론 예수님이 제자들에게 역사의 어느 시점에 소유 일부를 팔라고 명하셨다고 해서 모든 크리스천이 항상 모든 소유를 팔아야 한다는 뜻은 아니다. 하지만 핵심은 우리 자신의 선입견 때문에 그런 일조차 고려하지 않으려고 할 때가 많다는 점이다. 만약 예수님이 제자들에게 자기 물건의 일부를 팔아서 가난한 사람들의 필요를 채우는 데 사용하라고 하셨다면, 오늘날 우리도 동일한 부르심에 열려 있어야 하지 않겠는가?

성경을 액면 그대로 받아들이는 법을 배워야 한다. 성경의 어떤 부분들은 이해하기 힘들지만(벧후 3:16), 성경의 대부분은 이해하기 아주 쉽다. “육신에 있는 자들은 하나님을 기쁘시게 할 수 없느니라”(롬 8:8)는 말씀을 읽을 때는 구절과 문맥을 주의 깊게 공부하여 ‘육신에 있다’는 것이 어떤 의미인지 결정해야 할 것이다. 그러나 이 구절의 의미는 분명하다. 하나님은 우리가 육신에 있는 자가 되지 않기를 원하신다는 것이다.

더 어려운 구절들도 있다. 구약의 많은 구절들을 읽을 때는 어떤가? 가령 출애굽기 17장에서 이스라엘은 아말렉과 전쟁을 벌이려고 한다. 여호수아가 전쟁에 군대를 이끌고 나가는 동안 모세는 언덕 위에 앉아 하늘을 향해 두 팔을 올리고 있다. 성경은 이렇게 말한다.

> 모세가 손을 들면 이스라엘이 이기고 손을 내리면 아말렉이 이기더니(출 17:11).

신기한 이야기다. 이 이야기를 어떻게 해석해야 하는가? 이 구절에 따라 언덕 위에 올라가 하늘을 향해 손을 들어야 한다는 말로 이해하지는 않을 것이다. 표면 아래에 있는 영적인 의미를 찾는다면 어떤가? 분명히 이 구절은, 우리가 영적인 대적과 전투할 때 하늘을 향해 손과 마음을 뻗어야 한다는 의미이다. 하지만 정말 하나님이 그런 의미로 우리에게 하시는 말씀인지에 대한 암시는 없다.

이 구절은 하나님이 모세를 사용하셔서 아말렉과의 역사적인 전투에서 이스라엘에게 승리를 허락하신 놀라운 방법에 대한 묘사이다. 이 이야기를 통해 우리는 자기 백성을 구원하시는 하나님의 능력과 솜씨에 대한 통찰력을 얻을 수 있다. 하지만 그렇다고 출애굽기 17장 기록의 분명한 의미가 바뀌는 것은 아니다. 본문 배후에 깔린 깊은 의미를 찾는 시도는 좀 더 '영적'으로 보이지만, 하나님이 말씀하신 바를 그저 받아들이는 것보다 더 영적인 것은 없다.

성경은 놀라운 책이다. 온 우주의 창조주가 그 백성과 소통하시는 책이기 때문이다. 하나님은 인간 언어, 곧 우리가 일상에서 이해하는 단어와 사용하는 말들로 쓰셨다. 하나님은 책을 통해 소통하기로 선택하셨고 정확하게 메시지를 전달할 수 있는 능력을 분명히 갖고 계신다. 하나님 말씀을 액면 그대로 받아들일 필요가 없다고 말한다면, 우리는 성경 말씀의 분명한 의미 뒤에 일종의 가려진 의미들을 발견해야 한다. 그렇다면 하나님은 인간이 사용하는 방식과는 다른 방식으로 인간의 언어를 쓰는 것이 아닌가. 하지만 하나님이 그렇게 하신다는 암시는 어디에도 없다.

반면 성경에서 사람들은 하나님 말씀이 갖는 분명한 의미에 따라 이해했고 행동했다. 하나님이 이스라엘에게 회막을 지으라고 하셨을 때 그들은 그 말씀을 영적으로 해석해서 일련의 춤으로 표현하지 않았다. 오히려 액면 그대로 받아들여서 말씀의 분명한 의미에 의거하여 회막을 지었다. 성경에 대한 우리의 접근법도 동일해야 한다.

성경을 문자적으로 받아들이라

문자적인 의미가 있다면 다른 의미를 찾으려 하지 말라. 그러나 주의해야 한다. 여전히 문자적인 의미가 실제로 의미를 가지는 때를 분별해야 하는 과제가 남아 있기 때문이다. 성경 말씀의 분명한 의미를 찾기 위해 각 단어, 구절, 장, 책을 연구할 때 그 구절이 문자적인 진술로 받아들여지는지 수사학적 질문이나 비유적인 화법 등으로 받아들여지는지 문맥을 보고 판단할 필요가 있다.

문자적인 진리를 받아들인다고 해서 각 본문을 문자적으로 해석한다는 뜻이 아니다. 성경을 보면, 저자가 은유, 비유, 운문, 예언과 다른 문학적 장치를 사용하는 경우들이 많다. 가령 예수님이 "내가 문이니"(요 10:9)라고 말씀하셨을 때, 주님은 은유를 사용하셨다. 알다시피, 주님이 나무로 만들어져 문틀에 붙어 있다고 스스로 주장하시는 것이 아니다. 예수님은 문자적인 진리를 전달하고 계시지만 그러기 위해 은유적 화법을 사용하셨다.

이상한 영적 해석이나 비유적 해석을 사용하는 것은 아니다. 인간 언어의 평범한 사용법에 따라 은유나 비유, 기타 수사적인 장치들을 허용하는 것이다. 곧 성경을 문자적으로 받아들여야 한다는 말은, 말하는 진의를 주의 깊게 이해해야 한다는 뜻이다. 성경을 액면대로 받아들이되, 문맥을 살폈을 때 저자가 비유적 화법이나 일종의 시적, 예언적 상징을 사용한다고 판단되면 인간 언어의 평범한 규칙들에 따라 해석해야 한다.

결코 쉬운 작업은 아니다. 예를 들어 요한계시록을 보면, 과연 어느 부분을 문자적으로 읽고 어느 부분을 비유적으로 읽어야 하는가. 이견이 잦을 것이다. 그래서 성경을 논의할 때 은혜가 필요하다. 토의와 탐구에 대한 여지가 있어야 한다. 우리가 함께 성경을 겸손하고도 끈기 있게 연구할 때 하나님을 영화롭게 할 수 있다. 그 어떤 경우에도 요점은, 하나님 말씀을 액면대로 받아들이고 당신에게 하라고 말씀하시는 것을 행하라는 것이다.

문법적인 문맥을 공부하라

성경 저자들은 종종 문법에 상당한 주의를 기울였다. 한 가지 예를 든다면, 바울은 창세기 12장에서 복수가 아닌 단수 명사를 사용한 것에 기초해서 중요한 신학적인 관점을 제시했다.

> 이 약속들은 아브라함과 그 자손에게 말씀하신 것인데 여럿을 가리켜 그 자손들이라 하지 아니하시고 오직 한 사람을 가리켜 네 자손이라 하셨으니 곧 그리스도라(갈 3:16).

항상 문법을 연구해서 해석학적 보물들을 발견해 내겠다는 뜻은 아니다. 하지만 어려운 본문에 이르면 다음과 같은 질문들을 활용해 길을 찾기 바란다.

- 여기서 이 행위는 누가 하는가? (주어를 찾으라)
- 그 인물이 어떤 행위를 하는가? (동사를 찾으라)
- 그 인물과 그 행위가 어떻게 서술되어 있는가? (형용사와 부사를 찾으라)
- 어떤 인물과 사물에 그 행위가 행해지고 있는가? (직접 목적어와 간접 목적어를 찾으라)

대부분 우리는 텍스트를 접할 때 의식하지 않고 자동적으로 이렇게 분석한다. 그러나 어려운 본문을 대할 때는 본문을 나눠서 각 문장에 어떤 요소들이 있는지 연구해 보라. 하나님의 말씀은 충분히 검토해 볼 만한 가치가 있다.

역사적인 맥락을 공부하라

본문의 역사적 배경을 알면 의미를 파악할 때 도움이 된다. 종종 이런 배경을 알려면 관주 성경이나 성경사전, 또는 주석과 같은 외부 자료가 필요하다. 물론 많은 경우 역사적인 통찰력은 성경 안에서 발견되기도 한다. 가령, 구약의 많은 본문들이 자세한 역사적인 이야기들로 구성되어 있다. 또한 신약의 많은 책들도 역사적인 통찰력을 제시한다. 복음서와 사도행전은 특별히 그렇다.

역사적 배경이 어떻게 성경 이해를 돕는지 예를 들어 생각해 보자. 어느 기독교 서점에든지 예레미야 29장 11절 말씀이 적힌 장식품을 흔히 발견할 수 있다. "너희를 향한 나의 생각을 내가 아나니 평안이요 재앙이 아니니라. 너희에게 미래와 희망을 주는 것이니라."

사람들이 이 구절을 사랑하는 것은, 하나님이 우리를 재앙에서 지키시고 복 주시리라는 의미로 해석하기 때문이다. 그러나 정말 예레미야가 우리에게 전하려고 의도한 메시지일까? 역사적인 맥락을 보면, 예레미야가 바벨론에 있는 유대인 포로들에게 이 글을 쓰고 있다. 그들은 하나님께 신실하지 아니한 죄로 벌을 받아 포로로 잡혀갔다. 예레미야는 그들에게 말하기를, 70년간 그들이 포로로 있을 것이니 그동안 바벨론에서 거주하며 그 땅을 축복하라고 한다. 그런 다음 예레미야 29장 11절 말씀이 나온다. 하나님은 당신의 백성을 향해 진짜 계획이 있으시기에 복역의 때가 끝나면 그들을 이스라엘 고토로 회복하시겠다고 약속하신 것이다.

역사적인 맥락을 볼 때, 이 말씀은 오늘날 우리에게 아무런 나쁜 일이 일어나지 않을 것이라는 하나님의 백지수표가 아니다. 포로와 형벌 가운데서도 이스라엘에게 공급하시는 하나님을 보며 우리는 하나님의 긍휼을 관찰하고 이 동일한 긍휼의 하나님이 오늘날 우리를 돌보신다는 신뢰를 갖는다. 따라서 이 구절을 마치 모든 상황에 번영의 약속으로 적용하면 이는 성경을 오용하는 것이다. 역사적인 맥락이 언제나 본문 의미에 영향을 미치는 것은 아니지만 성경 저자들이 누구에게 왜 그 메시지를 전하는지는 언제나 고려해야 한다.

당신의 짐을 내려놓으라

본문의 문맥에 주의를 기울이는 것만큼 주의해야 할 것이 있다. 성경 해석에서 가장 큰 위험은 우리 자신의 '짐'으로부터 온다는 사실이다. 예를 들어, 미국인들은 예수님을 금발에 파란 눈을 가진 백인 자본주의자로 가정한다. 그러나 결코 사실이 아니다. 또한 하나님은 우리가 행복하고 건강하고 충만하기를 원한다고 믿는다. 하지만 대부분 그런 소망은 자신의 내면에서 비롯된 것이다. 성경을 주의 깊게 읽으면 하나님이 원하시는 것은 결코 우리 문화가 규정하고 추구하는 방식의 무언가가 아니다.

인생 경험은 우리가 성경을 읽는 방식에 흠집을 낼 수 있다. 아비에게 버림받거나 학대당한 사람들은 하늘 아버지에 대해 성경이 말하는 바를 이해하려고 상당히 몸부림친다. 기준도 없고 나약한 부모 밑에서 자란 사람들은 하나님의 능력과 주권을 이해하는데 어려움을 겪는다. 경험은 소망에 영향을 미치고 이어서 해석에 영향을 미친다.

성경을 읽을 때, 성경이 말하는 바에 대해 억측을 피하기 위해 노력해야 한다. 성경 스스로 말하도록 해야 한다. 우리 중 누구도 문화와 가정에 영향을 받지 않는 사람은 없다. 또한 각자 인생 경험에 상당한 영향을 받고 있다. 그러나 우리의 짐을 내려놓고 하나님이 성경을 통해 우리에게 직접적으로 말씀하시도록 간구하라. 더 간구하면 할수록 하나님의 진리가 우리 마음과 행동을 더 많이 변화시키는 것을 발견할 것이다. 또한 하나님의 마음을 더 잘 이해하게 될 것이다.

적용에 대한 주의

정확하게 성경을 해석하는 것이 마지막 단계가 아니다. 성경을 읽고 해석하는 목적은 하나님께 순종하고 하나님과 교제하는 것이다. 성경을 완벽하게 해석하면서도 읽은 말씀에 근거하여 살지 않는다면 우리는 자신을 속이는 것이다(약 1:22). 하나님은 성경이라는 소중한 선물을 주셔서 우리가 이 진리를 통해 변화되도록 하셨다. 더 하나님을 닮아 가고 더 하나님을 향한 사랑을 키워 가게 하셨다.

multiply

part 4

구약 39권,

하나님 나라의
제자로 부르시다

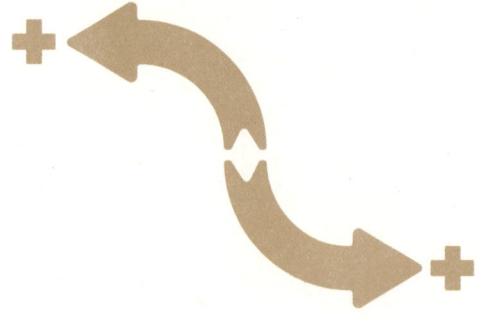

chapter **1**

제자, 하나님의 세상에 눈을 뜨다

창조 : 하나님의 세상, 하나님의 형상

영광의 무대를 세우다

성경은 한 가지 이야기를 한다. 성경을 역사, 시, 도덕적 담론의 파편들의 대모음집으로 보는 경향이 있지만 사실 성경은 한 가지 이야기를 한다. 그 이야기는 실화이며, 우리의 존재, 일상의 삶, 지상의 다른 모든 이야기에 의미를 부여한다.

성경을 통독할 때, 전개되는 이야기에 주의를 기울이되 단지 과거를 되집어보고 있다고만 생각하지 말라. 아직 완성되지 않은 이야기이기 때문이다. 요한계시록에 이르면 이 이야기가 어떻게 끝맺을지 결말을 보여 주지만 우리는 아직 그 지점에 이르지 못했다. 이야기는 계속되고 있으며, 우리 각 사람 모두 맡아야 할 역할이 있다. 하지만 우리가 이 이야기의 주인공들이 되어 우리 삶이 완전히 새롭게 형성되지 않으면 우리 역할을 감당할 수 없다.

성경은 궁극적으로 하나님과 하나님이 창조하신 세상에 관한 이야기이며 또한 그분의 영광을 위해 한 민족을 세워 전개해 가는 놀라운 구원 계획에 관한 이야기다.

지금부터 성경 이야기의 핵심 포인트들을 살펴볼 것이다. 그

때 직접 이야기 안으로 들어가라. 이야기에 나오는 행동, 사건, 진리들이 자신의 삶을 어떻게 움직이는지 보라. 이 놀라운 이야기를 묵상하며 어떻게 살아야 할지 생각하라.

이번 장에서 다루는 본문 창세기 1장과 2장은 성경 나머지 부분에 대한 무대이다. 우리는 세상이 어떠해야 하는지 볼 것이다. 하나님이 원하셨던 만물, 즉 죄도 없고 결함도 없이 완벽하게 하나님을 영화롭게 하는 만물로서의 세상을 손수 빚으시는 것을 볼 것이다. 이야기의 첫 번째 부분을 이해하면 나머지 부분을 이해하는 데 큰 도움이 될 것이다.

하나님은 누구신가

"태초에 하나님이 천지를 창조하시니라." 친숙한 말로 이야기가 시작된다. 가장 중요한 인물이 등장한다. 저자는 우리에게 신학적으로나 철학적으로 하나님이 누구신지 말해 주려고 멈추지 않는다. 의문이 들 만하다. 하나님은 어디에서 오셨는가? 만물을 창조하시기 전에는 무엇을 하셨는가? 왜 만물을 창조하셨는가?

그런데 창세기는 다른 식으로 전개된다. 그저 그분이 하신 일을 열거한다. 앞으로 하나님에 대해 상당히 많은 것을 알게 될 것이다. 때로 의문을 해결해 줄 신학적 답을 얻기도 할 것이다. 그러나 우리는 무엇보다 먼저 하나님에 대한 이해가 형성되어야 한다.

여기는 하나님의 세상이다

우리는 이 본문을 통해 하나님의 절대적인 능력과 최고의 영광을 분명하게 알게 된다. 이야기는 하나님 한 분으로 시작되며, 하나님은 창세기 1장에 등장하는 유일한 인물이다. 하나님만이 온 우주에서 유일하게 영원한 인격 내지 사물이다. 그 어떤 것도 그분과 필적할 수 없고 비교할 수 없다.

그 무게감을 느껴 보라. 우주가 존재하지 않던 때가 있었다. 세계가 존재하기 전에 하나님은 존재하셨다. 바로 그때 하나님은 말씀만으로 무에서 유를 창조하기 시작하셨다. 땅이 형성되라고 명하셨고 땅은 순종했다. 빛이 있으라 명하시니 빛이 있었다. 온 우주의 모든 개체들은 하나님의 명령에 순종함으로 존재하게 되었다.

언제나 존재해 오던 전능하신 하나님과 "…게 되라"는 반복 명령을 통해 생겨난 세상과의 절대적인 차이를 생각해 보라. 하나님과 견주거나 더 중요하다고 주장할 만한 어떤 사람도, 힘도, 물질도 존재하지 않는다. 이 절대적인 차이점 때문에 하늘의 천사들이 외친다. "거룩하다! 거룩하다! 거룩하다!"

창세기 1-2장을 읽으면 세상이 하나님께 속했다는 것을 깨닫지 않을 수가 없다. 인간적인 개념으로 살아가면 마치 세상이 우리에게 속한 것이고 우리가 이 행성의 합당한 통치자인 것으로 오해한다. 그러나 창세기는 전혀 다른 이야기를 한다. 하나님은 사랑과 능력으로 이 세상을 창조하셨다. 세상의 그 어떤 사람이나 사물도 하나님이 적당한 자리에 두셨기에 존재하는 것이다. 하나님만 소유권을 주장하실 수 있다. 그렇기 때문에 우리는 세상에서 자신의 위치에 대해 매우 겸손해진다. 우리가 우주의 중심이 아니기 때문이다. 하나님이 세상을 창조하셨고 우리를 그 가운데 은혜로 자리매김해 주셨다. 모든 소유권과 권위는 하나님께 속해 있다.

앞으로 살펴보겠지만, 하나님은 일정한 권위를 우리에게 위임하셨다. 그러나 이 권위는 은혜로 주어진 것이기에 특별한 방법으로 사용해야 한다. 인간 스스로 권력을 주장하는 시도를 하는 건 토기가 자기를 만든 토기장이의 권세에 도전하는 것과 같다. (성경에서 하나님께 도전하는 어리석음을 묘사할 때 사용한 비유다. 사 29:15-16; 45:9-10, 롬 9:19-24을 보라.)

하나님의 형상으로

하나님은 온 우주의 구석구석을 창조하신 뒤 보시기에 좋다고 선언하셨다. 그리고 창조 이야기 중간에 갑자기 논의하기 시작하셨다.

> 하나님이 이르시되 우리의 형상을 따라 우리의 모양대로 우리가 사람을 만들고 그들로 바다의 물고기와 하늘의 새와 가축과 온 땅과 땅에 기는 모든 것을 다스리게 하자 하시고(창 1:26).

인간에게는 절대적으로 독특한 점이 있다. 우리 역시 다른 피조물처럼 하나님이 지으셨기에 절대적으로 하나님과 다르다. 그러나 다른 한 편으로 하나님은 우리를 하나님처럼 창조하셨다. 피할 수 없는 진실이다. 하나님은 어떤 면에서 우리를 하나님처럼 창조하셨다. 그리고 이 세상 한가운데 두시고 그분을 대변하도록 하셨다!

물론 '하나님의 형상'이 정확하게 무엇인지에 대해서는 논란이 많지만 외적인 닮음을 칭하는 게 아니라는 점에서는 일치한다. 무엇보다 하나님은 영이시다(요 4:24). 인간 안에 있는 하나님의 형상이 어떤 구성 요소로 되어 있는지에 대한 의견들은 다양하다. 합리적으로 사고할 수 있는 능력, 도덕적 판단을 내릴 수 있는 능력, 우리의 개성, 그리고 관계 맺는 능력 등이 가장 지배적인 견해들이다. 하나님의 형상은 하나님이 인간에게 주신 나머지 피조물에 대한 통치권과 관련이 있다는 주장도 있다(창 1:26-27과 창1:28을 연결시킨 주장이다).

하나님의 형상을 인간의 어떤 한 요소나 특성과 연관 짓지 않는 게 나을 것 같다. 신약성경에는 예수 그리스도를 "보이지 아니하는 하나님의 형상"(골 1:15)이라고 말한다. 예수님은 "하나님의 영광의 광채시요 그 본체의 형상"이시다(히 1:3). '하나님의 형상'이라는 것은 어떤 면으로든 하나님을 반영한다는 뜻으로 보인다. 예수님은 이 점을 완벽하게 구현하셨다. 또한 인간에게도 하나님을 세상에 드러내야 할 책임이 있다. 우리 안에 있는 하나님의 손길, 성품과 특성이 나머지 피조 세계에 펼쳐져 있는 것과는 사뭇 다르기 때문이다. (물론이 형상은 죄로 인해 더럽혀졌다. 이 주제는 나중에 다루도록 하겠다.)

고대에는 왕들이 자신의 형상을 세워서 누가 통치하는지 시각적인 광고물로 삼았다. 백성들과 주변 민족들에게 이 땅은 왕의 관할과 권세 아래 있다는 점을 보여 준 것이다. 시편 8편은 말하기를, 하나님이 인간을 그 창조하신 우주 가운데 탁월한 자리에 두셨다고 한다. "영화와 존귀로 관을" 씌우셨으며 주의 손으로 만드신 것을 다스리게 하셨다고 말씀한다(시 8:5-6).

하나님은 사람으로 하여금 겸손히 은혜 가운데 땅에 대한 그분의 통치를 생각하게 하셨다. 인간은 하나님이 이 세상의 통치자임을 상기시켜 주는 존재다. 따라서 하나님의 형상을 어떤 인간 존재의 특별한 측면으로 규정지으려 하기보다는, 하나님이 우리를 세상에 그분을 반영하는 존재로 지으셨다는 사실을 인정해야 할 것이다. 우리는 세상에 의로우신 왕을 선포하며 그분의 손길, 성품과 특성을 예증해 드리는 존재들이다.

창세기 1장에서 2장으로 넘어가는 부분에서 흥미로운 일이 일어난다. 1장에서 하나님은 '엘로힘'이라는 호칭으로 언급된다. 이는 다만 '하나님'이라는 뜻이다. 어떤 사람을 '의사, 교수, 대통령, 왕' 등 직함으로 언급하는 것과 같다. 그러나 2장으로 가면 하나님의 이름이 바뀐다. '야웨 엘로힘'으로 언급된다. 이 호칭은 '하나님'이라는 직함과 '야웨'라는 개인적인 이름을 결합한 것이다. (합당하지만 복잡한 이유로 대부분 영번역들은 야웨를 주[the LORD]로 표현한다. 전부 대문자를 사용한다는 점을 주의하라.)

매우 중요한 변화다. 하나님은 주의 백성과 개인적인 방식으로 관계를 맺으실 때면 개인적인 이름인 야웨를 사용하신다. 또한 언약을 맺으실 때면, 그 백성과 당신의 관계가 어떤 것인지 자세히 설명하시며, 그 백성에게 약속을 주시고, 역으로 순종을 요구하시는 경우도 많다. 개인적인 이름 야웨는 이런 종류의 상호작용에 적합하다.

창세기 2장은 창세기 1장보다 세상의 시작에 대해 훨씬 더 친밀하게 설명한다. 1장에서 세상이 어떻게 지어졌는지 폭넓게 개관했다면 2장에서는 그 이야기를 전제로 훨씬 더 자세하게 이야기를 전개한다. 하나님의 형상대로 지어진 인간과 그 인간에게 하나님이 주신 특권과 의무에 대해 이야기한다.

하나님은 인간에게 특별한 일을 행하신다. 처음에는 흙으로 아담을 지으시고 구부리사 그 코에 생기를 불어넣으셨다. 1장에서 보았던 창조 이야기보다 훨씬 더 친근한 형태다. 1장에서는 그저 말씀하셨을 뿐이다. 또한 2장에서 하나님은 인간과 직접 대화를 나누셨다. 하나님은 아담에게 동산에 대해 말씀하셨다. 특히 아담에게 무엇을 먹을 수 있는지 먹을 수 없는지 말씀하셨다. 인간은 하나님과 소통하도록 지음받았다는 사실을 확인할 수 있다. (죄가 세상에 들어오기 전) 온전한 상태였을 때에도 아담은 하나님이 지으신 세상 안에 살기 위해 하나님이 주시는 계시에 의존했다.

그리고 하나님은 인간이 홀로 있기를 원치 않으셨다는 점을 주목하라. 처음으로 하나님이 뭔가가 "좋지 않다"라고 말씀하신 것이다. 그래서 하나님은 "그를 위하여 돕는 배필"을 창조하셨다. 아담과 교제를 기뻐하시다가 아담이 하나님이 만들어 주신 완벽한 짝을 만나 기뻐하는 것을 사랑으로 보고 계시는 하나님 모습을 쉽게 상상할 수 있다. 이 구절에 담겨 있는 결혼의 의미들을 발견하는 것도 중요하지만 무엇보다 하나님은 인간이 홀로 살기를 원치 않으셨다는 점을 기억해야 한다. 하나님은 아담에게 배필을 지어 주심으로 그의 외로움을 해결해 주셨다. 하지만 하와가 그저 아내만이 아니라 또 하나의 인간이었다는 점을 염두에 두라. 다시 말해 하나님은 인간이 다른 인간과 교제하며 살도록 고안하셨다. 이러한 사실은 신약에서 교회의 개념을 논의할 때 중요한 의미들을 제공한다.

동산에서의 삶

창세기 1-2장은 하나님이 처음 세상을 지으실 때 의도하셨던 놀라운 비전을 제시한다. 지구와 그 안의 만물을 창조하신 뒤 하나님은 시간을 내서 동산을 창설하셨다(창 2:8). 하나님은 사람을 동산 안에 두셨고 그들에게 "그것을 경작하며 지키는" 특별한 의무를 맡기셨다(창 2:15).

종종 노동을 타락의 결과와 죄에 대한 형벌이라고 생각한다. 인간이 죄를 짓자 하나님이 땅을 저주하셨고 그래서 노동이 절망스럽고 고통스러운 것이 되었기 때문이다(창 3:17-19). 그러나 하나님의 고유한 의도는 창조 세계를 돌보는 일에 우리를 적극적으로 참여시키는 것이었다. 하나님은 아담을 동산에 두셨고 (다만 이 동산을 돌보고 계획하고 정돈한다는 점에서 황무지나 정글과는 다르다는 점을 유의하라) 그에게 동산을 가꾸는 특별한 임무를 맡기셨다.

인간이 주변 세상을 돌보는 관계가 하나님의 의도셨다. 하나님은 아담에게 창조물에 대한 통치권을 주었고 만물을 "그의 발 아래" 두셨다(창 1:28, 시 8:5-8을 보라). 땅을 착취하고 파괴하도록 하신 것이 아니라 사랑으로 돌보아 사람으로 하여금 하나님의 선한 창조물을 보호하고 기뻐하게 하셨다.

아담이 동물들의 이름을 짓는 이야기도 재미있다(창 2:18-20). 완벽한 세상 안에서 하나님과 인간 사이의 상호관계가 어떠했는지 다시금 보게 된다. 하나님은 동물들의 이름을 손수 지으실 수 있었지만 아담과 함께 일하시는 쪽을 선택하셨다. 이야기는 아직 초반에 불과하지만 하나님은 주요 피조물인 아담과 협력하여 땅에 대한 통치를 실행하셨다는 것은 분명한 사실이다.

창세기 1-2장에 묘사된 평화와 조화, 그리고 완벽한 아름다움 또한 간과할 수 없다. 세상이 본래 어떤 의도였는지에 대한 그림이다. 그것은 우리 모두가 바라는 세상이다. 하지만 아직 이야기의 시작에 불과하다. 다음 장을 보면(물론 우리의 경험을 통해서도 알 수 있듯이), 무엇인가가 매우 잘못되었다. 그리고 만물이 다른 만물과 완벽하게 조화를 이루던 이 평화로운 그림은 사라져 버린다. 그러나 우리는 이 실낙원을 마침내 다시 얻을 것이다. 그때는 더 좋은 것으로 얻을 것이다. 언제 그런 일이 일어날까? 바로 예수님이 다시 오셔서 세상을 정상 궤도로 돌려놓으실 때다.

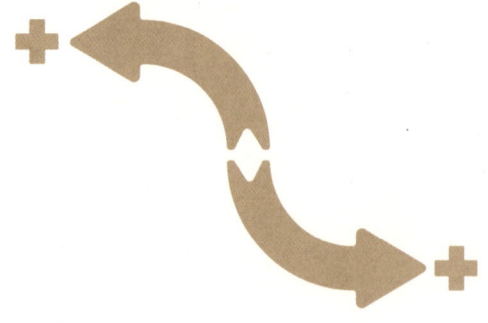

제자, 타락의 무게에 좌절하다

타락 : 죄로 오염된 세상

오늘날 아담과 하와가 저지른 죄악의 결과는 곳곳에서 느낄 수 있다. 하나님이 창조하신 세계는 죄로 인해 오염되거나 왜곡되었다. 우리는 시선이 닿는 모든 곳에서 고통, 반항, 상처, 절망, 낙심을 본다. 심지어 마음속에서도 죄의 영향을 확인한다. 아무리 하나님께 영광을 돌리고 싶어 해도 죄가 사방에서 소리를 지르며 하나님께 반항하고 우리 자신의 정욕을 좇으라고 외친다. 우리는 유혹과 싸운다. 또한 주변에서 일어나는 일들을 이해하느라 힘든 시간을 보낸다. 세상은 원래 의도했던 모습이 아니다.

어쩌다 이 지경이 되었는가? 창세기의 처음 두 장은 놀라운 존재를 보여 주었다. 하지만 우울한 반전이 일어난다. 창세기 3장은 아담과 하와의 우울한 실패, 즉 타락과 죄악을 이야기한다. 그리고 인간 세상에 남긴 파괴적인 영향력을 이야기한다.

갑작스런 반전이 일어난다

창세기 1-2장은 세상을 낙원으로 그렸다. 하나님이 의도하신 세상이었기 때문이다. 만물이 좋았다. 죄도 슬픔도 고통도 사망도 없었다. 남자와 여자가 하나님과 피조 세계와 또한 서로 온전한 교제 가운데 살았다. 그러나 창세기 3장으로 페이지를 넘기는 순간 이야기는 최악의 반전을 겪는다. 이 비극적인 단락을 '타락'이라고 부른다. 타락은 인간 개개인 존재의 본연에 영향을 미쳤다.

아담과 하와가 즐겁게 하나님의 피조물들을 돌보고 있을 때, 뱀이(나중에 알게 되지만 사탄이, 계 12:9을 보라) 등장한다. 겉으로는 순진한 척하며 하와에게 간단한 질문을 던진다.

> 하나님이 참으로 너희에게 동산 모든 나무의 열매를 먹지 말라 하시더냐?(창 3:1).

사탄은 하와에게 뭔가를 박탈당했다는 느낌을 주기 원했다. 사탄은 말하기를, 그 금지된 열매를 먹으면 그녀 눈이 밝아져서 하나님처럼 될 것이라고 했다. 사탄은 좋은 것을 약속했다. 물론 에덴동산에서 이미 하나님의 은혜와 임재 안에서 좋은 것들을 하나 가득 누리며 살았다. 그러나 사탄은 하나님을 배제한 상태에서의 좋음을 약속하기 시작했다. 이 간단한 속임수에 하나님이 '매우 좋게' 창조하신 세상이 극적 변화를 겪게 된다.

사탄이 미묘하게 접근한다는 것에 주의하라. 사탄은 빨간 망토에 갈퀴를 들고 나타나서 "나는 사탄이다"라고 말하지 않는다. 오히려 전혀 예상치 못한 방법으로 다가와서 우리에게 좋아 보이는 것을 제시한다. 오늘날에도 동일한 수법을 사용한다. 사탄은 악한 것을 들어서 아름다운 것으로 보이게 만들고, 진리를 비틀어 왜곡시킨다.

또한 사탄이 하나님이 창조하신 세계의 일부로 등장했다는 사실에 주목해야 한다. 사탄은 전능한 존재가 아니라는 뜻이다. 사탄은 하나님이 생명을 주셔야만 살아 있을 수 있는 존재다. 치명적인 사기꾼이지만 가진 힘은 하나님의 능력보다 무한히 적다. 그러므로 사탄의 힘을 두려워하지 말되, 사탄의 거짓과 배후 조종을 주의해야 한다.

아담과 하와에게 사탄은 교묘하게도 공공연히 하나님을 거부하라고 시키지 않았다. 오히려 선과 악에 대한 지식을 제안했다. 스스로 무엇이 선이고 악인지 판단할 수 있는 기회, 책임자가 될 수 있는 기회를 주었다. 하나님은 사람을 하나님께 의지하도록 지으셨다. (결코 나쁜 것이 아니다!) 사탄에게 넘어간 순간부터 모든 죄가 인간을 종속시킬 권한을 주장하게 되었다. 죄는 언제나 자율을 선언한다.

하나님은 아담과 하와에게 따라야 할 말씀을 주셨지만 그들은 하나님 말씀을 최고의 권위로 보지 않았다. 오히려 다른 누군가의 말에 더 무게를 두었다. 자신들의 욕망을 하나님의 말씀보다 우선시했다. 하나님의 계명에 불순종할 때마다 우리는 그분의 권위를 거부하고 우리 자신의 권위를 주장하는 것이다.

세상은 다른 곳이 되었다

여기서부터 인간의 이야기는 타락의 결과로 물들어 버린다. 아담과 하와는 한때 하나님과 완벽한 교제를 누렸으나 이제는 수치심에 하나님을 피하여 숨는다. 어제의 집이던 낙원에서 오늘은 쫓겨나 유배를 당한다. 한때 서로 완벽한 교제를 누렸지만 이제 그들 관계는 수치와 불신과 원망으로 가득하다. 한때 피조 세계를 행복하게 돌보았는데 이제는 아이를 잉태하는 고통을 겪고 땅은 저주를 받는다. 한때 즐겁던 일이 이제는 수고가 될 것이다.

타락의 결과는 '저주'라고 알려져 있다. 첫 인간의 죄에 대한 반응으로 하나님은 뱀과 하와와 아담과 모든 피조물을 저주하셨다. 뱀은 저주를 받아 배로 기어 다니게 되었고 여자의 후손과 원수가 되었다. 하와는 저주를 받아 잉태하는 고통과 배우자와의 다툼을 얻었다. 아담은 저주를 받아 땅에서 일하는 고통과 좌절을 얻었다. 나머지 모든 피조물은 저주를 받아 가시덤불과 엉겅퀴를 내게 되었다. 후일에 바울이 말한 대로 피조물이 "허무한 데 굴복"하였고 "썩어짐의 종 노릇" 하게 되었다(롬 8:20-21). 가장 큰 결과는 죽음이었다. 즉각적으로는 영적 죽음, 그리고 결국에는 육적 죽음이었다.

타락의 이야기를 너무 자주 들은 나머지 많은 크리스천들은 이 사건이 얼마나 비극적인지 감각을 잃어버렸다. 그러나 겉으로는 별 해로운 행동처럼 보이지는 않았지만(과일 한 입 먹는 게 무슨 영향이 있겠는가?), 내적으로는 심각한 의미를 갖는 것이었다. 반항, 우상숭배, 반역, 교만이라는 죄가 그 한 입에 담겨 있었다. 아담과 하와 모두 창조주에게 반항하고 자신들의 뜻대로 살겠다고 의지적 선택을 했기 때문이다. 자신의 소욕을 하나님의 소욕보다 우선시하여 선택할 때마다 우리는 그들의 결정을 모방하는 것이다.

가인으로부터 바벨에 이르기까지

창세기 3장에서 다음 장으로 넘어가면서 우리는 죄의 결과들이 계속해서 스스로 퍼져 가는 것을 본다. 첫 번째, 가인이 아벨을 죽인다. 동생의 제사는 하나님을 기쁘시게 하고 자신의 제사는 그렇지 못하자 가인은 질투에 사로잡혀 인류 첫 살인을 저지른다.

마치 부족했다는 듯이, 바로 이어진 본문에서 라멕은 가인보다 더 원한에 싸인 행동을 하고도 자랑한다. 분명히 잘못된 방향으로 흘러간다. 죄와 반항이 너무 빠른 속도로 전염되어서 이야기가 얼마 진행되지 않았는데도 하나님은 인류를 멸망시킬 필요를 느끼셨다. 이는 우리가 하나님과 상관없이 살면 파멸이 급격하게 임한다는 사실을 보여 주는 강력한 경고다. 창세기 6장은 시작부터 심란하다.

> 여호와께서 사람의 죄악이 세상에 가득함과 그의 마음으로 생각하는 모든 계획이 항상 악할 뿐임을 보시고(창 6:5).

하나님이 당신의 형상대로 지으셔서 지상에 대리인으로 삼으신 피조물이 너무나 많이 빗나가서 그 마음과 계획이 "항상 악할 뿐"이었다고 기록되어 있다.

하나님은 그들의 불순종을 심판하셨다. 홍수로 지면의 모든 사람을 멸하셨지만 노아와 그 가족은 살리셨다. 인류를 향한 하나님의 계획은 노아와 그 자녀들을 통해 다시 시작될 것이었다. 홍수에 대한 두려운 기억 때문에 노아의 자녀들이 순종하며 살았을 것 같지만, 홍수 이후로 인간은 하나님께 불순종하는 일에 즉시 연합한다.

이번에는 사람들이 바벨에 모여서 하늘에 닿는 탑을 쌓는다. 그들의 목적은 이 거대한 프로젝트를 통해 결속을 이루고 자신들의 이름을 내는 것이었다. 다시 한 번 하나님은 인간의 자립 선언을 보시고는 인간의 반항의 열매를 멸하셨다. 인간의 언어를 혼잡케 하셔서 그들을 지면에 흩으셨다. 창세기 11장 끝에 이르러서는 인간이 지상에서 하나님을 정확하게 대변할 수 있는 능력, 즉 하나님의 형상을 가진 자들로 살아갈 수 있는 능력이 있는지 심각하게 의심이 든다.

죄에도 불구하고 이야기는 계속된다

감사하게도 성경의 이야기가 창세기 11장에서 끝나지 않는다! 거기서 끝났을 수도 있다. 그 지점에서 인류를 끝내셨어도 하나님은 온전히 공평하시고 인애하신 분이셨을 것이다. 그러나 그분은 완전한 지혜 가운데 이야기를 계속해 가셨다. 이제는 하나님의 구원 계획을 위한 무대가 준비된다. 사람들은 완전히 실패했다. 이제 사람들에게는 그들을 구원할 누군가가 필요했다.

이야기가 아직 초기 단계임에도 불구하고, 하나님이 구출하고 구속하시려는 의지를 보이시는 장면을 여기저기서 발견한다. 아담과 하와가 하나님께 반항한 직후, 창세기 3장 15절에서 하나님은 "여자의 후손은 네 머리를 상하게 할 것이요 너는 그의 발꿈치를 상하게 할 것이니라"라고 약속하셨다.

이 장면은 장차 올 그리스도와 뱀 사이의 전쟁을 묘사한다. 뱀이 깨질 것을 확신한다. 신약에 오면, 바울이 로마에 있는 크리스천들에게 이렇게 약속한다.

> 평강의 하나님께서 속히 사탄을 너희 발 아래에서 상하게 하시리라 (롬 16:20).

하나님이 노아와 언약을 맺으실 때는 더 큰 희망을 얻는다(창 6:18; 9:9). 언약은 하나님이 맺으시는 약속이요 하나님과 백성 사이의 합의로서 하나님이 일정 조건에 따라 그들에게 복 주시겠다는 것이다. 이야기가 전개될수록 하나님이 언약들을 통해 한 민족을 세워 가시는 것을 본다. 그러므로 이 언약들은 하나님이 그 백성과 관계를 맺으실 때 중요한 역할을 한다. 노아와의 언약은 하나님을 위해 한 민족을 살리시겠다는 것이었다. 모든 사람이 하나님의 심판을 당해야 하는 가운데 하나님은 노아와 언약을 맺으셨다. 하나님은 한 민족을 은혜로 부르셨고 피조 세계를 보존하시겠다고 약속하셨다.

성경 이야기가 계속되면서 이 계획도 함께 전개된다. 그러나 창세기 1장에서 11장은 토대를 쌓은 뒤 장차 올 것을 예고한다.

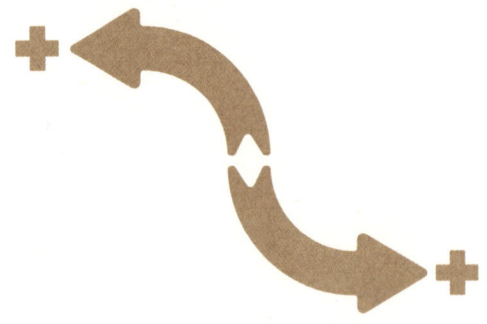

chapter 3

제자, 믿음의 가치를 발견하다

아브라함 : 선택받은 믿음의 사람

성경 이야기 초반부이지만, 한 가지 패턴을 발견할 수 있다.

인간이 죄를 짓는다. → 인간이 그 결과를 맞이한다. → 하나님
이 구원하신다. → 인간이 죄를 짓는다. → 인간이 그 결과를 맞
이한다. → 하나님이 구원하신다. → …

아담과 하와가 죄를 지었을 때, 하나님은 땅을 저주하셨고 하
와에게는 그 자손이 뱀의 머리를 상하게 할 것이라고 말씀하셨다(창
3:15). 장차 예수님이 사탄과 그의 계략을 멸하시리라는 약속이다
(롬 16:20). 불과 몇 장 뒤에 사람들이 계속 죄를 짓자 하나님이 홍
수로 단 여덟 명만 제외하고는 모두를 멸하신다. 그러나 물이 가
라앉자 하나님은 노아와 언약을 맺으셨다.

내가 다시는 사람으로 말미암아 땅을 저주하지 아니하리니 …
내가 전에 행한 것 같이 모든 생물을 다시 멸하지 아니하리니(창
8:21).

위에서 말한 패턴 그대로다. 인간이 죄를 짓는다. → 인간이 그 결과를 맞이한다. → 하나님이 구원하신다.

다시 한 번 창세기 11장에서 인류가 바벨에 모여 하나님께 도전하여 "자신들의 이름을 내고"자 했다. 하나님은 그들의 언어를 혼잡케 하여 흩으시는 것으로 반응하셨다. 인간에게는 희망이 없다고 생각할 바로 그때 하나님은 전 세계적인 구원 계획을 시작하셨다. 하나님을 위해 한 민족을 일으키셔서 지상의 모든 인간 집단에게 하나님의 구원을 구체화하여 전달하는 계획이었다. 이 계획을 실행하시기 위해 우상숭배 하는 나라 한가운데서 한 사람을 부르셔서 익숙한 모든 것을 떠나도록 하셨다. 그 한 사람과 그 후손을 통해 역사의 물줄기를 바꾸겠다고 약속하셨다.

하나님의 구원 계획이 시작되다

세상을 죄에서 구원하시려는 하나님의 계획은 아주 조용히 시작되었다. 하나님은 한 사람 아브라함을 선택하시고 말씀하셨다.

> 너는 너의 고향과 친척과 아버지의 집을 떠나 내가 네게 보여 줄 땅으로 가라. 내가 너로 큰 민족을 이루고 네게 복을 주어 네 이름을 창대하게 하리니 너는 복이 될지라(창 12:1-2).

대단하지 않게 들릴지 모르지만, 이 말씀으로 하나님은 한 가지 계획을 실행하신 것이다. 사도 바울은 이 계획에 감탄하며 "깊도다 하나님의 지혜와 지식의 풍성함이여"라고 외쳤다(롬 11:33). 마침내 하나님의 계획은 예수님의 성육신과 죽음과 부활에서 정점에 이른다. 이 사건들은 "때가 차매" 일어났던 사건들이다(갈 4:4). 다시 말해 인간 역사는 이 시점을 향해 움직이고 있었다. 바로 타락으로 잘못된 모든 것을 바르게 하시는 하나님의 계획의 핵심 지점이었다.

죄가 세상에 들어오자마자 하나님은 타락의 결과들을 역전시킬 계획을 계시하셨다. 하나님은 우리와 주변 세상을 회복하시되 본래 창조하셨던 상태로 회복하실 것이며 그보다 더 낫게 만드실 참이었다. 하나님은 아담과 하와에게, 그러고는 노아에게 약속하셨고 여기서는 아브라함과 언약을 맺으셨다. 아브라함 인생의 주요 시점마다 (창 12:1-9; 15:1-21; 17:1-14), 하나님은 아브라함과 대화하셨고 그분 계획에 대해 좀 더 많은 것을 계시하셨다. 그러나 기본적으로는 처음부터 분명한 약속이었다. 아브라함으로 큰 민족을 이루실 것이고 그의 이름을 창대케 하시고 그에게 복을 주사 '땅의 모든 족속'에게 복이 되게 하시겠다는 약속이었다.

확증된 언약

땅은 하나님이 아브라함에게 주신 약속에서 중요한 부분이었다. 하나님은 처음 아브라함을 부르실 때 그의 본토를 떠나 지시하실 땅으로 가라고 했다(창 12:1). 아브라함과 그의 자손에게 주시겠다고 약속하신 땅으로(창 12:7; 15:7; 15:18-21) 가라고 했다. 하나님은 그의 백성을 가나안 땅, 곧 '약속의 땅'에 세우고자 하셨다. 그 땅은 아브라함과 그 자손들에게 속할 것이다. 여러 모로 구약의 나머지 역사는 (그리고 연속되는 역사의 상당 부분도) 이 땅을 중심으로 돌아간다.

하나님이 이 땅을 약속하셨을 때 아브라함이 질문했다. "내가 이 땅으로 업을 삼을 줄을 무엇으로 알리이까?" 하나님은 언약을 확증하신다는 응답으로 죽은(희생된) 동물들의 반으로 쪼개진 틈 사이로 지나가셨다(창 15:9-17). 당시에는 언약에 대한 합의가 이런 형태로 이루어지곤 했다. 언약을 맺은 당사자들이 희생물로 바쳐진 동물들 사이를 걸어갔다. 이 행위는 "내가 이 언약의 약속을 어기면, 이 죽은 동물처럼 저주를 받을 것입니다"라고 말하는 것과 같았다.

하나님은 아브라함을 깊이 잠들게 하시고는 연기 나는 풀무와 타는 횃불의 형상으로 임하셔서 희생된 동물들 틈 사이로 친히 지나가셨다. 이 그림은 자기 백성에 대한 하나님의 헌신이다. 한편으로는 하나님이 인간 한 사람과 합의하기 위해 내려오셨다는 것을 믿을 수가 없다. 하나님이 쪼개진 고기 사이로 홀로 지나시는 동안 아브라함을 잠들게 하셨다는 점 또한 놀랍다. 아브라함과 그의 자손이 약속을 신실하게 지키든 못 지키든 하나님은 이 언약을 지키겠다는 헌신적인 고백으로 보이기 때문이다. 신학자들은 이를 편무적 언약이라고 부른다. 하나님은 아브라함을 복 주시고 그를 통해 세상에 복 주시기 위해 약속하셨다. 하나님의 결정이었기에 하나님은 어떤 일이 있어도 이 언약을 붙드실 것이다.

자신을 위해 한 민족을 세우시다

하나님이 시끄럽고 극적인 사건을 통해 세상을 구원하실 것을 기대할 수도 있다. 하지만 하나님의 구원 계획은 매우 희미하게 시작되었다. 하나님은 약속으로 계획을 펼쳐나가기 시작하셨다. 하지만 작은 약속이 아니었다. 거대한 의미들을 내포한 약속이었다. 성경 전체에서 펼쳐질 구원 계획의 전모는 하나님이 아브라함에게 하신 약속들을 이루어 가시는 과정이다. 하나님은 아브라함과 사라를 통해 큰 민족을 만들고 그 민족을 통해 창조 세계를 재건하고 열방을 변화시키실 참이었다.

하나님과 아브라함의 언약은 장차 이스라엘 민족, 즉 구약에서 하나님의 언약 백성이라 불릴 사람들의 출현을 알리는 신호였다. 창세기 17장 7-8절에서 하나님은 구약 내내 반복되는 언어로 말씀하셨다. "나는 너희의 하나님이 되고 너희는 내 백성이 되리라." 이 약속의 핵심을 간과하지 말라. 하나님은 자신이 주실 수 있는 최고의 복, 즉 하나님 자신을 주겠다고 하셨다!

우리는 종종 하나님이 관계를 제안하실 때 얼마나 영광인지를 깨닫지 못한다. 사람들이 하도 하나님을 따르라고 강권하는 것에 익숙해지다 보니 우리가 초대받은 것이 얼마나 놀라운 기적인지 망각하고 만다. 아브라함과 언약을 맺으실 때 하나님은 그의 하나님이 되시고 그의 자손의 하나님이 되시겠다는 엄청난 제안을 하셨다.

앞서 얘기했듯이, 우리는 하나님의 형상으로 지음 받았기 때문에 주변 세상에 하나님을 반영해야 할 책임이 있다. 아브라함의 때에 인류는 이 부분에서는 실패했다. 그러나 아브라함과 그의 자손들을 통해 하나님은 인류를 향한 하나님의 의도를 구체화할 한 민족을 형성하기 시작하셨다. 그들은 하나님과 친밀한 관계를 맺고 살며 하나님을 주변 세상에 반영할 것이다. 아브라함을 통해 큰 민족을 이루고 모든 족속에게 복을 주시겠다고 약속하시면서, 하나님은 다시 한 번 인간을 지상에서 하나님의 대리인으로 살도록 임명하신 것이다.

아브라함과 일치하는 복음

우리는 하나님이 아브라함과 맺으신 언약의 중요성을 간과할 때가 많다. 그러나 이를 통해 하나님은 타락한 인간과의 관계가 어떻게 될 것인지 규정하시고 세상에 복을 주시려는 그분 계획을 선언하신 것이다. 아브라함에게 주신 하나님의 언약 안에서 우리는 다름 아닌 복음 그 자체를 발견한다. 바울은 말했다.

> 그런즉 믿음으로 말미암은 자들은 아브라함의 자손인 줄 알지어다. 또 하나님이 이방을 믿음으로 말미암아 의로 정하실 것을 성경이 미리 알고 먼저 아브라함에게 복음을 전하되 모든 이방인이 너로 말미암아 복을 받으리라 하였느니라(갈 3:7-9).

바울이 말한 대로, 하나님이 아브라함에게 "모든 이방인이 너로 말미암아 복을 받으리라"라고 한마디 하실 때, 복음이 선포된 것이다. 모든 열방을 위한 이 복이 정확하게 무엇을 의미하는지 아브라함은 몰랐을 수 있지만, 그는 하나님 말씀을 (적어도 인생의 이 순간에는) 받아들였고 하나님이 하실 일을 신뢰했다.

처음부터 하나님은 아브라함의 자손들, 곧 이스라엘 민족을 열방에 복이 되도록 부르셨다. 하지만 구약을 공부하면 알겠지만 그들은 그 사명을 감당치 못했다. 아브라함의 궁극적인 자손인 예수 그리스도가 오시기까지 열방은 아브라함을 통해 온전히 복을 받지 못했다. 예수님은 자신을 아브라함에 대한 약속의 완성으로 인식하셨다.

> 너희 조상 아브라함은 나의 때 볼 것을 즐거워하다가 보고 기뻐하였느니라(요 8:56).

마침내 예수님과 함께 온 민족이 하나님의 백성과 연합할 때 복을 얻는 것을 볼 것이다.

하나님은 아브라함에게 "내가 너로 큰 민족을 이루고 네게 복을 주어 네 이름을 창대케 하리니 너는 복이 될지라"(창 12:2)라고 말씀하셨다. 이 원칙을 놓치지 말라. 하나님의 복은 쌓는 게 아니라 나누는 것이다. 아브라함을 복 주실 때 하나님은 의도적으로 세상에 복 주시도록 뜻하셨다. 대부분 크리스천들이 자신의 복을 보는 관점과는 상당한 차이점이다. 우리는 하나님이 복 주신 것은 우리가 행복하고 편안하고 안전하도록 하신 것이라고 생각하는 경향이 있다. 축복

이 우리 자신에게만 계획된 것처럼 살아간다. 그러나 하나님의 축복
은 한 개인을 넘어 우리를 복 주시려는 계획 또한 보여 준다.

아브라함의 믿음

신약 성경은 아브라함의 믿음을 중요한 비중으로 다룬다. 창세기
15장에서 아브라함은 자신을 통해 큰 민족을 이루겠다는 하나님의
약속에 대해 혼란스러워한다. 아브라함이 하나님께 말했다. "주님은
이런 약속들을 하셨습니다(창 12장에서). 그러나 저는 전혀 자식이 없
습니다. 제 집안에는 제 상속자가 될 종 하나밖에 없습니다."

하나님은 그를 밖으로 불러 내셔서 하늘의 별을 셀 수 있으면 세
어 보라고 하셨다. 그리고는 말씀하셨다. "네 자손이 이와 같으리라."

아브라함은 아무 말도 하지 않았다. 창세기 15장은 아브라함이
대답했다는 기록을 남기지 않고 있다. 그는 아무 말도 할 수 없었던
것 같다. 그러나 성경은 아브라함의 반응에 대해 중요한 사실을 말해
준다. 아브라함은 하나님을 믿었다. 불가능해 보이는 하나님의 커다
란 약속을 받아들였다. 하나님이 말씀하신 그대로 이뤄질 것이라고
믿었다는 뜻이다. 그리고 성경은 아주 중요한 말을 덧붙인다.

아브라함이 여호와를 믿으니 여호와께서 이를 그의 의로 여기시고(창
15:6).

하나님의 언약에 대한 그의 단순한 믿음은 "그의 의로 여겨졌다." 그는 믿음 때문에 하나님과 바른 관계 가운데 있음을 선언받았다. 로마서 4장에서는 이 선언에 놀라운 주석을 덧붙여서 오늘날 예수를 따르는 우리에게 적용점을 제시한다.

> 그에게 의로 여겨졌다 기록된 것은 아브라함만 위한 것이 아니요 의로 여기심을 받을 우리도 위함이니 곧 예수 우리 주를 죽은 자 가운데서 살리신 이를 믿는 자니라. 예수는 우리가 범죄한 것 때문에 내줌이 되고 또한 우리를 의롭다 하시기 위하여 살아나셨느니라(롬 4:23-25).

바울은 창세기 15장 6절이 우리를 위해 쓰였다고 말한다. 그래서 우리 죄를 위해 죽으신 예수님을 믿고 또한 주를 죽은 자 가운데서 살리신 하나님을 믿도록 하심이라는 것이다. 아브라함은 예수님이 이 땅에 오시기 4천 년 전에 살았던 인물이다. 그러나 장차 아브라함의 자손 예수 그리스도를 통해 하실 일에 대해 하나님이 말씀하신 것을 믿었기에 의롭다고 선언되었다. 우리도 아브라함의 자손 예수 그리스도를 통해 하나님이 하신 일을 믿음으로 의롭다는 선언을 받는다.

아브라함을 통해 하나님은 세상을 구원하시려는 계획을 실행하기 시작하셨다. 궁극적으로 하나님은 그 아들 예수 그리스도, 즉 아브라함의 자손을 보내셔서 세상을 정상으로 만드실 참이었다. 이 장에서는 아브라함과의 관계에서 구원 계획을 아는 것이 중요하다.

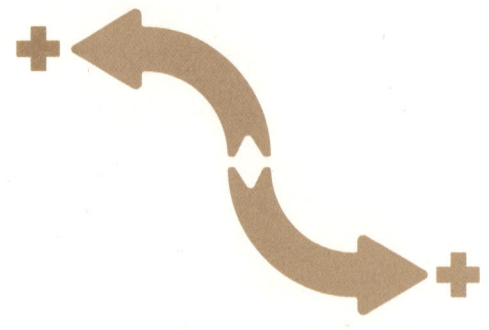

chapter **4**

제자, 인생의 홍해를 건너다

출애굽 : 노예에서 구원받은 민족

창세기의 마지막 장들을 보면 하나님이 아브라함에게 주셨던 약속들의 완성을 향해 일하시는 모습이 나온다. 하나님의 백성은 비약적으로 성장했으니, 아브라함의 자손들이 "하늘의 별과 같이 많아지리라"는 약속을 그대로 지키신 것이다. 그러나 출애굽기를 읽자마자 뭔가가 잘못되어 감을 발견한다. 출애굽기는 중대한 문제로부터 시작된다. 하나님의 백성이 이방인의 땅에서 노예가 되어 있다.

이스라엘의 노예 생활

출애굽기의 처음 두 장은 400년을 다루고 있다는 점을 기억하라. 이스라엘 사람들[2]이 바로[3]의 도시들을 건축했다는 이 짧은 이야기는 엄청난 고통의 양을 요약한 것이다. 이들의 고역은 오랜 세월 지속되었다. 이해를 돕자면, 이스라엘 사람들은 이즈음에 희망이 끊어진 것처럼 보였다. 세대를 거듭하며 날마다 등이 휘어지는 노동을 강행해야 했다. 언제 끝날지 아무런 징후도 보이지 않았다.

중요한 질문을 던질 수 있겠다. 그 자손들이 이집트에서 노예가 되었다니, 아브라함에 대한 약속들을 하나님이 정말 지키고 계신 것인가? 그렇다. 하나님은 아브라함에게 이 일이 일어나리라고 분명하게 말씀하셨다.

> 여호와께서 아브라함에게 이르시되 너는 반드시 알라. 네 자손이 이방에서 객이 되어 그들을 섬기겠고 그들은 사백 년 동안 네 자손을 괴롭히리니 그들이 섬기는 나라를 내가 징벌할지며 그 후에 네 자신이 큰 재물을 이끌고 나오리라(창 15:13-14).

아브라함에게 주신 하나님의 약속들은 정확하게 진도대로 가고 있었다. 출애굽기에서 알 수 있듯이, 이 장면은 그때까지 세상이 경험한 구원의 역사 중에 가장 위대한 역사를 위한 준비였다.

하나님의 백성들이 구원의 여망이 없이 진퇴양난에 빠져 있다. 하나님이 아주 놀라운 일을 행하시지 않고는 아브라함에게 주신 약속들을 지키실 수 없어 보인다. 결과적으로, 이스라엘의 출애굽에서 보여 주신 하나님의 능력은 그 백성을 향한 하나님의 헌신과 그 백성을 구원하시는 하나님의 능력에 대한 명백한 증거로 성경 전체에서 빈번하게 회자된다.

모세, 여호와와 대면하다

노예 생활이 한창 고역일 때 바로는 모든 히브리 자손들 중 남자 아기들을 나일 강에 던져 죽이라고 명령했다. 이렇게 아무 희망이 보이지 않는 시기에 우리는 모세를 만난다. 모세는 친모의 기지와 하나님의 섭리로 참변을 면했다. 인생의 아슬아슬한 시작점에서는 하나님이 모세를 얼마나 크게 쓰실지 예측할 수 없었다. 모세의 모친이 그를 상자에 담아 나일 강에 떠내려 보냈을 때 바로의 딸이 그를 발견했고 양육했고 교육했다. 바로의 집에서 훈련받았지만 모세는 자신의 뿌리가 이스라엘 민족임을 깊이 이해했던 것 같다. 처음으로 자기 백성을 위해 싸우려다가 이집트인 한 사람을 죽이는 바람에 모세는 광야로 도망가는 신세가 된다. 피신의 기간 동안 하나님은 자기 백성을 노예 생활에서 건져 낼 준비를 하셨다.

여러 해 후에 애굽 왕은 죽었고 이스라엘 자손은 고된 노동으로 말미암아 탄식하며 부르짖으니 그 고된 노동으로 말미암아 부르짖는 소리가 하나님께 상달된지라. 하나님이 그들의 고통 소리를 들으시고 하나님이 아브라함과 이삭과 야곱에게 세운 그의 언약을 기억하사 하나님이 이스라엘 자손을 돌보셨고 하나님이 그들을 기억하셨더라(출 2:23-25).

여기서 하나님이 행하시려는 것은 아브라함과의 언약에 직접적인 연관성이 있음을 인식하라. 상황은 전혀 희망적이지 않지만, 하나님은 자기 백성을 "돌보셨고" "기억하셨다."

아브라함에게도 그러셨듯이, 하나님은 한 사람 모세를 통해 구원역사의 다음 단계를 시작하기로 결정하셨다. 그가 광야에서 장인의 양무리를 치고 있을 때, 모세는 하나님과 강렬한 대면을 한다. 하나님과의 대면은 그의 인생을 바꾸었으며, 우리로 하여금 하나님이 누구신지에 대한 이해를 새롭게 한다.

불타는 떨기나무를 보았을 때 모세는 무슨 일인가 보려고 가까이 다가갔다. 그가 다가오자 하나님의 음성이 들리며 그가 선 곳은 거룩한 땅이니 발에서 신을 벗으라고 하셨다. 하나님이 모세에게 이스라엘을 해방시킬 그분 계획을 계시하시자, 모세는 두 가지 질문을 던졌다. 첫 번째 질문은 "내가 누구입니까?"였고, 두 번째 질문은 "당신은 누구십니까?"였다.

"제가 누구관데, 하나님, 저와 같은 말더듬이 목자를 보내서 강력한 왕에게 도전하고 당신의 백성을 인도하라고 하십니까?"

"사람들이 누가 너를 보냈느냐고 물으면 내가 그들에게 무엇이라고 대답해야 합니까?"

하나님의 소명 앞에 도망치려고 하기는 했어도 모세가 던진 질문들은 모두 탁월했다. '나는 누구인가? 하나님은 누구이신가?' 우리가 던질 수 있는 가장 근본적인 질문들이다. 인생의 모든 것은 이 두 가지 질문에 대한 답에 기초한다.

하나님은 모세의 첫 번째 질문에 답하시며 자신을 주목하게 하셨

제자²

다. 모세가 "내가 누구관대?"라고 질문하자 하나님은 그저 "내가 너와 함께 있으리라"라고 대답하셨다. 이 응답이야말로 우리가 자신을 바라보는 방식에서 꼭 알아야 하는 것이다. 애초부터 하나님의 백성은 하나님이 함께하시는 사람들이다. 우리는 그분께 속해 있고 하나님을 떠나서 우리 자신을 정의할 수 있는 길은 존재하지 않는다. 우리와 함께하시는 그분의 임재야말로 우리에게 맡기시는 사명을 감당할 수 있도록 부어 주시는 가장 큰 능력이다.

모세의 두 번째 질문 "당신은 누구십니까?"에 대한 답변으로 하나님은 이렇게 말씀하셨다. "나는 스스로 있는 자니라." 이 말은 방어적인 답변이 아니다. 하나님은 다른 누구나 무엇과 연관해서 그분 자신을 규정할 수 없다고 하신 것이다. '스스로 있는 자'라는 이름은 그분의 영원성을 의미한다. 인간을 묘사할 만한 적절한 이름이 '되어진 나' 내지는 '존재하게 된 나'라고 한다면, 하나님은 항상 계신 분이시기에 하나님의 이름은 '스스로 있는 자'다. 그분은 지금도 그분이시며 앞으로도 언제나 그분이실 것이다. 이것은 절대 존재, 절대 능력, 절대 지위에 대한 표현이다. 하나님은 스스로 있는 자이시기에 결코 변치 않으신다.

앞서 창세기 2장에서 간단하게 하나님의 개인적인 이름을 살펴보았다. 그 이름은 '야웨'(대부분의 영어 성경에서 '주[the LORD]'로 번역된 이름)로서, 모세에게 하신 이 선언에서 나온 이름이다. '야웨'는 모세에게 하신 하나님의 선언, 즉 '나는 스스로 있는 자니라'라는 선언의 중요성을 지니고 있는 이름이다. '야웨'라는 이름은 구약 성경에서 6천

번 이상 사용되었다. 하나님에 대한 간단한 명칭인 '엘로힘'(이 이름은 창세기 1장에서 하나님의 직함으로 보았던 이름이다)보다도 세 배나 자주 사용되었다. 이렇게 하나님의 개인적인 이름을 자주 사용하신 이유는 무엇일까. 하나님은 단지 일반적인 신적 존재가 아니라 완전히 독특한 성품을 가지신 특정한 존재이자 자기 백성과 특별한 관계를 맺는 분으로 알려지기 원하셨다는 뜻이다.

이 만남이 모세에게 어떤 느낌이었는지는 정확하게 고찰하는 것은 불가능하다. 양떼를 두고 다가간 것은 신기한 장면, 곧 사그러들지 않는데 불타고 있는 떨기나무를 보았기 때문이었다. 자신이 정말 살아계신 하나님의 임재 가운데 걸어들어 간다는 생각은 전혀 못했다. 하나님은 모세에게 그가 선 곳이 거룩한 땅이기에 신발을 벗으라고 명령하셨다. 모세는 무슨 일이 일어나고 있는지 깨닫는 순간 얼굴을 땅에 대고 엎드렸다. 하나님의 거룩함은 그가 감당할 수 있는 것이 아니었다. 그가 할 수 있는 것은 듣고 순종하는 것뿐이었다.

내 백성을 보내라

하나님은 모세를 이집트로 돌려 보내셨다. 도착하자마자 모세는 바로에게 하나님의 명령을 단순명료하게 전달한다. "내 백성을 보내라!" 바로는 이스라엘을 풀어 주지 않았을 뿐 아니라 그들의 노역을 가중시켜 결국에는 이스라엘 백성들이 바로를 괜히 건드렸다고 모세에게 화를 쏟게 만들었다. 모세조차도 이 시점에는 마음이 상했던 것 같다. 하지만 하나님은 자신의 구원 계획을 포기하지 않고 진행하셨다. 아브라함과 맺으신 언약을 지키고 그 백성을 속박에서 해방시키겠다는 결연한 의지를 보이셨다.

여기서 알아둘 것이 있다. 이 전쟁은 이스라엘의 하나님 여호와와 태양신 '라'의 아들로 여겨지던 바로 사이의 대결이라는 점이다. 이집트인들은 순진하게도 자기들의 왕이 신이라고 믿었고 바로가 자연계의 질서를 유지하는 사람이라고 생각했다. 하나님이 모세를 통해 열 가지 재앙을 내리셨을 때 이집트의 신격화된 왕이 다스린다고 주장하는 만물에 대한 그분의 절대 능력을 보여 주신 것이었다. 재앙들은 특정한 이집트의 신들을 겨냥한 것이 많았던 것으로 보인다(가령 흑암의 재앙은 태양신 라에게는 수치였을 것이다). 모든 재앙으로 인해 신성을 주장하던 바로의 권위는 바닥에 떨어졌다.

창조, 홍수, 바벨탑 기사에서 본 것처럼 하나님은 그가 창조하신 세상 만물을 다스리신다. 그의 권세를 누구와도 나누지 않으신다. 하나님은 자신의 영광을 위해 싸우신다. 그리고 하나님이 궁극적인 능력이며 유일한 참 하나님이라는 사실을 증명하신다.

유월절 어린양

하나님은 아홉 가지 재앙을 통해 바로와 모든 이집트의 신들에 대한 통치력을 분명하게 보이셨다. 그러나 열 번째 재앙은 완전히 바로의 이목을 집중시켰다. 하나님은 바로에게 하나님의 백성을 풀어 주지 않으면 이집트 땅의 모든 장자는 죽을 것이라고 경고하셨다. 안타깝게도 바로는 거절했고 결과는 참혹했다.

> 밤중에 여호와께서 애굽 땅에서 모든 처음 난 것 곧 왕위에 앉은 바로의 장자로부터 옥에 갇힌 사람의 장자까지와 가축의 처음 난 것을 다 치시매 그 밤에 바로와 그 모든 신하와 모든 애굽 사람이 일어나고 애굽에 큰 부르짖음이 있었으니 이는 그 나라에 죽임을 당하지 아니한 집이 하나도 없었음이었더라(출 12:29-30).

이 장면은 상상하기 끔찍할 정도다. 너무 우울해서 소화하기 힘든 장면이다. 하지만 이 사건을 통해 우리는 하나님에 대한 중요한 교훈을 배운다. 하나님은 복 주시겠다는 약속도 신실하게 지키실 뿐 아니라 진노하시겠다는 경고도 신실하게 지키시는 분이다. 이 점을 잘 기억해 두라. 특별히 어떤 사람들이 심판하시겠다는 하나님의 경고를 의심하고 비웃을 때 명심하라.

또한 하나님은 이집트인들이 이 지경이 되기 전에 감사하게도 그들에게 대안을 제시하셨다. 바로가 하나님의 부름에 복종했다면 그의 나라는 보존되었을 것이다. 또 하나님은 이스라엘 백성에게도 대안을 제공하셨다. 문지방에 어린양의 피를 바르는 이스라엘 사람들마다 "지나갈" 것이었다. 죽음의 천사가 다음 집으로 이동한다는 뜻이다.

이스라엘 백성에게 이런 일이 어떤 의미였을까 상상해 보라. 집에 귀여운 어린 양을 데리고 온다. 자녀들과 함께 먹이를 주고 돌보았던 어린 양이다. 그런데 아이들과 친숙한 그 작고 예쁜 어린 양을 도살한다. 그 피를 받아 아이들이 보는 앞에서 집의 문지방에 온통 바른다. 아이들에게도 어른들에게도 지워지지 않는 장면일 것이다.

어린 아들이나 딸이 묻는다고 생각해 보라. "아빠, 왜 그렇게 해요?" 그러면 이렇게 대답할 것이다. "이 어린양은 대속물이란다. 가족 누군가가 죽는 대신 이 어린양이 죽은 거야. 네 동생을 보렴. 이 어린양이 네 동생을 위해 죽은 거야."

냉혹했던 그날 밤, 문지방에 피를 바르고 죽음이 지나갈 것임을 믿었던 사람들만이 심판을 면제받았다. 이스라엘 사람들이 더 좋은 사람들이었기 때문에 심판을 당하지 않은 것이 아니었다. 하나님이 제시하신 희생물을 신뢰했기 때문에 심판을 피할 수 있었던 것이다. 심지어 종들을 포함해서 이 희생물을 신뢰했던 모든 사람이 그날 밤 구원을 얻었다. 이것이 성경 전체에서 발견하는 그림이다.

다음 장에서 하나님이 모세와 언약을 맺으시고 그 백성을 다스릴 율법을 주시는 대목을 읽을 때 이 점을 기억하라. 명심하라. 처음부터 용서를 받아들일 수 있는 유일한 길은 용서하시는 그분을 신뢰하는 것뿐이다. 하나님의 약속을 받는 수혜자가 되는 유일한 방법은 하나님을 신뢰하는 것뿐이다. 그 백성이 구원받은 것은 문지방에 바른 흠 없는 어린양의 피를 볼 때 하나님을 신뢰했다는 이유 하나 때문이었다.

그 밤이 첫 번째 유월절이었다. 이후로 유대인들은 매년 유월절을 기념한다. 그러므로 예수님이 배신당하시던 밤에 자신의 죽음과 부활을 염두에 두시고 유월절을 기념하셨다는 사실은 더할 나위 없이 중요하다. 예수님 자신이 유월절 어린양이 되어 제자들을 위해 생명을 바친다는 사실을 이보다 더 분명하게 보여 주는 사건은 없다. 바울은 신약에서 이런 연관성을 설명한다. "우리의 유월절 양 곧 그리스도께서 희생되셨느니라"(고전 5:7).

홍해를 건너

이집트의 장자가 모두 죽는 것을 보고 이스라엘 사람들을 놓아 주기로 결심했던 바로가 즉시 마음을 바꿔서 추격해 왔다. 이로써 구원 역사에게 가장 기념비적인 사건 중 하나가 시작된다. 이스라엘은 홍해를 앞에 두고 있었고 바로의 군대는 빠른 속도로 다가오고 있었다. 노예에서 탈출하자마자 죽을 판국이었다. 그러나 하나님은 불가능이 없으시다. 약속을 완성하는 것을 막아설 존재가 없다. 하나님은 홍해를 가르시고 그 백성이 마른 땅을 걸어서 지나게 하셨다. 또한 바로와 그의 군대는 물이 덮쳐서 멸망당하게 하셨다. 하나님은 그 백성을 구원하셔서 노예 생활에서 건져 내셨다. 이스라엘의 하나님은 다른 어떤 신이라 칭함받는 존재들과는 차원이 다르다는 사실을 보여 주었다.

출애굽 사건을 잠시 생각해 보라. 때로 하나님은 그가 누구시며 우리가 그분과 어떻게 관계를 맺어야 하는지 직접 화법으로 말씀하시기도 하지만 때로는 행동을 통해 자신을 계시하시기도 한다. 그 백성을 이집트에서 불러내실 때 하나님이 행하신 일을 기억하라.

망각하는 백성들

이 장을 마치기 전에, 하나님의 놀라운 구원에 대한 이스라엘의 고질적인 반응을 언급해야겠다. 그들이 하나님의 구속하시는 은혜에 대해 반복해서 보인 반응은 무엇인가? 망각이었다! 불평이었다! 그들은 이집트에 있던 때를 그리워했다.

이런 기사들을 읽다 보면, 눈을 의심하게 된다. 하나님의 손이 일하시는 것을 그렇게 분명하게 본 백성이 어떻게 하나님을 신뢰하지 않고 환경에 대해 불평할 수 있는가?

그러나 이스라엘 백성들을 비판하기 전에 자신의 삶을 돌이켜 보자. 마른 강바닥을 지나 바다를 통과해서 뒤쫓는 군대에게서 벗어난 경험은 없지만 그런 구원의 경험들은 우리 신앙 유산의 일부분이다. 그뿐 아니라 하나님이 놀라운 능력과 개인적인 방법으로 우리에게 다가오시는 것을 경험했다. 가장 어두운 순간이었다고 생각했던 때일지라도 하나님의 손이 우리 삶에서 일하신다는 것을 부인할 수 없었을 것이다. 하지만 우리도 망각한다. 우리도 불평한다. 하나님에 대한 신뢰를 잃고 다시 모든 것을 우리 식대로 하려고 든다.

잠시 이스라엘의 본보기를 생각하며 내 인생의 가장 어려운 상황에서 하나님이 도우셨던 것을 기억하는데 집중하라.

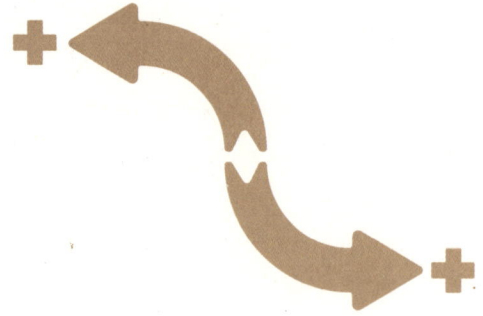

chapter 5

제자, 언약의 백성이 되다

시내산 : 하나님과 이스라엘의 언약

이스라엘 백성의 입장이 되어 보라. 지상에서 가장 강력한 국가에서 노예살이를 하다가 놀라운 기적들을 줄줄이 체험하고는 곧장 애굽을 탈출했다. 하나님이 10가지 재앙을 통해 이집트의 신들과 '신적' 통치자를 바보로 만드신 것을 보았다. 이집트를 빠져나올 때 이전 주인들이 금은과 옷 등 선물을 안겨 주었다. 또한 바다가 갈라지고 마른 땅으로 지나게 하시는 불가사의한 사건을 체험했다. 하나님이 바다를 다시 합치심으로 그 지역 최강의 부대를 단번에 멸하시는 장면도 보았다.

상상해 보라. 홍해 건너편에 서서 이스라엘은 역사상 가장 극적인 사건 중 하나를 목격했다. 그들은 아무도 따라올 수 없는 강력하신 하나님께 부름을 받고 건짐 받았다. 출애굽의 열꽃이 가라앉은 뒤 이스라엘 백성들은 몇 가지 중요한 질문에 마주한다. 우리를 건지시고 당신 것이라고 주장하시는 하나님은 정확히 누구신가? 우리를 어디로 인도하는 것이며 우리에게 어떤 의도가 있는 것인가? 우리가 이런 하나님의 백성으로 산다는 것은 어떤 모습이겠는가?

시내 산 기슭에서

홍해에서 광야로 들어선 이스라엘은 앞에 무엇이 놓여 있는지 전혀 예상치 못했다. 처음 몇 달 간은 혼란 그 자체였다. 이스라엘 백성들은 음식과 물이 부족하다고 불평했다. 하나님은 기적을 통해 물을 제공하고 하늘에서 빵(만나)을 비처럼 내리셨다. 그러자 메뉴가 단조롭다고 불평했다. 너무 화가 나서 모세를 죽이려고도 했다. 그러나 그들이 시내 산에 이르렀을 때만큼은 모든 것이 새로워졌다.

이스라엘은 시내 산 기슭에 도착하자마자 알게 되었다. 하나님은 이 장소에서 자신을 그 백성에게 계시하시고 그들과 언약을 맺으시기로 결정하신 것이다. 모세는 하나님을 만나러 산에 올라갔고 하나님은 그분의 계획을 즉시 알려 주셨다.

> 너는 이같이 야곱의 집에 말하고 이스라엘 자손들에게 말하라. 내가 애굽 사람에게 어떻게 행하였음과 내가 어떻게 독수리 날개로 너희를 업어 내게로 인도하였음을 너희가 보았느니라. 세계가 다 내게 속하였나니 너희가 내 말을 잘 듣고 내 언약을 지키면 너희는 모든 민족 중에서 내 소유가 되겠고 너희가 내게 대하여 제사장 나라가 되며 거룩한 백성이 되리라(출 19:3-6).

하나님은 이스라엘을 정의하셨다. 먼저 그들은 하나님이 기적적으로 노예에서 구원하신 백성이다. 이제는 출애굽에서 드러난 하나님의 구원 역사를 언급하지 않고 하나님의 백성을 정의한다는 것이 불가능해졌다. 하지만 전부가 아니다. 하나님은 그들을 "내(하나님)게로 인도"하셨다. 이제 그들은 하나님의 소중한 '소유'가 되었다.

하나님은 시내 산에서의 순간을 통해 그 백성에게 자신을 알려 주시고 그들에게도 그들의 새로운 정체성을 알려 주셨다. 이제 그들은 하나님께 소중히 여김을 받고 안전하게 보호받으며 안식할 수 있다! 또한 여기에서 하나님은 그들의 관계가 어떻게 형성될 것인지에 대한 계약을 맺으실 참이었다.

그러나 이 과정에 들어가기 전에, 이스라엘 백성은 스스로를 준비해야 했다.

> 너는 백성에게로 가서 오늘과 내일 그들을 성결하게 하며 그들에게 옷을 빨게 하고 준비하게 하여 셋째 날을 기다리게 하라. 이는 셋째 날에 나 여호와가 온 백성의 목전에서 시내 산에 강림할 것임이니 너는 백성을 위하여 주위에 경계를 정하고 이르기를 너희는 삼가 산에 오르거나 그 경계를 침범하지 말지니 산을 침범하는 자는 반드시 죽임을 당할 것이라(출 19:10-12).

이스라엘 백성은 자신들을 '성결하게' 해야 했다. 기본적으로 스스로를 특별한 목적을 위해 구별해야 했다. 이는 거룩하신 하나님과 죄 많은 인간 사이의 만남에서 요구되는 것이다. 모세가 시내 산에서 하나님과 만나는 동안 산은 연기와 번개와 천둥으로 가득했다. 백성들은 산자락에도 다가서는 것이 허락되지 않았다. 하나님은 이곳에서 독특한 뭔가를 하고 계셨다.

거룩한 하나님과 죄 많은 백성

시내 산에서 하나님은 모세와 온 이스라엘 백성과 언약을 맺으셨다. 하나님이 모세와 맺으신 언약은 하나님이 아브라함과 맺으신 언약에 기초했다. 시내 산 기슭에서 기다리는 동안 이스라엘은 하나님이 아브라함에게 약속하신 대로 그들이 이미 큰 나라가 되었음을 깨달았고, 장차 가나안 땅을 유업으로 받을 것이며, 그들의 의무는 열방에 복이 되는 것이라는 점을 알게 되었다. 이 언약의 의미는 하나님이 이스라엘의 하나님이 되시고, 이스라엘은 그의 백성이 되는 것이었다.

그러나 거룩하신 하나님이 죄 많은 인간과 얽히시면 몇 가지 잠재적인 문제들이 생긴다. 죄 없으신 하나님이 쉽게 반항하고 하나님이 싫어하는 일들에 쏠리는 백성과 관계를 유지하시려면 어떻게 해야 하는가? 이스라엘은 하나님이 기대하시는 바가 무엇이며 하나님의 백성으로 산다는 것이 어떤 것인지 배워야 했다.

여기가 구약 율법이 출현한 지점이다. 아브라함과의 언약과는 달리 모세와의 언약에는 광범위한 법전이 등장한다. 율법은 그 백성이 사회적, 종교적, 도덕적 영역에서 어떻게 살기 원하시는지 하나님의 기대치를 상세하게 기록했다. 율법은 십계명에서 시작하지만, 기본적인 10가지 법칙에서 백성들 삶의 전 영역에 관한 100가지 이상 구체적인 법률들이 등장한다. 이 법률들은 포괄적인 조항들이 아니었다. 어떤 상황이 발생하든지 이스라엘의 판관들이 지혜로운 결정을 내릴 수 있도록 판례를 제공하려는 목적이었다.

이 율법은 구약의 이스라엘 백성에게 법적 구속력을 갖고 있었다. 그러나 신약 성경을 읽어 보면 예수님은 당신께서 구약 율법을 완성하셨다고 말씀하신다(마 5:17). 그러므로 더 이상 크리스천에게는 율법이 구속력을 갖지 못한다(롬 6:14, 갈 5:18). 그렇다고 율법 폐기론이나 율법 무용론에 빠지면 안 된다. 율법을 통해 하나님의 성품이 어떤지, 그 백성을 향한 계획이 무엇인지 깨달을 수 있기 때문이다.

예를 들어, 하나님이 이스라엘에게 그들이 실과를 따거나 곡식을 추수할 때 밭과 과수원에 열매를 남겨 두라고 명령하셨다(신 24:19-22). 이상하게 들릴지 모르지만 "객과 고아와 과부"를 먹이시는 하나님의 방법이었다. 가난한 사람들을 공급해야 할 책임이 우리에게 있다는 것이 요점이다. 이 명령을 통해 우리는 하나님의 성품과 하나님의 백성이 세상에서 어떻게 살기 원하시는지를 배운다.

또한 율법으로부터 우리는 모든 창조물에게 어떻게 행동해야 하는지 명령할 수 있는 권한은 오직 하나님께 있다는 점을 배운다. 하나님은 사람들에게 무엇은 먹을 수 있는지, 무엇은 만질 수 없는지 등을 말씀하실 수 있다. 또한 도덕적으로 무엇이 옳은지 결정하시며 우리 행동에 경계선을 그으실 자유가 그분에게 있다. 거만함이 지배적인 우리 문화에서 매우 중요한 교훈이다.

관계를 유지하라

오늘날 크리스천들에게 율법은 어려운 신학적 질문을 야기한다. 우리는 은혜로 구원받은 것이지 행위로 구원받은 것이 아님을 안다. 다시 말해, 우리가 규칙을 지키고 선행을 함으로 하나님께 나아갈 길을 얻을 수는 없다. 우리는 죄가 너무 많아서 충분히 순종적이지 않다. 그러므로 하나님은 믿음을 통해 은혜로 우리를 구원하신다. 그러나 구약을 읽다 보면, 하나님이 이스라엘에게 율법을 주셨기 때문에 그들은 규정 준수와 선행 실천을 통해 그분과 관계를 정상화시킬 수 있다는 이야기로 들린다.

그러나 율법 어디에도 이스라엘이 율법의 모든 규정을 완벽하게 지키면 궁극적인 구원을 얻는다는 말이 없다. 사실 율법 그 자체로는 이스라엘이 율법을 지킬 능력이 없다는 사실을 보여 준다. 그래서 제사 제도가 포함된 것이다(다음 장에서 더 다루겠다). 율법은 순종하면 복을 주고 불순종하면 저주를 내린다고 약속한다(이 문제는 잠시 후에 다루겠다). 그러나 이것과 행위 구원은 다른 개념이다. 지금도 하나님은 우리가 순종하면 복을 주시고 반항하면 그 결과를 거두게 하신다.

율법을 이스라엘 백성에게 주신 것은 그들이 다다라야 할 도덕적 기준을 제시하고 그들이 선한 백성임을 입증하면 하나님께 은총을 받도록 의도하신 것이 아니다. 오히려 하나님과의 관계를 유지하기 위함이었다. 율법은 어떻게 거룩한 하나님이 죄 많은 인간과 함께하실 수 있는가의 문제를 해결하는 역할이었다. 율법을 통해 이스라엘

제자^2

백성은 하나님의 백성이라는 정체성에 맞게 신실하게 살아갈 수 있는 구체적인 행동 강령을 얻었다. 율법을 통해 그들은 하나님과 상호 간에 어떻게 적법한 관계를 맺는지 배울 수 있었다. 율법을 지나치게 강조하면 율법을 선행 구원이라는 교리로 몰아가는 격이 된다.

축복과 저주

모세 언약은 아브라함 언약의 연장선상이지만, 둘 사이에는 중요한 차이점이 있다. 아브라함과의 언약은 무조건적이었다. 다시 말해 하나님은 아브라함의 행위와는 별개로 아브라함에게 약속하셨고 아브라함이 무엇을 하든 안 하든 상관없이 이 언약을 지키실 것이다. 그러나 모세에게는 조건절을 첨언하셨다. 하나님은 이스라엘에 복 주시고 그들을 약속의 땅으로 안전하게 인도할 것이고 그 땅에서 복 주실 것이고 모든 족속에게 복이 되게 하실 것이다. 만약 그들이 하나님의 법을 신실하게 지킨다면 말이다.

아브라함과의 약속은 언제든지 지키실 용의가 있었다. 하지만 시내 산에서 이스라엘에게 복을 주시겠다는 약속은 그들이 신실하게 순종하느냐에 달려 있었다. 그렇다고 이스라엘에게 완벽함을 요구한다는 말은 아니다. 하나님이 율법 안에 희생과 대속과 용서의 제도를 세우셨다는 점을 기억하라. 하지만 하나님은 이스라엘 백성이 언약의 목적을 신실하게 붙들어야 한다고 요구하셨다. 그렇게 하면 그들은 복을 받고 약속을 받을 것이다. 그러나 그렇게 하지 않으면 그들은 저주를 받고 포로가 될 것이다.

신명기에서 이스라엘은 약속의 땅 코앞에서 (이스라엘이 시내 산 앞에 선 이후로 오랜 세월이 지난 뒤) 하나님이 주시는 땅에 들어갈 준비를 하며 그 땅을 요구했다. 하지만 그 땅에 들어가기 전에 모세는 그들을 모아 놓고 이 언약을 상기시킨다. 신명기 28장은 분명하게 설명한다. 이스라엘이 신실하게 하나님과의 언약을 지키면 하나님은 그들을 상상할 수 없을 만큼 복 주실 것이다. 그러나 그들이 반역하고 언약의 목적을 어기면 하나님은 저주를 보내실 것이다. 신명기 28장 후반부는 읽기 거북하다. 이스라엘이 불순종하기로 결정할 때 일어날 일들을 너무나 두렵고도 생생하게 그려 놓았기 때문이다. 구약 성경 전체에서 우리는 이스라엘이 언약에 신실하지 아니함으로 그 결과들을 거두는 모습을 본다.

제사장 나라

하나님이 모세에게 약속하신 것은 한 나라의 복지를 말하는 것이 아니었다. 아브라함에게 복 주셔서 그가 '땅의 모든 족속'에게 복이 되게 하시겠다고 약속하셨던 것처럼, 하나님은 이스라엘이 열방에 복이 되라고 언약을 맺으신 것이었다.

출애굽기 19장 5-6절에서 하나님은 이스라엘에게 '제사장 나라'와 '거룩한 백성'이 될 것이라고 말씀하셨다. 이 두 가지 호칭은 이스라엘의 소명을 이해하는데 매우 중요하다. 제사장에게는 두 가지 책임이 있다. 하나는 거룩한 하나님을 죄 많은 백성에게 대변하는 것이고 다른 하나는 죄 많은 백성을 거룩한 하나님께 대변하는 것이다. 하나님은 이스라엘이 제사장 나라로서 주변 열방에 하나님을 대변하기 원하셨다. 공동체적으로 그들은 세상에 하나님이 누구신지 그리고 그분이 세상에 무엇을 요구하시는지 보여 줄 의무가 있었다.

그와 동시에 하나님은 이스라엘이 하나님께 열방을 대변하기 원하셨다. 다시 말해, 그들은 주변 민족들을 위해 기도하고 하나님이 그들에게 복 주시기를 간구해야 할 의무가 있었다. 이런 개념들은 '거룩한 나라'라는 호칭에도 담겨 있다. 이스라엘은 다른 나라들과는 분명히 다르게 존재해야 했다. 그들은 하나님의 목적을 위해 구별되었다. 하나님을 위해 사역해야 했고 하나님의 거룩한 성품을 주변 세상에 보여 주어야 했고 열방의 빛이 되어야 했다.

구약 성경 전체가 보여 주듯이 이스라엘은 대체적으로 이 명령에 신실하지 못했다. 그래도 하나님의 마음은 변하지 않았다. 이스라엘은 여전히 하나님의 소중한 '소유'였다. 그렇다고 하나님이 이스라엘에게 주변 세상보다 우월감을 가져도 된다고 하신 것은 아니다. 그들이 특별했던 것은 하나님이 그들을 특별한 목적을 위해 선택하셨기 때문이었다. 그 목적은 주가 하나님이심을 세상에 보여 주어서 그들도 하나님과의 관계 속으로 들어오도록 부르는 것이었다. 하나님은 언제나 모든 창조 세계가 회복되는 일에 가슴이 뛰신다. 그래서 지금도 그의 백성을 이 일에 동역하도록 부르신다.

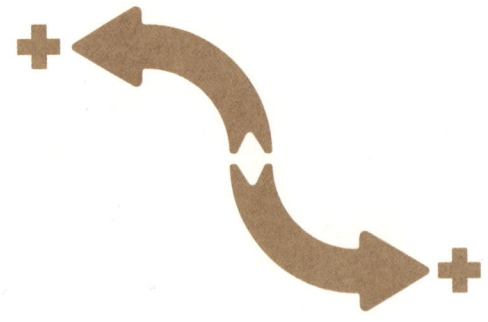

chapter 6

제자, 속죄의 기쁨을 맛보다

제사 : 대속을 위한 희생 제물

하나님은 인간을 하나님과의 교제의 장으로 초대하셨다. 세상에서 가장 복된 소식이다. 그러나 하나님이 사람들과 언약을 맺으실 때, 반드시 심각한 긴장감이 발생한다. 거룩한 하나님이 죄 많은 인간과 소통하며 지낸다는 것이 불가능하지 않겠는가! 그렇다면 몇 가지 중요한 질문들이 제기된다.

하나님이 그분의 기준을 낮추셔야 하는가? (원하신다고 해도 기준을 낮추실 수가 있겠는가?) 하나님의 백성이 죄 없는 삶을 영위하여 하나님의 임재를 항상 누릴 수 있겠는가? 물론 양쪽에 대한 대답 모두 '아니다'이다.

하나님은 결코 그분의 기준을 낮추거나 그분의 거룩하심을 감쇠하실 수 없다. 또한 타락 이후로, 인간은 죄 없는 삶을 살 능력도 없고 자신의 도덕적 순결에 바탕으로 하나님의 임재를 누릴 수도 없다.

그러므로 하나님이 인간과 함께하시려면, 하나님의 백성의 삶에 불가피하게 침입한 죄의 문제를 해결하기 위해 무엇인가가 필요했다.

죄의 문제에 대한 하나님의 해답은 희생이다

오늘날 대부분의 크리스천들은 이 사실을 알고 있다. 예수님은 죽으실 때 우리를 대신하여 희생 제물이 되셨다. 그러나 여전히 많은 사람들이 모르는 것이 있다. 구약에서 희생 제물이 하는 주요 역할이다. 십자가상에서 예수님이 우리 죄를 위해 죽으심으로 값을 지불하셨기에 우리가 하나님과 관계를 회복했다는 점은 잘 이해한다. 그러나 놓치는 부분이 있으니, 예수님의 죽음은 구약을 통해 드러난 죄와 희생의 거대한 이야기의 정점이라는 사실이다.

구약의 희생 제사를 이해할 때에야 신약과 구약을 완벽하게 하나의 이야기로 연결시킬 수 있다. 예수님은 즉흥적으로 십자가 위에서 죄의 문제를 해결할 수 있다고 결정하신 게 아니다. 죄를 위한 희생을 요구하는 구약의 제사 제도처럼 예수님도 우리를 위해 자신을 궁극적인 희생 제물로 바치신 것이다.

구약의 전개에서 나오는 희생

희생은 구약 전체에 등장한다. 아담과 하와에 대해 공부한 것을 기억해 보라. 하나님이 금하신 열매를 먹자마자 그들은 벌거벗은 것에 수치심을 느끼고 잎으로 몸을 가리려고 했다. 이 문제에 대한 하나님의 반응은 앞으로 하나님이 인간의 죄를 어떻게 다루실지에 대해 예표다. 하나님은 아담과 하와를 위해 동물의 가죽으로 옷을 지으셨다. 해당 본문에서는 이 새로운 의복의 중요성에 대해 별 얘기가 없다. 하지만 생각해 보라. 이 동물 가죽이 어디서 왔겠는가? 깊이 생각하지 않아도 간단한 사실을 관찰할 수 있다. 동물이 죽어야 한다. 죄로 인한 수치를 가리기 위해서 동물이 죽은 것이다. 죄가 세상에 들어오자마자 하나님은 희생을 통해 해결하셨다.

제사법이 완전히 개발되고 설명된 것은 레위기에 이르러서다. 구약의 전개를 보면 레위기 이전에도 희생에 대해 언급한다. 아브라함의 인생에 나타나는 한 가지 예를 보면 희생이 어떻게 작용하는지 이해하기 쉬울 것이다.

창세기 22장에서 하나님은 아브라함에게 독자 이삭을 희생하라고 요구하신다. 처음 볼 때는 이 요구가 잔인하고 부조리해 보인다. 어떻게 하나님은 아브라함에게 자식을 제물로 내놓으라고 요구하실 수 있는가? 그러나 이야기가 계속되면서 (그리고 특별히 성경 전체의 큰 이야기가 계속되면서) 이 요구가 얼마나 아름다운 것인지가 분명해진다.

하나님은 아브라함의 자손들이 큰 나라를 이룰 것이라고 약속하셨고 이삭은 아브라함의 유일한 자손이다. 그러니 아브라함이 겪었을 갈등을 상상해 보라. 주께 순종해야 하는가? 오히려 하나님이 그에게 주신 약속을 이루려면 아들을 보호하는 것이 더 합리적이지 않겠는가? 아브라함은 주께 순종하기로 결정했다. 하나님은 무엇이든 하실 수 있으며, 자기 아들을 죽은 자 가운데서 살릴 수도 있다고 믿었기 때문이다(히 11:19). 아브라함은 하나님이 희생을 위해 지정하신 장소에 이르렀고 제단을 쌓았고 손을 들어 자신의 독자를 희생시키려 했다. 그러나 마지막 순간 하나님은 그를 멈추셨고 이삭 대신 희생물로 바칠 수 있는 숫양을 준비하셨다.

이야기 자체도 놀랍지만, 그보다 희생의 특징에 대해 알려 주는 바를 놓치지 말아야 한다. 첫째, 하나님은 잠재적으로 볼 때 죄의 대가로 인간의 희생을 받으실 수도 있었다. 물론 예수님의 죽음 이전에는 그렇게까지 허용하지 않으셨다. 둘째, 하나님은 대체물을 받으실 수도 있다. 이 이야기에서는, 이삭을 대신해 숫양이 희생되었다. 물론 신약에서 예수님의 희생을 보기까지는 아브라함의 희생이 얼마나 중요한지 잘 알지 못한다. 예수님의 삶과 죽음과 부활은 이러한 구약의 믿음과 의식들을 모두 취하여서 아무도 상상할 수 없을 만큼 아름답고 강력하게 구현한 사건이다.

모세 율법에서의 희생

구약 전반부에도 희생 사건이 이따금씩 발견되지만, 동물 희생이 이스라엘 생활에 필수적 요소로 자리 잡은 것은 모세가 율법을 받은 이후였다. 율법은 모든 것을 포괄했다. 사회생활과 정부, 도덕적인 행위, 그리고 종교적 의식적 관습들까지 관장했다. 율법은 구체적으로 언제 희생을 드리고 무엇을 희생하며 어떻게 희생해야 하는지 알려 준다. 다양한 희생이나 번제가 있어서 각각의 제사가 개별적인 기능을 했다. 하지만 일반적으로 이런 희생 제사는 하나님께 감사를 드리고 하나님 앞에 회개하는 마음을 표현하고 죄를 속하기 위해 고안

되었다.

속죄(atonement)라는 단어는 신학적으로 중요한 개념이다. 속죄의 의미를 쉽게 기억하려면 단어를 이렇게 'at-one-ment'라고 나눠 보라. 근본적으로 속죄는 화해하는 것이고, 잘못된 것을 보상하는 것이며 갈등이 있는 곳에 평화를 회복하는 것이다. 속죄는 자기 죄로 인해 하나님과 멀어졌던 사람들이 다시금 하나님과 '하나됨(at one)'을 누리게 만들어 준다. 그러므로 모세의 율법은 하나님께 사랑과 감사를 표현하는 길을 제공하는 것뿐 아니라 이스라엘 사람들에게 죄를 속할 수 있는 구체적인 지침을 제공했다. 동물 희생은 이스라엘 사람들이 슬픔을 표현하고 하나님과 관계 회복에 대한 열망을 표현하는 실제적인 방법을 제시했다. 희생 제사는 이스라엘 대신 드려지는 대체물이기도 했다. 희생과 속죄를 바르게 이해하면 자신이 저지른 잘못을 보상할 요량으로 선행을 하려는 사람들에게 상당히 도움이 된다. 이스라엘 사람들이 희생을 통해 속죄를 얻었던 것처럼 우리도 희생 속에서 모든 희망을 찾는 법을 배워야 한다. 신약은 분명히 우리가 신뢰할 수 있는 희생은 예수님이 치르신 것이라고 설명한다.

죄가 생생하게 기억나게 하다

구약 율법에서 가장 충격적인 요소 중 하나는 피다. 정말 레위기 전체는 피로 얼룩져 있다! 제사에 효력이 있으려면 피가 필요하기 때문이었다.

육체의 생명은 피에 있음이라. 내가 이 피를 너희에게 주어 제단에 뿌려 너희의 생명을 위하여 속죄하게 하였나니 생명이 피에 있으므로 피가 죄를 속하느니라(레 17:11).

고대 이스라엘에 살았다고 가정해 보라. 지상의 다른 민족들처럼 당신이 속한 공동체도 쉽게 죄를 짓는 경향이 있다. 그러나 정기적으로 죄를 속죄하고 하나님과 평화를 회복하기 위해 적절한 희생 제물을 가져와야 한다. 희생 제물이 (자주) 드려질 때마다 동물이 죽고 그 피가 제단 사방에 튀고 흘렀을 것이다. 이런 장면을 목격할 때마다 죄의 심각성과 그 끔찍한 결과를 기억할 것이다. 죄가 무엇을 대가로 요구하는지 생생하게 시각적으로 보는 것이다. 아마도 당신 대신 죽는 그 양이나 염소나 소에게 감사할 것이다.

오늘날에는 죄를 위해 동물 희생을 드릴 필요는 없지만 이 구약의 관습은 여전히 우리에게 죄의 심각성에 대한 생생한 그림을 제시한다.

속죄일

앞서 "죄 많은 인간이 어떻게 거룩한 하나님과 친밀하게 지낼 수 있는가?"라는 문제를 제기했었다. 일반적으로는 제사 제도에서 그 답을 찾을 수 있다. 그러나 이 질문의 핵심을 찌르는 사건이 레위기 중간에 나온다. '욤 키푸르'라고 불리는 속죄일이다. 오늘날에도 유대인들이 여전히 지키는 절기다. 매년 이스라엘 사람들은 속죄일을 지키고 하나님은 백성들의 죄를 속하여 주셔서 그들이 하나님과 함께 거할 수 있게 하셨다.

레위기 16장을 읽어 보면, 분명 하나님은 예배를 아주 진지하게 받아들이셨다. 아론에게 하나님의 임재 가운데 들어가는 방법을 아주 상세하게 알려 주는 것으로 본문이 시작된다. 아론은 모세의 형이자 첫 번째 대제사장이었다. 본문 전체는 속죄일에 행해야 할 것을 설명한다. 매년 하루 이날에 모든 이스라엘 백성 중에 대제사장 한 사람만이 지극히 거룩한 장소, 지성소에 들어가 백성들을 대표해서 하나님 앞에 서는 것이 허용되었다.

대제사장은 흠 없는 짐승의 피를 가지고 들어갔다. 실제로는 의식에 짐승 세 마리가 필요했다. 첫째, 대제사장 자신의 죄에 대한 속죄물로 수송아지 한 마리를 희생해야 했다. 대제사장 역시 맘대로 하나님의 임재에 들어갈 수 없기 때문이다. 그 누구도 거룩하거나 완벽한 사람은 없기 때문이다.

그러고 나서 대제사장은 염소 두 마리를 드린다. 첫 번째 염소는 희생 제물로, 그 피는 처음 수송아지 피를 뿌렸던 것처럼 언약궤 위에 뿌려졌다. 이 중요한 의식을 상상해 보라. 지성소 안에 하나님의 임재가 언약궤를 내려다보고 있다. 언약궤 안에는 율법책이 한 권 담겨 있는데, 이스라엘이 죄로 그 율법을 어긴 상태다. 그때 언약궤 덮개('시은좌'로 알려진 곳)가 희생의 피로 물들여진다. 이 피가 하나님의 진노를 진정시키는 것은 그분의 진노를 받아 마땅한 백성들 대신 대속물이 드려졌기 때문이다. 그 순간 하나님은 깨어진 율법을 보시는 것이 아니라 속죄의 피를 보신다. 근본적으로 이 희생 동물은 하나님의 백성 공동체 대신 죽은 것이다.

이 장면의 긴장감을 상상해 보라. 대제사장이 백성을 대표해서 제물을 드리러 들어간 사이 지성소 밖에서 기다리는 사람들을 생각해 보라. 죄 많은 인간이 전능하신 하나님의 임재 앞에 걸어 들어간다. 대제사장이 하나님의 임재에서 안전하게 나올 때 사람들이 얼마나 기뻤겠는가. 희생이 받아들여졌고 자신의 죄가 속죄되었다는 신호일 테니 말이다.

제사장은 두 번째 염소를 잡아서 (첫 번째 염소는 희생제물이 되었다) 상징적으로 그의 머리에 안수하여 백성의 죄가 이 동물에게 전가되었음을 나타낸다. 그러고는 이 염소를 '그들의 모든 허물을 걸머지고 먼 지역'으로 가도록 놓아 준다. 이 장면 또한 하나님이 죄를 어떻게 다루는가에 대한 또 하나의 강렬한 그림이다. 그들의 죄는 제거되고 먼 지역으로 사라져서 다시는 그들을 찾아오지 않을 것이다. 죄책과 저주는 사라졌다.

명심하라. 죄씻김의 기쁨이 놀라웠던 만큼 죄도 필연적으로 사라졌다. 이스라엘이 죄를 멈추지 않았기에 이 의식은 매년 반복해야 했다. 속죄일 외에도 지속적이고도 상세한 제사 제도로 보완을 했다. 죄는 외적인 문제가 아니다. 죄는 우리 각 사람 안에 흐르고 있으며 끊임없이 다양한 방식으로 드러난다. 그렇기 때문에 죄를 해결하는 것이 이스라엘 백성들의 일상에서는 중요하고도 친숙한 일부분이었다.

동물 제사의 문제

이런 희생을 반복해야 한다는 것이 구약의 제사 제도에 내재된 한계다. 그뿐 아니라 희생 제사의 효과가 단순히 의식 집행에 기초하는 것이 절대 아니었기 때문에 더욱 문제였다. 처음부터 예배자가 가진 마음의 문제였지 그가 바치는 제물의 가치의 문제가 아니었다. 하나님은 호세아 선지자를 통해 분명히 말씀하셨다.

> 나는 인애를 원하고 제사를 원하지 아니하며 번제보다 하나님을 아는 것을 원하노라(호 6:6).

동물 희생의 단점 가운데 가장 놀랄 만한 장면이 말라기서에 나온다. 이 짧은 책에서 하나님은 그 백성에게 그들의 희생이 얼마나 무용한지 강력하게 말씀하셨다. 그들은 제사 제도의 외관과 의식만을 지킬 뿐 마음은 떠난 지 오래였다. 그러니 자기 양떼에서 좋은 것을 바칠 리 만무했고 그저 제사 행위만 할 뿐이었다. 하나님은 분명하게 말씀하신다.

> 만군의 여호와가 이르노라. 너희가 내 제단 위에 헛되이 불사르지 못하게 하기 위하여 너희 중에 성전 문을 닫을 자가 있었으면 좋겠도다. 내가 너희를 기뻐하지 아니하며 너희가 손으로 드리는 것을 받지도 아니하리라(말 1:10).

하나님께 드리는 것이 없는 것보다는 조금이라도 있는 게 낫지 않을까? 하나님께 최선을 드리지는 못할지라도 조금이라도 하나님을 배려한다면 하나님도 기뻐하시지 않을까?

하나님은 정반대로 말씀하셨다. 사람들이 마음에도 없는 제사를 지내지 못하도록 누군가가 성전 문을 닫고 제사를 드리지 못하게 막으면 좋겠다고 하신다. 하나님은 거룩하시고 그의 이름은 크시기 때문이다.

> 만군의 여호와가 이르노라. 해 뜨는 곳에서부터 해 지는 곳까지의 이방 민족 중에서 내 이름이 크게 될 것이라. 각처에서 내 이름을 위하여 분향하며 깨끗한 제물을 드리리니 이는 내 이름이 이방 민족 중에서 크게 될 것임이니라(말 1:11).

하나님은 거짓된 신앙심의 발로에 너무 화가 나서 희생 제물의 똥을 그들 얼굴에 바르겠다고 위협하셨다.

> 보라. 내가 너희의 자손을 꾸짖을 것이요. 똥 곧 너희 절기의 희생의 똥을 너희 얼굴에 바를 것이라. 너희가 그것과 함께 제하여 버림을 당하리라(말 2:3).

하나님이 예배와 희생을 아주 심각하게 받아들이신다는 사실을 생생하게 각인시켜 주는 말씀이다. 그렇다면 우리도 예배와 희생을 아주 심각하게 생각해야 한다!

궁극적인 희생

구약 제사 제도에 대한 모든 것은 예수 그리스도의 희생에서 정점을 이룬다. 이스라엘이 정기적으로 드린 희생들은 예수님이 오실 것을 예비하는 기초가 되었다. 마침내 주님이 오셨을 때 제사 제도의 중요성이 전면적으로 부각되었다. 시간을 내어 히브리서 9장 11절에서 10장 25절을 읽어 보라. 방금 말라기서에서 본 내용을 적용할 기회가 될 것이다. 이 본문에는 하나님을 최고로 경배할 수 있는 방법이 있다. 온 마음으로 이 본문을 읽으라. 그저 훑어보지 말고 주의 깊고 경건하게 예배드리는 마음으로 읽어 보라.

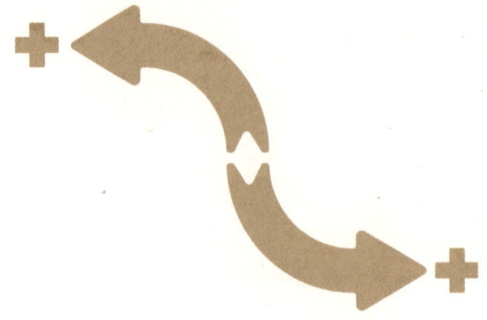

chapter 7

제자, 하나님 임재로 충만해지다

장막과 성전 : 하나님의 임재의 영광

하나님이 우리와 함께하시는 것보다 중요한 것이 있는가? 생각해 보자. 전능하신 하나님으로부터 분리되는 것보다 더 두려운 일이 있을까? 성경에는 하나님의 임재를 통해 오는 축복과 하나님의 거절을 통해 오는 공포에 대한 이야기들로 가득하다. 하나님이 사람들과 함께하심이 성경의 핵심 주제이기 때문이다.

하나님은 언약을 맺으심으로 인간과 함께하기를 원하신다는 사실을 보여 주셨다. 하나님은 율법을 주심으로 사람들이 어떻게 하나님의 임재 가운데 살아갈 수 있는지 알려 주셨다. 또한 죄가 하나님의 임재로부터 사람들을 분리시키자 하나님은 희생 제사를 제도화하셨다. 그러므로 구약 대부분 본문에서 하나님의 임재와 직접 연관된 내용들을 볼 수 있다.

구약 율법의 가장 매력적인 요소 가운데 하나가 천막, 즉 장막이라 불리는 것이다. 이곳은 하나님이 그 백성을 만나시는 장소였다. 하나님은 이스라엘을 광야에서 인도하실 때 낮에는 구름 기둥으로, 밤에는 불 기둥으로 인도하셨다. 장막을 통해 하나님은 당신을 위한 지상의 안식처를 만드셨다. 장막은 그들이 어디를 가든 이스라엘과 함께 다녔다. 이때부터 이스라엘은 하나님의 백성으로 인식되었다. 문자적으로 하나님이 그들 가운데 거하시기 때문이었다. 장막을 세운 것과 지상에서의 하나님의 임재는 비중 있는 사건들이었다. 얼마나 큰 비중이 있는 사건인지 이해하려면 이야기의 처음으로 돌아가야 한다.

동산에서 하나님의 임재

하나님이 창조하신 완벽한 세상에서 인간은 하나님의 임재 가운데 살았다. 에덴동산에서 아담과 하와는 막힘없이 하나님과 상호 교통할 수 있었다. 오늘날 우리가 하나님과 거리감을 느끼는 것은 타락 이전의 인간으로서는 경험하지 않던 것이다. 하지만 타락은 모든 것을 바꿔 놓았다. 아담과 하와가 하나님께 반역한 이후로 하나님과의 교제는 파괴되었다. 아담과 하와가 범죄함으로 관계를 망가뜨렸고 하나님이 동산에 오시자 하나님의 임재를 피해 숨으려 했다. 하나님이 그들을 동산에서 추방하시고 동산 입구에 무장한 천사로 경계를 서게 하신 이후로 이런 분리됨이 더욱 강화되었다. 그때 이후로 하나님의 임재를 되찾는 것보다 인류에게 더 중요한 일은 없었다.

장막, 하나님의 임재가 지상에 거하다

에덴동산에서 쫓겨난 뒤로 사람들은 하나님의 임재를 찾으려고 노력했다. 물론 하나님의 임재는 말 그대로 모든 곳에 존재한다. 그러나 아담과 하와가 경험한 것 같은 하나님의 임재는 실종되었다. 하나님과 대면한 사건들이 여기저기 등장할 뿐이다. 그래서 장막이 중요한 의미를 갖는다. 하나님은 동산에서 잘못된 것을 바르게 고칠 해법을 제시하셨다. 하나님의 임재는 사라졌지만 이제 하나님은 다시금 그 백성과 함께 사실 것이다.

앞 장에서 중점적으로 살펴본 제사 제도는 지정된 지점, 즉 장막을 중심으로 하는 것이었다. 장막은 근본적으로 하나님의 임재가 지상에서 거하는 천막이었다. 장막의 중심체는 언약궤였다. 이 언약궤는 기본적으로 하나의 상자인데, 금으로 입혀져 있었다. 그 안에 십계명이 담겨져 있었고, 광야에서 이스라엘을 기적적으로 먹이는데 사용하신 만나 항아리, 하나님의 생명의 능력의 징표로 싹이 난 아론의 지팡이가 있었다. 언약궤 위에는 두 그룹이 있었고 하나님의 임재는 그 언약궤 위 천사들의 형상 사이에 좌정하셨다.

장막은 하나님이 그 백성들 가운데 거하시기 위해 만들어 낸 것이었다. 장막의 모양과 관련 의식을 제정한 율법 조항들이 너무 복잡해서 여차하면 구약을 읽으면서 장막의 중요성을 간과하기 쉽다.

놀랍게도 하나님은 다시 한 번 백성에게 복을 주시되, 최고의 선물인 자기 자신을 주셨다. 이스라엘 역사를 보면, 그들은 구름 기둥이나 불 기둥으로 하나님의 인도함을 받아 움직였다. 백성들이 멈추기 원하실 때마다 하나님의 임재가 장막 위에 내려오셔서 다시 이동해야 할 때까지 머무셨다. 장막은 그 백성이 어디로 가든 하나님이 그들과 함께하실 것이라는 뜻이었다. 장막은 지상에서 하나님의 임재에 대한 분명한 징표였다. 장막은 그들과 함께 이동하여 다니는 에덴동산이었던 셈이다.

하나님의 임재가 없는 하나님의 축복

이스라엘은 하나님의 임재를 당연하게 받아들일 뻔하다가 거의 상실할 위기에 처한 적이 있었다. 시내 산에서 하나님이 모세에게 언약을 주신 직후, 모세가 대면한 장면은 충격적이었다. 이스라엘 백성들은 춤을 추며 자신들이 만든 금송아지를 경배하고 있었다. 하나님의 손가락이 두 개의 돌판을 만드시는 것을 목도한지 얼마 되지 않은 상황에서 말이다.

십계명의 처음 두 계명은 다음과 같다. "너는 나 외에는 다른 신들을 네게 두지 말라"와 "너를 위하여 새긴 우상을 만들지 말고 … 나 네 하나님 여호와는 질투하는 하나님인즉"(출 20:3-5)이었다.

그 순간 이스라엘과 하나님의 언약은 시작조차 해 보지 못하고 끝날 판이었다. 이스라엘의 우상숭배에 대한 하나님의 반응은 적어도 두 가지 면에서 파괴적이었다. 첫째, 그들의 죄의 직접적인 결과로 약 3천 명이 죽었다. 둘째, 이스라엘 민족은 하나님의 임재에 가까이 다가가는 것이 불편해졌다. 출애굽기 33장에서 하나님은 이스라엘에게 주실 약속을 재확인해 주신다. 다만 살짝 내용을 바꾸신다. 대략 이런 말씀이었다. "너와 네 자손에게 가나안 땅을 주겠다고 약속했다. 이제 가서 그 땅을 취하라. 그러나 나는 너희와 함께 가지 않겠다. 대신 너희를 인도할 천사를 보내 주겠다."

여기서 이스라엘은 하나님 없는 삶에 직면했다. 끔찍한 말씀이시다. 하나님이 제안하신 내용이 무엇인가 생각해 보라. 하나님은 이스라엘 백성에게 하나님과의 관계를 제외한 복을 주겠다고 제안하신 것이다. 실제적인 관점에서 보면 상당히 이해가 가는 말씀이다. 백성들이 계속 죄를 지을 것이기 때문에, 하나님의 복을 받아들이고 마음대로 가는 것이 더 쉬울 법하다. 슬프게도 오늘날 대부분의 사람들이 원하는 것이 아니던가! 하나님의 임재도 좋지만 우리가 정말 원하는 것은 하나님이 주시는 복이니까.

역사의 이 시점에서 이스라엘은 심각한 전환점을 맞고 있었다. 모세는 하나님의 임재 없이 약속의 땅을 주시겠다는 그분의 제안에 반응한다. 모세는 정말 중요한 것이 무엇인지 정확하게 알고 있었다.

> 주께서 친히 가지 아니하시려거든 우리를 이곳에서 올려 보내지 마옵소서. 나와 주의 백성이 주의 목전에 은총 입은 줄을 무엇으로 알리이까. 주께서 우리와 함께 행하심으로 나와 주의 백성을 천하 만민 중에 구별하심이 아니니이까(출 33:15-16).

모세는 하나님이 그들과 함께하시지 않으면 이스라엘에는 아무 희망이 없으며 이스라엘 백성이 된다는 의미도 없다는 사실을 알고 있었다. 하나님의 임재야말로 그들을 구별하는 특징이었다. 이스라엘이 하나님의 백성이 되려면 하나님의 임재 없이는 불가능했다.

성전

최종적으로 하나님은 그의 백성과 함께 가셨다. 하나님이 약속하신 가나안 땅을 주시기까지 그들은 가는 곳마다 장막을 운반하며 다녔다. 이스라엘 나라가 약속의 땅에 세워진 후에 다윗이 이스라엘 왕이 되었다. 다윗은 장막을 대신하여 성전을 영원한 처소로 지을 결심을 했다. 그러나 다윗은 전쟁을 많이 치른 사람이기에 하나님은 그의 아들 솔로몬이 대신 성전을 짓게 될 것이라고 그에게 말씀하셨다.

솔로몬은 성전을 짓는 데 7년이 걸렸다. 조심스럽고 정성스럽게 건축했다. 마침내 완성되어 솔로몬이 성전을 하나님께 헌당하고 성대한 감사제를 올리자 하나님이 성전 가득 임하셨다. 하나님의 임재가 장막에 머무셨던 것처럼 이제는 성전에 임하실 것이다. 장막과 성전의 가장 중요한 차이점은 성전은 움직일 수 없다는 사실이다.

아브라함 시절로 되돌아가 보자. 하나님은 아브라함과 그 자손들에게 가나안 땅을 주시겠다고 약속하셨다. 가나안, 즉 약속의 땅은 하나님이 이스라엘에게 주신 땅으로서 온 세상 가운데 하나님이 머무시기 위해 선택하신 땅이었다. 성전을 통해 하나님은 강력한 시각적 메시지를 전달하신 것이다. 인류가 하나님의 권위에 도전했지만 하나님은 지상에 그분의 통치권을 확립하셨다. 이스라엘 왕국은 그 한가운데 하나님의 임재를 모시기 위해 아름다운 성전을 세웠으니 세상이 주목할 수밖에 없었다. 하나님은 땅에 거주하시며 그 백성을 다스리고 복을 주셨다.

솔로몬은 성전 공사를 마친 뒤에 엄숙한 기도를 하나님 앞에 올려
드렸다. 이 기도를 보면, 솔로몬이 인류 역사에서 이 순간이 얼마나
중요한지를 이해하고 있음을 알 수 있다.

중요한 경고

하나님의 영광이 임하여 성전을 가득 채우자마자 하나님은 솔로
몬에게 말씀하셨다. 하나님과의 언약에 신실하여 율법에 순종하는
동안은 하나님의 임재가 그들과 함께할 것이라고 하셨다. 다른 말로
하자면, 하나님이 그 백성 가운데 거하시되, 그들이 삶으로 하나님
의 임재를 인정하는 동안에만 해당된다는 것이다. 하나님과 하나님
의 임재를 당연한 것으로 여기는 순간, 즉 하나님과 하나님의 명령에
등을 돌리는 순간, 하나님은 그들을 죄 가운데 두고 떠나실 것이다.
그러면 하나님의 임재와 더불어 복이 오는 대신, 이스라엘은 하나님
을 거절함으로 오는 심판을 경험할 것이다.

안타깝게도 열왕기상 9장에 나오는 하나님의 경고가 현실이 되었
다. 에스겔서를 보면 하나님의 백성은 하나님의 통치를 거부한 것에
대한 벌로 자신들이 포로로 잡혀가 있음을 깨달았다(이 내용은 앞으로
더 다루겠다). 에스겔은 하나님의 영광이 성전에서 떠난 것을 기록하
고 있다(겔 10장, 11장). 이것은 열왕기상 8장에서 하나님의 영광이 성
전을 가득 채운 것만큼이나 충격적인 사건이었다. 다시 한 번 하나님
의 백성은 지상에서 하나님의 임재로부터 소원해지고 말았다. 결국

장막이든 성전이든 궁극적인 해결책이 못 되었다. 그렇다면 인류는 어떻게 해야 하나님의 임재 가운데 살 수 있는가?

하나님이 육신이 되시다

다시 한 번 예수님은 구약에서의 사건들이 일으킨 문제들을 해결하신다. 요한은 그의 복음서 서두에 예수님을 말씀으로 묘사하며 그가 태초에 하나님과 함께 계셨고 곧 하나님이시라고 소개한다. 그리고 지상에서의 하나님의 임재에 대해 엄청난 사실을 말한다.

> 말씀이 육신이 되어 우리 가운데 거하시매 우리가 그의 영광을 보니 아버지의 독생자의 영광이요 은혜와 진리가 충만하더라(요 1:14).

'말씀이 육신이 되어 우리 가운데 거하신다'는 말씀은 상당한 무게감을 갖는다. 요한이 '거한다'라는 의미로 사용한 단어는 문자적으로는 '천막을 친다'라는 뜻이다. 요한의 어휘는 구약에서 사용한 '장막'이라는 히브리어를 헬라어로 번역한 것이다. 그러므로 요한은 지금 장막이 다시금 돌아왔다고 선언하고 있다. 그러나 이번에는 장막이 예수 그리스도의 인성 안에 존재한다는 것이다.

사람들이 하나님의 임재 가운데 어떻게 거하는가의 문제는 예수님을 통해 단번에 해결되었다. 사람들이 하나님과 거한다는 것이 어떠한 것인지를 예수님은 우리에게 보여 주신다. 또한 인간이 하나님의 임재를 구현한다는 것이 어떤 의미인지도 보여 주신다. 예수님 때문에 이제 우리는 하나님의 임재를 상실할 걱정을 할 필요가 없게 되었다. 그분이 오셔서 우리 가운데 거하시기 때문이다. 게다가 주님의 십자가 죽음으로 인해 우리는 주님과 연합하게 되었다.

그뿐 아니라 이제 하나님은 성령님을 통해 우리 안에 거하신다! 바울은 우리가 "성령의 (성)전"(고전 6:19)이라고 말한다. 또한 우리는 교회로 연결되어 있으며 "주 안에서 성전이 되어" 간다고 말한다(엡 2:21). 예수님 안에서 우리는 "성령 안에서 하나님이 거하실 처소가 되기 위하여… 함께 지어져" 간다(엡 2:22).

하나님의 임재가 세상을 덮을 것이다

신약 부분의 마지막 장에서 심도 있게 다루겠지만, 성경은 하나님의 영광이 온 세상을 덮는 아름다운 환상으로 끝난다(계 21장, 22장). 사도행전 2장에 성령께서 초대 교회에 충만히 임하신 순간부터 하나님의 임재는 교회를 통해 지상에 임하게 되었다. 그러나 예수님이 돌아오셔서 세상을 본래대로 고치실 때에는 온 세상이 하나님의 임재로 가득할 것이다. 아담과 하와가 에덴동산에서 누리던 것을 지구상 어디서나 경험할 것이다. 새로워진 인간이 새로워진 창조 세계 안에서 하나님의 새로운 임재를 누릴 것이기 때문이다.

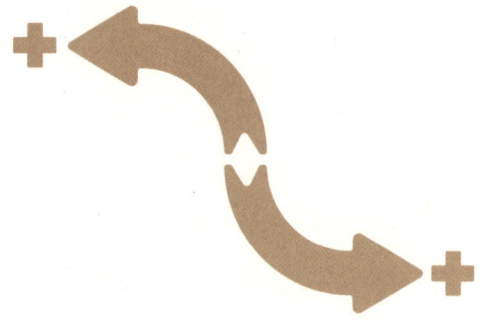

chapter **8**

제자, 왕의 영광을 깨닫다

하나님 나라 : 위대하신 왕의 통치

마침내 죄와 연단의 광야 세월이 흐른 뒤, 하나님은 그 백성이 약속의 땅에 들어가도록 허락하셨다! 이스라엘은 자신들보다 규모도 크고 전력도 강한 상대들이 속속들이 무너지는 것을 보면서 어디에 비할 수 없는 하나님의 강력한 힘을 목도했다.

이야기 전개상 그 다음에는 이스라엘이 번성하고 하나님의 길로 가며 이후로 영원히 행복하게 지냈다는 말이 나올 법하다. 그러나 애통하게도 그렇게 전개되지 않았다. 여호수아서에서 약속의 땅으로 인도하신 하나님의 신실하심을 기록했다면, 사사기에서는 이스라엘의 배신과 하나님이 의도하신 대로 살기를 거부하는 패역함을 기록한다. 사사기를 보면 롤러코스터를 타는 기분이다. 〈이스라엘이 죄와 불신앙에 빠진다. → 하나님이 그들을 구원할 리더를 세우신다. → 백성이 다시 한 번 하나님을 인정한다. → 이스라엘이 다시금 죄와 불신앙에 빠진다. → 하나님이 다시 그들을 구원할 리더를 세우신다.〉 이런 식으로 반복된다.

사무엘이 역사의 전면에 등장하면서 이스라엘은 좀 더 희망찬 시기를 맞이했다. 사무엘은 하나님의 선지자였으며 마지막 사사였다. 이스라엘에게 사무엘은 말씀을 백성에게 신실하게 전달하는 경건한 리더였다. 바로 이때 이스라엘은 군주제를 도입한다. 이런 제도의 변화가 왜 중요한지 이해하기 위해서는 다시 한 번 처음으로 돌아가야 한다.

창조의 왕

창조를 이런 식으로 생각해 본 적은 없겠지만, 창세기 1장과 2장은 하나님을 창조의 왕으로 제시한다. 이 왕은 강력하고 권위 있어서 만물이 존재하기 위해서는 말씀만 하시면 되었다. 창세기 1장과 2장은 이 왕이 다스리실 영역을 창조하신 이야기를 그린다. 에덴동산에서 만물은 완벽한 조화 속에 기능했고, 만물은 왕의 통치에 완벽하게 순종함으로 운행되었다. 성경의 초반부에서 만인과 만물이 왕의 다스림을 받아들일 때 세상이 얼마나 아름다웠는지를 보게 된다.

인간은 자주 하나님을 무시하고 자신의 권위를 세우려 한다. 그럼에도 불구하고 하나님은 처음부터 인간을 대리자로 창조하셨다.

하나님이 이르시되 우리의 형상을 따라 우리의 모양대로 우리가 사람을 만들고 그들로 바다의 물고기와 하늘의 새와 가축과 온 땅과 땅에 기는 모든 것을 다스리게 하자 하시고 하나님이 자기 형상 곧 하나님의 형상대로 사람을 창조하시되(창 1:26-27).

피조 세계 위에 계신 하나님이 그의 권위를 위임하시는 장면이다.

우리는 하나님의 은혜로운 통치를 피조 세계의 각 영역에 전달하도록 지음받았다. 인간은 하나님의 왕권 아래 기능하도록 창조되었다.

그러나 아담과 하와가 금단의 열매를 먹음으로, 그들은 자신들의 자유를 과용했고 하나님의 왕권을 거부했다. 이 단순한 행위 때문에 지상에서 하나님의 통치가 도전을 받게 되었다. 아담과 하와는 뱀, 즉 사탄을 좇기로 결정했다. 이 심각한 반전 때문에 이제는 사탄이 "이 세상의 임금"으로 언급되기에 이른다(요 12:31). 지금 우리가 사는 현실은 타락 이전의 아담과 하와에게는 상상할 수조차 없는 수준이었을 것이다. 하나님의 왕권이 자신이 지으신 세상 안에서 문제시될 수 있는가? 인간은 정말 하나님의 통치를 거부하고 반항하며 살 수 있는가? 타락 이전에는 아주 이상하게 들렸을 이야기지만, 지금은 우리가 날마다 삶 속에서 경험하는 갈등이다.

진정한 이스라엘의 왕

출애굽기에서 하나님이 자기 백성을 노예 생활에서 이끌어 내시는 것을 보며 하나님의 강력한 왕권을 경험한다. 열 가지 재앙을 통해 하나님은 당신이 이 세상의 최고 통치자이심을 보이셨다. 이집트의 거짓 신들을 이기시고 그 백성을 노예 생활에서 건져 내시면서 하나님이 이스라엘과 온 세상의 진정한 왕이심을 드러내셨다.

하나님이 시내 산에서 그 백성과 맺으신 언약은 그분 왕권의 표현이었다. 이런 종류의 언약은 정복자인 왕이 백성들에게 어떤 조약을 맺을 것인지 보여 주는 것이며 그 당시에는 익숙한 것이었다. 출애굽기 19장 5-6절에서 분명하게 알 수 있다. "세계가 다 내게 속하였나니 너희가 내 말을 잘 듣고 내 언약을 지키면 너희는 모든 민족 중에서 내 소유가 되겠고 너희가 내게 대하여 제사장 나라가 되며 거룩한 백성이 되리라. 너는 이 말을 이스라엘 자손에게 전할지니라."

하나님은 왕이시고 이스라엘은 그의 나라였다. 장막과 성전은 왕이 거하실 처소였고 그의 궁전이었다. 하나님의 임재가 머무셨던 언약궤가 장막과 성전의 중심체였다는 것을 기억하라. 실제로 성경은 언약궤를 하나님 보좌의 발등상이라고 표현한다(대상 28:2, 시 132:7). 장막과 성전은 그저 행운을 주는 부적이나 염력 같은 것으로 하나님의 임재를 담아 두는 존재가 아니었다. 이러한 거처들은 하나님의 왕권을 인정하고, 하나님이 그 백성 가운데 계셔서 그들을 다스리고 돌보신다는 사실을 상기시켜 주었다.

하나님이 이스라엘을 약속의 땅으로 인도하신 뒤, 백성들은 지속적으로 하나님으로부터 멀어지고 하나님이 시내 산에서 제시하신 분명한 방향에서 벗어나는 선택을 했다. 오히려 그들은 당시 자신들이 보기에 좋은 대로 선택했다. 사사기에서 읽는 대로다. "사람마다 자기 소견에 옳은 대로 행하였더라"(삿 17:6; 21:25). 이 말씀을 통해 이스라엘이 하나님의 율법을 무시했다는 사실도 알게 되지만, 이스라엘에 왕이 필요하다는 것도 알게 된다. 하나님은 이스라엘의 적법한 왕이셨다. 그러나 그들은 하나님을 그렇게 받아들이지 않았다. 하나님 나라가 이스라엘에는 온전히 세워질 수 없을 것처럼 보였다.

이스라엘이 왕을 세우다

얼핏 보면 인간 왕이 이스라엘을 다스린다는 것이 좋은 생각처럼 보일 수도 있었을 것이다. 사사 시대는 혼돈의 시기였다. 그러므로 분명한 통치자를 세워서 백성을 다스리게 한다는 것은 일리가 있었다. 그뿐 아니라, 이스라엘 주변 모든 나라에 왕이 있었다. 그러므로 그들에게도 꼭 필요해 보였다. 이스라엘에는 천막 하나 쳐 있고 때때로 하나님이 세우시는 지도자들이 있었지만 그들도 늘 있는 것은 아니었다. 사정이 이러니 인간 왕을 세우면 더 나아지지 않겠나 싶었다. 이스라엘이 하나님께 평범한 왕을 간구하게 된 대략적인 논리였다. 사무엘상 8장 기사를 읽어 보고 왕을 세우겠다는 이스라엘의 결정이 왜 위험한지 하나님의 경고에 특별한 주의를 기울여 보라.

무엇이 문제인지 분명하다. 이스라엘이 '다른 나라들 같이' 되기 위해 왕을 원했다는 것이 문제였다. 이스라엘은 결코 다른 나라들처럼 될 수 없다. 그들은 전능하신 하나님이 그들 가운데 거하시기 때문에 만민을 위해 구별된 민족이었다. 이 점을 하나님이 경고하셨지만 그들은 그들이 하려는 일의 심각성을 알지 못했다. 인간 왕을 세우면서 이스라엘은 하나님이 그들의 왕이심을 거부했다.

첫째, 하나님은 사울을 이스라엘의 왕으로 지명하셨다. 하지만 결국 그는 하나님의 통치를 제대로 대표하지 못했다. 사람들은 왜 하나님이 인간 왕을 세우는 문제를 경고하셨는지 직접적인 교훈을 얻었다. 다시금 이스라엘은 막다른 골목에 다다랐다. 이스라엘 역사는 하나님의 계획이 아니고 하나님의 지속적인 은혜 안에 있는 것이 아니면 희망은 이미 물 건너 간 것이라는 사실을 알려 준다.

하지만 하나님은 이스라엘을 향한 계획을 포기하지 않으셨다. 하나님은 목동 다윗을 차기 왕으로 지명하셨다. 여기서 기름부음의 개념이 중요하다. 이스라엘 왕은 문자적으로 기름을 머리에 부음 받아야 한다. 그 진정한 의미가 완전히 구현된 분이 예수님이다.

다윗에게 주신 하나님의 약속이 완성되는 데에는 시간과 확신이 필요했지만, 그는 마침내 하나님이 세우신 지상의 왕이 되었다. 그렇다고 다윗이 완벽했던 것은 결코 아니다. 그러나 성경은 다윗을 "그(하나님)의 마음에 맞는 사람"이라고 묘사한다(삼상 13:14). 그리고 이스라엘의 왕이 어떠해야 하는지에 대한 모델이 되었다.

하나님이 다윗을 통해 이루시려는 것의 의미는 사무엘하 7장에 잘 드러난다. 이 본문에서 하나님은 다윗과 언약을 맺으신다. 그 본문을 보면 다윗은 주께서 주시는 모든 축복을 보고서 언약궤를 모실 집을 지음으로 주를 높여 드리기로 결정한다. 하나님은 말씀하시기를 다윗이 아니라 그 아들 솔로몬이 이 일을 맡을 것이라 하셨다. 그러나 하나님은 다윗과 언약을 맺으심으로 그를 향한 하나님의 목적을 이행해 가신다. 이 언약은 하나님이 아브라함과 모세와 맺으신 언약들에 기초한다. 더 나아가 그 언약들을 확장시키고 그 언약의 완벽한 성취를 예수님 안에서 이루도록 약속까지 해 준다.

다윗에게 주신 하나님의 언약은 하나님이 아브라함에게 주신 약속들을 이행하기 위해 여전히 일하고 계심을 보여 준다. 하나님이 아브라함에게 주신 약속으로 돌아가 보자. 창세기 12장 1-2절에서 하나님은 아브라함에게 큰 이름을 약속하셨다. 창세기 15장 18절에서 아브라함과 그 자손에게 가나안 땅을 약속하셨다. 창세기 17장 3-7절에서 아브라함에게 그 후손들과 언약을 계속하실 것이며 아브라함으로부터 여러 민족과 왕들이 나올 것이라고 약속하셨다.

이제 사무엘하 7장에서 하나님이 다윗에게 주신 약속을 생각해 보라. 하나님은 다윗에게 "위대한 이름"을 주겠다고(삼하 7:9) 했으며, 이스라엘을 가나안 땅에 심겠다고(삼하 7:10) 했다. 그리고 다윗의 씨를 일으켜서 다윗 자손이 왕위를 잇도록 하겠다고(삼하 7:12) 약속하셨다. 하나님이 아브라함에게 주셨던 약속들이 모세와 맺으신 언약에서도 그리고 이제는 다윗과 맺으신 약속들에서도 반복된다. 이스라엘이 신의를 저버렸음에도 불구하고 하나님은 여전히 그의 백성을 위한 목적들을 이루기 위해 일하고 계셨다.

이스라엘이 약속의 땅에 들어가기 전, 하나님은 그들이 들어가 정착하면 하나님을 거부하고 인간 왕의 통치를 선택할 것이라고 예언하셨다(신 17장). 이런 일이 있을 것을 아시고 이미 하나님은 이스라엘 왕국을 위한 하나님의 목적을 계속해서 이뤄 가실 방법을 세워 두셨다. 왕이신 하나님은 지상의 왕과의 관계 내지는 언약을 통해 그 백성을 다스리려는 의도였다. 지상에 있는 이스라엘의 왕은 하나님의 계명에 순종하고 하나님의 통치에 복종할 것이다. 그렇게 함으로써 이스라엘의 참되신 왕을 세상에 보여 주는 반사체 역할을 할 것이다. 그뿐 아니라 하나님은 이스라엘 열왕의 권세를 견제하는 선지자들을 계속해서 보내셨다. 그럼으로 하나님이 진정한 왕이시며, 인간 왕들은 하나님을 대변해서 통치하고 있음을 보여 주셨다.

장차 오실 왕

이스라엘 왕 다윗을 통해 하나님이 하시려는 일은, 그의 백성을 조성하신 때부터 만들어 오시던 것을 보여 주는 그림이다. 그 일은 장차 하나님이 그의 아들 예수 그리스도를 통해 하실 일을 예표하는 것이기도 했다. 다윗이 나중에 이스라엘의 완벽한 왕이 되지 못했다고 놀라지 말라. 다윗은 여러 면에서 실패했다. 가장 충격적인 것은 밧세바와 동침한 것이었고 그러한 자기 죄를 숨기기 위해 밧세바의 남편을 죽게 만든 것이었다. 다윗은 하나님의 용서를 받았고 여전히 모든 왕들이 본받아야 할 기준이 되었다. 하지만 그의 불완전한 순종은 하나님의 백성들이 또 다른 통치자를 갈망하고 고대하게 만들었다.

예언자들은 다윗의 계보에서 통치자가 나올 것이고 이 통치자가 이스라엘 나라를, 그리고 지상의 모든 나라들을 다시 질서 있게 세울 것이라고 예언했다. 장차 오실 이 세상을 본래 의도된 모습으로 회복할 것이다. 이사야 11장에서는 이 왕을 "이새의 줄기에서 한 싹"이 날 것이며 여호와의 영이 그 위에 임할 것이라고 말씀한다(이새는 다윗의 아버지였다). 그는 이스라엘과 열방을 온전히 다스리실 것이다. 예레미야 23장 5-6절은 이 왕을 다윗의 계보에서 나오는 한 "가지"라고 말한다. "왕이 되어 지혜롭게 다스리며" 그의 이름은 "여호와 우리의 공의라" 일컬음을 받을 것이라고 했다. 에스겔 34장 23-24절에서는 장차 오실 왕을 하나님의 백성을 위한 완벽한 목자로 묘사한다. 아모스 9장 11-12절에서는 하나님이 다윗의 무너진 장막을 일으킬 것이라고 말한다. 호세아 3장 5절에서는 이스라엘이 "그들의 왕 다윗"의 통치 아래 여호와를 다시금 찾게 되리라고 말씀한다.

하나님이 이스라엘을 위해 준비하신 미래는 여호와의 기름부음 받은 자의 통치 아래 있는 이스라엘 왕국의 개념과 밀접한 관계를 갖고 있다. 그는 하나님의 절대적 통치의 중재자 역할을 감당하실 것이다. 에스겔 37장에서 그 백성의 미래에 대해 말씀하실 때 하나님이 사용하셨던 비유적 표현들에 주목해 보라.

> 내 종 다윗이 그들의 왕이 되리니 그들 모두에게 한 목자가 있을 것이라. 그들이 내 규례를 준수하고 내 율례를 지켜 행하며 내가 내 종 야곱에게 준 땅 곧 그의 조상들이 거주하던 땅에 그들이 거주하되 그들과 그들의 자자손손이 영원히 거기에 거주할 것이요 내 종 다윗이 영원히 그들의 왕이 되리라. 내가 그들과 화평의 언약을 세워서 영원한 언약이 되게 하고 또 그들을 견고하고 번성하게 하며 내 성소를 그 가운데에 세워서 영원히 이르게 하리니 내 처소가 그들 가운데에 있을 것이며 나는 그들의 하나님이 되고 그들은 내 백성이 되리라. 내 성소가 영원토록 그들 가운데에 있으리니 내가 이스라엘을 거룩하게 하는 여호와인 줄을 열국이 알리라 하셨다 하라 (겔 37:24-28).

하나님 나라를 찾으라

다윗 왕의 통치 이후에 이스라엘은 만족스런 왕들을 얻지 못했다. 마침내 이스라엘 나라는 너무 악해져서 하나님이 그들을 약속의 땅에서 몰아내어 포로로 보내 버리셨다. 이스라엘은 나라를 잃자 민족적 정체성이 흔들렸다. 그들은 간절히 나라를 회복하기 원했다. 하지만 예수님이 오시기까지 이 일은 현실이 되지 못했다.

에스라와 느헤미야는 포로로 갔던 하나님의 백성이 일부 귀환한 역사를 기록한다. 하지만 아직도 나라를 세운 것은 아니었다. 다니엘서에서는 그 나라가 장차 올 것이며 '인자'가 열방을 통치하실 것이라는 약속을 주신다.

구약의 마지막 장을 넘겨서 신약을 읽기 시작하면, 여전히 하나님의 나라가 주요 이슈라는 점을 알 수 있다. 예수님은 오셔서 '하나님의 복음'을 외치시며 말씀하셨다.

> 때가 찼고 하나님의 나라가 가까이 왔으니 회개하고 복음을 믿으라
> (막 1:15).

이스라엘이 나라로서의 역사를 가졌던 점을 생각해 보면 예수님의 이 선언은 놀랄 만큼 감동적인 선포다! 그 나라가 마침내 왔다. 예수님이 선포하신 복된 소식은 하나님 나라가 다시금 왔으며 하나님의 기름부음 받은 자로 다스리기 위해 오셨다는 것이다! 사실 예수님

의 탄생이 선포된 순간부터 그는 장차 오실 왕이요 다윗 가문의 통치자요 지상에 하나님 나라를 도래케 하실 분이라는 것이 분명했다.

천사가 예수님의 탄생을 선언했을 때, 그는 사무엘하 7장에 나오는 것과 동일한 용어를 사용했다. 사무엘하 7장에서 하나님은 다윗과 언약을 맺으셨다. 예수님은 이스라엘의 참 왕이셨다.

> 보라 네가 잉태하여 아들을 낳으리니 그 이름을 예수라 하라. 그가 큰 자가 되고 지극히 높으신 이의 아들이라 일컬어질 것이요 주 하나님께서 그 조상 다윗의 왕위를 그에게 주시리니(눅 1:31-33).

이제 거의 신약에 이르렀다. 우리는 대부분 신약의 교훈에 더 친숙하다. 하지만 구약을 이해해야 신약이 말하고자 하는 바를 더 정확히 알 수 있다. 궁극적으로 신약은 예수 그리스도에 대한 이야기다. 그리스도라는 용어는 성(姓)이 아니라 직함이다. 이 단어는 사실 '메시야' 내지는 '기름부음 받은 자'라는 히브리 단어에 대한 헬라어 번역이다. 예수님은 역사의 전면에 등장하실 때 이스라엘의 기름부음 받은 왕으로 오셨다. 예수님의 역할은 하나님의 절대적 통치를 그분의 땅과 백성에게 중재하는 것이었다. 여기서 우리가 해야 할 역할이 있지만 먼저 하나님 나라가 오랜 역사라는 점을 알아 두자.

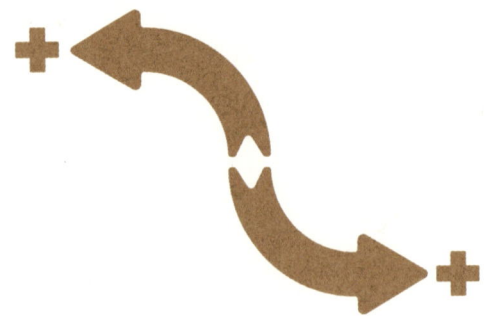

chapter **9**

제자, 심판 너머를 사모하다

포로 : 불순종의 뼈아픈 대가

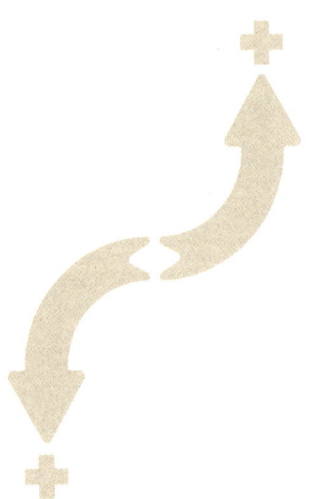

반복해서 하나님은 그 백성을 향한 당신의 약속을 신실하게 지키셨다. 아브라함의 자손들이 큰 나라를 이루도록 번성케 하셨고, 이스라엘 백성을 가나안 땅에 심으셨고, 다윗의 왕가를 세워 주셨다. 하지만 하나님은 또한 그들이 불순종하면, 이방에 정복 당하고 고토에서 끌려가 포로가 될 것이라고 경고하셨다.

구약을 읽으면 이스라엘의 반복되는 불순종에 혀를 차게 된다. 모세가 광야에서 이스라엘 백성을 인도하는 동안 그들은 끊임없이 불평했다. 모세가 시내 산에 올라가 하나님으로부터 율법을 받을 때 그들은 금 신상을 만들고 그 앞에 절했다. 하나님이 그들을 가나안 땅에 세우시자 하나님께 등을 돌리고 우상숭배 하기에 급급했다. 우상숭배는 이스라엘 전 역사에서 끊이지 않는다. 개혁의 시기도 있었지만 이스라엘은 하나님을 거부하는 것이 습관인 것 같았다. 하나님은 우상숭배 하는 그들을 인내로 다루셨지만 그분의 공의를 영원히 유보하고 있을 수는 없었다.

불순종에 대한 저주

모세와 언약을 맺으실 때 하나님은 율법을 주셔서 하나님의 백성에게 요구되는 것이 무엇인지 정확하게 보여 주셨다. 그들이 율법에 순종하면 복을 받고 가나안 땅에서 평화롭고 안전하게 살 것이라고 약속하셨다. 그러나 불순종하면 하나님의 심판을 겪을 것이라고 약속하셨다. 다른 나라에 포로로 잡혀 갈 것이라는 뜻이었다.

포로 됨의 약속

신명기 28장에 열거된 심판의 목록들은 모두 두렵다. 이스라엘은 하나님과 특별한 관계를 맺은 백성이다. 그들은 하나님으로부터 특별한 은총을 받은 것으로 유명하다. 따라서 하나님의 복이 아니라 심판을 겪어야 한다는 개념은 충격적이었다. 농업이 실패하고 군사들이 패배하는 것으로도 충분히 힘든데, 다른 나라에 포로가 되는 것은 훨씬 더 충격적인 심판이었다. 하나님으로부터 이런 음성을 듣는다면 얼마나 두렵겠는가 상상해 보라.

여호와께서 너와 네가 세울 네 임금을 너와 네 조상들이 알지 못하던 나라로 끌어가시리니 네가 거기서 목석으로 만든 다른 신들을 섬길 것이며 … 네가 모든 것이 풍족하여도 기쁨과 즐거운 마음으로 네 하나님 여호와를 섬기지 아니함으로 말미암아 네가 주리고 목마르고 헐벗고 모든 것이 부족한 중에서 여호와께서 보내사 너를 치게 하실 적군을 섬기게 될 것이니 그가 철 멍에를 네 목에 메워 마침내 너를 멸할 것이라(신 28:36; 47-48).

이스라엘이 하나님을 섬기지 아니하면 원수들을 섬기게 될 것이다. 새긴 우상 앞에 절하고 목석 더미를 향해 자신들을 구원해 달라고 부르짖을 것이다. 하나님이 이 말씀을 하셨을 때는 단지 경고였을 뿐임을 주목하라. 이때 이스라엘은 아직 약속의 땅에 들어가지도 않았었다. 그러나 이스라엘의 불순종은 불가피한 것이었다. 따라서 사실 놀랄 만한 일은, 하나님이 이스라엘을 벌하시기 전에 어떻게 그리 오래 기다리셨는가 하는 것뿐이다.

분열되고 무너진 왕국

앞서 말했듯이, 여호수아서는 이스라엘이 가나안 땅을 차지하는 것을 보여 주고, 사사기는 그들이 가나안 땅에 안주한 뒤 불신앙과 우상숭배에 빠진 것을 기록하고 있다. 또한 다윗이 이스라엘 왕이 될 것과 하나님이 그의 집안을 왕가로 만드시겠다고 약속하신 것도 보았다. 그러나 다윗의 왕권 이후 1세대가 지나자 이스라엘은 권력 투쟁에 빠져 북이스라엘과 남유다 왕국으로 분열되기에 이른다.

이스라엘은 이 분열에서 다시는 회복되지 못했다. 북왕국(이스라엘)은 거의 불경건의 극치를 달렸다. 그들은 불경건한 왕들을 좇아

거의 모든 행태의 죄악을 저질렀다. 남왕국(유다)은 선한 왕들도 몇몇 있었지만 전체적으로 그들도 불경건과 우상숭배라는 동일한 패턴을 따라갔다. 기원전 722년 이스라엘의 북왕국이 앗수르에게 정복당했다. 남왕국은 북이스라엘의 실수에서 배웠어야 했다. 하나님이 100년 이상 남유다를 붙들고 계셨지만 마침내 그들도 동일한 결과를 맞이했다. 기원전 597년 남유다는 바벨론에 멸망당해 포로로 끌려갔다.

이스라엘에 대한 하나님의 심판은 그들의 악행을 생각하면 전적으로 합당했다. 하지만 결코 하나님의 의도가 아님을 인지해야 한다. 다시 말해, 하나님은 그 백성을 포로로 보내기 원치 않으셨다. 하나님이 그 백성들로 인해 어떻게 탄식하시는지 들어 보라.

> 에브라임이여, 내가 어찌 너를 놓겠느냐. 이스라엘이여, 내가 어찌 너를 버리겠느냐. 내가 어찌 너를 아드마 같이 놓겠느냐. 어찌 너를 스보임 같이 두겠느냐. 내 마음이 내 속에서 돌이키어 나의 긍휼이 온전히 불붙듯 하도다(호 11:8).

하나님은 이스라엘 민족이 포로로 끌려가는 것을 싫어하셨다. 이스라엘 역사만 봐도 하나님이 얼마나 인내로 움직이시며 심판의 방향으로 가지 않으려 애쓰셨는지 알 수 있다. 하나님은 꾸준히 선지자들을 보내서 그 백성을 경고하셨지만 그들은 청종하려 하지 않았다. 마침내 이스라엘은 스스로 포로 됨을 선택했고 하나님은 불순종으로 인해 이스라엘을 벌하시겠다는 약속을 지키셨다.

포로로 잡혀 간 이스라엘

포로가 되면서 이스라엘의 미래는 불확실해졌다. 하지만 하나님은 여전히 일하고 계셨다. 하나님은 여전히 선지자들을 통해 포로 된 백성에게 말씀하셨다. 하나님은 여전히 포로된 백성에게 회개를 촉구하셨고 미래를 약속하셨다. 어떻게 이 지경에 이르러서도 이 백성을 어전히 사랑하고 찾으실 수 있단 말인가? 그들은 하나님을 사랑하지 않았다. 그들이 하나님을 떠나 자신들을 신뢰한 것은 오래된 일이었다. 그들은 하나님께 진노와 심판을 받아 마땅했다. 그러나 하나님은 그들을 완전히 멸망시키지 않으셨다. 왜 그러셨을까?

하나님이 이스라엘을 멸망시킨다면 심각한 문제였다. 하나님의 구원 목적이 이스라엘 민족 안에 감춰져 있었기 때문이다. 그들은 주의 백성이었다. 주께서 그들을 창조하셨고 소유 삼으셨고 이 독특한 민족 집단을 통해 세상을 회복하겠다는 계획을 펼쳐 오셨다. 이스라엘은 하나님의 백성으로 알려져 있었다. 이스라엘이 이방에 정복당해 포로 되었을 때 열방은 하나님이 이스라엘에게 승리를 주실 만큼 강하지 못하기 때문이라고 생각했다. 하나님의 설명을 들어 보라.

그들을 그 행위대로 심판하여 각국에 흩으며 여러 나라에 헤쳤더니 그들이 이른바 그 여러 나라에서 내 거룩한 이름이 그들로 말미암아 더러워졌나니 곧 사람들이 그들을 가리켜 이르기를 이들은 여호와의 백성이라도 여호와의 땅에서 떠난 자라 하였음이라. 그러나

이스라엘 족속이 들어간 그 여러 나라에서 더럽힌 내 거룩한 이름
을 내가 아꼈노라(겔 36:19-21).

하나님은 이스라엘이 벌을 받아 마땅하다고 분명히 선언하신다.
그러면서도 그 백성을 포기하지 않는 궁극적인 이유 또한 말씀하신다.
그분의 영광스런 이름 때문에 그들을 보전하시려 하는 것이었다.

새 언약

이스라엘이 포로 되어 있는 동안 하나님은 에스겔 36장을 비롯한
여러 본문에서 이스라엘에게 약속을 주셨다. 그들을 약속의 땅에 돌
아오게 하시겠다고 보장하셨다. 주님은 다시 한 번 그들의 하나님이
되실 것이고 그들은 다시금 그의 백성이 될 것이다. 여러 모로 하나
님은 아브라함, 모세, 다윗과 맺으신 언약들을 재확인시켜 주셨다.
이스라엘의 포로 생활은 영원히 지속되지 않을 것이었다.

에스라서와 느헤미야서는 이스라엘을 예루살렘에 돌려보내서 성
벽과 성전을 재건케 하시겠다는 하나님의 놀라운 섭리를 기록하고
있다. 성벽도 성전도 다 무너져 있기 때문이었다. 그래도 여전히 부
족한 것이 있었다. 적은 숫자의 이스라엘 백성이 예루살렘으로 돌아
왔고, 재건된 성전은 솔로몬이 세웠던 성전의 위용과는 비교조차 할
수 없었고, 하나님의 영광은 성전에 돌아오지 않았으며, 더군다나 하
나님의 나라도 이스라엘에 회복되지 않은 상태였다. 하나님의 백성

은 뭔가 더 있어야 함을 알았다. 그리고 실제로 뭔가 더 있었다.

하나님은 에스겔 36장 25-27절에서 이스라엘에게 큰 약속을 하셨고 절박한 이 민족에게 희망을 되살려 주셨다. 이스라엘은 우상숭배로 더럽혀졌지만 하나님은 그들을 정결케 하시겠다고 약속하셨다. 이스라엘이 하나님을 사랑할 수 없는 돌 같은 마음이 되어 버렸지만 하나님은 그런 돌 같은 마음을 제하시고 살로 채워진 살아 있는 마음을 주시겠다고 약속하셨다. 이스라엘이 하나님 명령에 순종할 능력이 없음은 자명해졌지만 하나님은 그의 영을 그들 안에 두셔서 그들이 주의 명령을 따를 수 있도록 해 주시겠다고 약속하셨다.

이 약속을 보건데, 그 백성을 향한 하나님의 계획은 단순히 포로로부터 귀환시켜 주는 것 이상이었다. 하나님은 그 백성을 재창조하고자 하셨다. 그들은 완전히 새로워질 것이다. 앞 장에서 말했듯이, 하나님은 다윗의 왕가가 계속해서 이어질 것이라고 약속하셨다. 선지자들은 하나님의 완벽한 통치를 실현할 왕이 올 것이라고 믿고 가르쳤다. 이 왕은 다윗의 자손 중에 나올 것이며 종종 다윗이라는 이름으로 불리기조차 했다. 그의 백성을 회복하고 재창조하겠다는 약속을 하신 직후 하나님은 에스겔에게 앞으로 올 이 왕은 그 백성과 영원한 새 언약을 세울 것이라고 계시하셨다.

내 종 다윗이 그들의 왕이 되리니 그들 모두에게 한 목자가 있을 것이라. 그들이 내 규례를 준수하고 내 율례를 지켜 행하며 내가 내 종 야곱에게 준 땅 곧 그의 조상들이 거주하던 땅에 그들이 거주하되 그들과 그들의 자자손손이 영원히 거기에 거주할 것이요 내 종 다윗이 영원히 그들의 왕이 되리라. 내가 그들과 화평의 언약을 세워서 영원한 언약이 되게 하고(겔 37:24-26).

새 언약에 대한 약속은 피할 수 없는 한 가지 질문을 가져온다. 옛 언약에 무엇이 문제인가? 답은 간단하다. 죄다. 이스라엘 백성은 죄된 마음 때문에 계속해서 하나님과 맺은 언약들을 어겨 왔다. 역사의 상당 기간 동안 이스라엘은 우상숭배와 부도덕에 빠졌다. 슬프게도 그들에게는 이런 상황에서 벗어날 능력이 없었다. 수백 번도 더 선지자들이 그 백성에게 회개를 촉구했음에도 불구하고 그들은 변함없이 반역했다. 그러던 그들이 완전히 변화된다는 것이다.

예레미야가 이 새 언약을 묘사한 내용을 보라.

여호와의 말씀이니라. 보라, 날이 이르리니 내가 이스라엘 집과 유다 집에 새 언약을 맺으리라. 이 언약은 내가 그들의 조상들의 손을 잡고 애굽 땅에서 인도하여 내던 날에 맺은 것과 같지 아니할 것은 내가 그들의 남편이 되었어도 그들이 내 언약을 깨뜨렸음이라. 여호와의 말씀이니라. 그러나 그날 후에 내가 이스라엘 집과 맺을 언약은 이러하니 곧 내가 나의 법을 그들의 속에 두며 그들의 마음에 기록하여 나는 그들의 하나님이 되고 그들은 내 백성이 될 것이라. 여호와의 말씀이니라. 그들이 다시는 각기 이웃과 형제를 가리켜 이르기를 너는 여호와를 알라 하지 아니하리니 이는 작은 자로부터 큰 자까지 다 나를 알기 때문이라. 내가 그들의 악행을 사하고 다시는 그 죄를 기억하지 아니하리라. 여호와의 말씀이니라(렘 31:31-34).

새 언약은 옛 언약과 중요한 차이점을 갖고 있다. 옛 언약에서 율법은 돌 위에 쓰여 있었다. 그러나 새 언약에서 율법은 사람 마음에 새겨질 것이다. 새 언약 아래에서는 하나님의 백성이 더 이상 거짓 종교에 사로잡히지 않을 것이며 영적 변화를 경험할 것이다. 영적으로 살아나게 되는 것이다. 이제 더 이상 언약을 맺을 수 있는 조건으로 순종이 요구되지 않고, 새 언약을 통해 하나님의 백성이 경험할 약속으로 순종이 제시되는 것이다.

옛 언약 아래에서는 하나님의 백성이 흠이 많은 인간들(제사장들)의 중재를 통해 하나님과 접촉할 수 있었다. 이 죄 많은 인간들은 계속적으로 희생을 올려드려야 했고 하나님은 인내로 그들의 죄를 넘어가 주셔야 했다. 하지만 새 언약 아래에서는 하나님의 백성이 흠 없는 분 예수 그리스도의 중재를 통해 직접 하나님을 대면하게 되었다. 이 흠 없는 분이 자신을 단번에 희생의 제물로 드리셨기 때문이다. 예수님의 희생은 죄를 넘어가 주시는 게 아니다. 주님은 죗값을 치르고 완전히 죄를 도말하셨다.

구약을 읽다 보면 이스라엘의 반복되는 반역에 진절머리가 난다. 어느 정도 구약은 우리 죄가 얼마나 무지하고 파괴적인지를 보여 줄 의도도 있을 것이다. 그렇지만 이스라엘 백성을 너무 비판하지 않도록 주의해야 한다. 실제로 그들의 문제가 곧 우리의 문제이기 때문이다. 그들의 고집스런 불순종에 열중하느라 정작 우리 자신의 불순종을 간과하지 않도록 조심해야 한다. 사실 예레미야는 이스라엘의 죄를 보편적인 개념으로 설명했다. "만물보다 거짓되고 심히 부패한 것은 마음이라. 누가 능히 이를 알리요마는"(렘 17:9).

우리는 모두 동일한 문제를 겪는다. 죄는 외적 요소가 결코 아니다. 죄는 모든 인간 마음 안에 침투한다. 이스라엘의 죄는 바로 우리의 죄다. 우리 모두가 본성상 언약 파괴자들이며 순종 불능자들이다. 우리도 이스라엘이 겪었던 동일한 문제를 겪었기 때문에 새 언약은 우리에게도 복된 소식이다. 이제 우리는 하나님의 재창조의 유익, 완전히 속으로부터 새로워지는 변화를 누릴 수 있다.

새 언약은 하나님이 아브라함, 모세, 다윗과 맺으신 옛 언약의 핵심 요소들을 포함한다. 첫째, 여전히 하나님과 그 백성을 중심으로 한다. 이 중요한 구절을 기억하라. "나는 그들의 하나님이 되고 그들은 내 백성이 될 것이다." 둘째, 여전히 이스라엘의 회복을 약속한다. 다만 새 언약에는 지상의 모든 나라들에 대한 희망과 치유의 약속도 포함된다(사 42:6; 49:6; 55:3-5; 56:4-8; 66:18-24을 보라). 하나님의 구원 계획은 언제나 모든 피조물을 구원하시려는 것이었다. 다만 이스라엘이 이 소명을 상실했을 뿐이다. 새 언약은 유대인과 이방인 모두를 부르고 있다. 아담과 하와가 하나님께 반역하자, 온 세상은 죄의 파괴적인 힘 아래 굴복했다. 그러나 이제 새 언약을 통해 모든 피조세계는 구속하시고 회복하시는 하나님의 능력을 체험할 것이다.

예수의 피와 새 언약

구약이 종결되는 시점에도 이스라엘의 미래는 여전히 불투명했다. 그러나 우리에게는 두 가지 중요한 약속이 주어졌다. 첫째, 하나님은 다윗의 가문에서 왕이신 메시아를 보낼 것이다. 둘째, 하나님은 주의 백성과 새 언약을 맺으셔서 백성을 재창조하시고 하나님의 통치에 순종할 수 있는 능력을 주실 것이다. 탄생하시는 순간부터 예수님은 자신이 하나님이 보내신 메시아라는 사실을 증명하셨다. 또한 사역을 통해 이스라엘의 참 왕이심을 증명하셨다. 또한 십자가에 달리시기 전, 제자들을 모아놓고 유월절을 기념하셨다. 기억하는가? 유월절은 자기 백성을 노예 생활에서 해방하신 하나님의 구원을 기뻐하던 절기다. 또한 출애굽 사건 직후에 하나님은 모세와 이스라엘과 더불어 언약을 맺으셨다. 예수님은 제자들과 유월절을 기념하시면서 빵을 떼고 잔을 돌리시며 그들에게 말씀하시기를 이것은 십자가에 달리실 그분의 몸이며 십자가에서 흘리실 그분의 피를 의미한다고 말씀하셨다. 매우 의미심장하게 예수님은 잔을 들고 말씀하셨다.

> 이 잔은 내 피로 세우는 새 언약이니 곧 너희를 위하여 붓는 것이라 (눅 22:20).

예수님과 함께 새 언약이 임하였다. 이제 이 새 언약의 아름다움은 신약을 공부하면서 더 논의하도록 하자.

multiply

part 5

신약 27권,

왕으로 오셔서
제자 됨을 이루시다

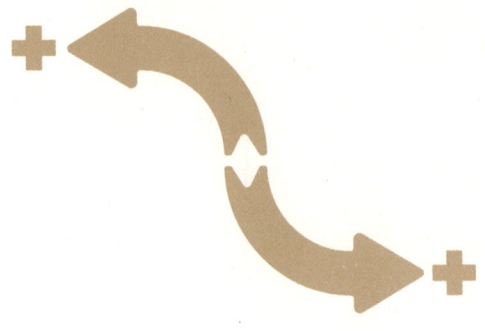

chapter **1**

제자, 참된 메시아를 만나다

예수 : 하나님이 보내신 세상의 구주

아담과 하와가 범죄한 순간부터 하나님은 구원 계획을 시행하기 시작하셨다. 이스라엘의 거듭되는 실패에도 하나님의 계획은 흔들림이 없었다. 구약 마지막 장에서 본 것처럼, 하나님은 이스라엘에게 두 가지 중요한 약속을 주셨다. 첫째, 하나님은 다윗의 가문에서 왕이신 메시아를 보낼 것이다. 둘째, 하나님은 주의 백성과 새 언약을 맺으셔서 그들을 재창조하시고 그들에게 하나님의 통치에 순종할 수 있는 능력을 주실 것이다.

하나님의 계획은 실패할 수 없다. 그러나 이스라엘 백성은 의심이 들지 않을 수 없었다. 구약이 끝나는 시점에서, 이스라엘 백성은 여전히 흩어져 있었기 때문이다. 자신들의 정체성을 형성하던 것들로부터 분리되어 있었다. 약속의 땅에서도 쫓겨났고 성전에서도 멀어졌다. 그리고 성전은 그 뒤 파괴되었다. 이스라엘은 이렇게 해결하지 못한 문제들을 안고 있었다. 이스라엘 백성이 성전에서 예배할 수 없고 죄를 대속하기 위해 희생을 드릴 수 없는데 어떻게 하나님의 백성이 될 수 있는가?

그러나 마침내 수많은 이스라엘 백성이 약속의 땅으로 귀환했다. 물론 동시에 이뤄진 것은 아니었다. 로마 제국이 그 땅을 다스렸고 이스라엘 사람들에게는 어느 정도 자유가 보장되었다. 더욱이 헤롯은 새 성전을 짓고 이스라엘 백성들이 그곳에서 예배하고 희생을 드릴 수 있게 해 주었다. 하지만 여전히 로마의 통치 아래 있었기에 독립된 나라라고 보기 어려웠다.

많은 유대인들은 여전히 하나님이 나라를 회복하실 것이라고 믿었다. 하지만 어떻게 회복하실지에 대해서는 생각이 분열되어 있었다. 그래서 기대하는 방향에 따라 다양한 그룹을 형성했다. 바리새인들은 율법에 대한 철저한 순종이 메시아의 도래를 가져오고 이방인들을 권좌에서 물러나게 할 것이라고 믿었다. 사두개인들은 로마인들과 연대해서 스스로 지위를 얻고 성전을 조종하고자 했다. 열심당원들은 전사로 오셔서 이방인들을 쳐부수는 혁명적인 메시아를 소망했다. 에세네파는 예루살렘 내부가 로마인들과 불경건한 이스라엘 사람들로 인해 너무 부패했기 때문에 광야로 들어가면 철저한 고독 가운데 하나님을 기쁘시게 할 수 있다고 믿었다. 전체적으로 볼 때 상황은 혼란스러웠고 때로는 절망적이었다.

이렇게 여러 가지 희망 사항과 이데올로기가 뒤섞여서 충돌할 때, 예수님이 베들레헴 작은 마을에 태어나셨다. 나사렛이라는 작은 마을 출신의 겸손한 유대인 부모에게서 태어났는데, 부모 모두 다윗의 자손들이었다. 구약과 신약은 분명하게 연결된다. 구약의 마지막 두 구절은 이렇게 말한다.

보라. 여호와의 크고 두려운 날이 이르기 전에 내가 선지자 엘리야를 너희에게 보내리니 그가 아버지의 마음을 자녀에게로 돌이키게 하고 자녀들의 마음을 그들의 아버지에게로 돌이키게 하리라. 돌이키지 아니하면 두렵건대 내가 와서 저주로 그 땅을 칠까 하노라 하시니라(말 4:5-6).

신약의 시작과 중심

신약의 이야기는 하나님을 경외하는 나이 많은 제사장 사가랴를 선택한다. 그가 성전에서 향을 피우고 있을 때 천사가 나타나 그의 아내가 아들을 낳을 것이며 장차 이런 사람이 될 것이라고 고지한다.

이스라엘 자손을 주 곧 그들의 하나님께로 많이 돌아오게 하겠음이라. 그가 또 엘리야의 심령과 능력으로 주 앞에 먼저 와서 아버지의 마음을 자식에게, 거스르는 자를 의인의 슬기에 돌아오게 하고 주를 위하여 세운 백성을 준비하리라(눅1:16-17).

"엘리야의 심령과 능력으로" 온 선지자가 바로 세례 요한이다. 그는 예수님의 오실 길을 예비했다. 이는 신약 전체가 집중하는 바다. 신약은 예수님의 삶과 가르침과 사역과 죽음과 부활을 증거한다. 그래서 우리가 그분과 화해하지 않을 수 없게 만든다. 등장하신 순간부터 주님은 전혀 다른 분이라는 것이 분명했다. 그분의 행함과 가르침과 사역은 그분을 마주친 모든 사람에게 충격 그 자체였다. 하지만 이야기를 더 진전시키기 전에 예수님의 초기 사역을 알아보도록 하자.

메시아 예수

한 번은 제자들에게 예수님이 "너희는 나를 누구라 하느냐"(마 16:15)라고 물으셨다. 베드로가 대답했다. "주는 그리스도시요 살아 계신 하나님의 아들이시니이다"(마 16:16).

우리에게 '그리스도'라는 단어가 너무 익숙해서 눈에 띄지 않을 수도 있다. 그러나 이 단어는 베드로에게 중요했다.

이스라엘은 다윗의 계보에서 오는 왕, 메시아를 기다리고 있었다. 예수님이 '그리스도'라고 언급된 것은 메시아와 동일시되고 있다는 뜻이다. '그리스도'는 히브리어 메시아의 헬라어 직역이기 때문이다. 즉 예수님을 그리스도라 부르는 것은 그가 약속된 메시아시며 그를 통해 하나님이 구원 계획을 완성하신다는 엄청난 고백이다.

인간의 죄에 대한 하나님의 궁극적인 해법이 여기에 있다. 바울은 이 순간을 "'때가 차매"(갈 4:4)라고 표현하며 인류 역사가 정점에 이르렀다고 말한다! 예수님이 메시아라는 주장은 너무 중요하기 때문에 요한 사도는 요한복음에서 이 점을 증명하고자 했다.

> 오직 이것을 기록함은 너희로 예수께서 하나님의 아들 그리스도이심을 믿게 하려 함이요, 또 너희로 믿고 그 이름을 힘입어 생명을 얻게 하려 함이니라(요 20:31).

사람이지만 사람 이상이신 분

예수님이 이스라엘 땅을 돌아다니시기 시작하자 일대 소동이 일어났다. 어떤 사람이 시각장애인의 눈을 고쳐 주고 병든 사람의 병을 낫게 해 주고 죽은 사람을 일으킨다는 소문을 듣는다고 생각해 보라. 얼마나 신기하겠는가! 한평생 완전한 어두움에서 살았던 사람들이 예수님을 만났고 갑자기 보게 되었다. 장애나 질병에서 신음하던 사람들이 갑자기 온전해졌다. 가족의 죽음에 통곡하던 사람들이 다시 살아난 아들이나 딸을 품에 안고 믿을 수 없어 흐느꼈다. 그러니 예수님이 가시는 곳마다 사람들이 구름같이 몰려들었다.

예수님의 생애에서 초자연적인 요소들에 집중하기 전에 먼저 분명한 사실 하나를 인정하는 게 중요하다. 예수님은 진정한 사람이셨다는 것이다. 신약은 예수님이 완전한 사람이었음을 말해 준다. 마태복음과 누가복음은 예수님의 족보를 기록함으로 이를 입증한다. 마태는 예수님의 족보를 다윗과 아브라함까지 거슬러 올라가고 누가는 첫 번째 사람인 아담까지 거슬러 올라간다.

또한 예수님 스스로 사람이심을 보여 주셨다. 예수님은 주리셨다(마 4:2). 예수님은 피곤하셨다(요 4:6). 예수님은 눈물을 흘리셨다(요 11:35). 가장 가시적인 증거는 십자가상에서 겪으신 처절하고 고통스러운 죽음이었다. 예수님의 통증은 실제였고 예수님의 고통은 사실이었다. 가시면류관이 머리를 짓눌렀고 진짜 피가 흘러내렸다. 채찍질을 당하고 손에 대못들이 박히는 고통을 겪으셨다. 우리라면 기절했을 만한 고통이었다. 예수님은 우리와 똑같은 사람이셨다.

하지만 이미 말한 것처럼 동일하게 강조하는 것이 있다. 예수 그리스도는 단지 사람이 아니셨다는 사실이다. 이 부분이 기독교와 여타 세상의 종교들을 구별하는 가르침 중 하나다. 신약 저자들은 나사렛 예수를 온전한 하나님이셨다고 강조한다. 마태와 누가는 예수님의 초기 족보를 기록하는 반면, 요한복음은 예수님의 존재가 인간으로 태어났을 때 시작된 것이 아니라고 설명한다. 예수님은 영원하시다. 예수님은 항상 존재해 오셨다. 요한은 예수님이 태초부터(창조 이전부터) 하나님과 함께 계셨으며 그가 하나님이시라고 말한다(요 1:1-3). 이 말은 예수님이 창조 과정에 온전히 동참하셨다는 뜻이기도 하다(요 1:3). 또한 지상에 오시기 전, 아버지 하나님[4]과 완벽한 교제 가운데 거하셨다는 뜻이기도 하다.

다른 복음서 기자들 또한 예수님의 신성을 증거한다. 마태와 누가는 예수님이 성령으로 잉태되었다고 말한다. 마태의 증언에 따르면, 예수님은 태풍을 잠잠케 하셨다(마 8:26). 마가의 기록에 의하면, 예수님은 죄를 용서하셨다(막 2장). 누가복음을 보면, 예수님은 역사의 종말을 포함해서 미래의 사건들을 알고 계셨다(눅 21장). 이런 예들은 수없이 많다. 요점은 분명하다. 예수님은 육신이 되신 하나님이시다(요 1:14). 예수 그리스도는 단지 위대한 스승이나 하나님의 선지자가 아니었다. 예수님은 하늘 아버지께 죄 없이 순종하며 사실 수 있는 유일한 인간이셨다. 예수님은 유일무이한 하나님의 아들이시며, 완전한 사람이자 완전한 하나님이시다. 이 진리는 우리에게 예수님은 결코 우리가 가볍게 대할 수 없는 분임을 알려 준다. 이제 예수님께 어떻게 반응하는가가 가장 중요한 문제다.

하나님의 계획 완성

많은 사람들이 예수님의 가르침을 들었고, 불가해한 기적들을 보았고, 예수님이야말로 하나님이 보내신 분이라는 사실을 이해했다. 하지만 소위 이스라엘의 종교 전문가들이라 불리는 많은 사람들은 예수님을 반대했다. 이스라엘의 종교 집단들(사두개인들, 바리새인들, 서기관들 등)은 단호하게 예수님의 메시아이심을 부인했다. 반대한 가장 큰 이유는 예수님의 인기는 올라가는데 그들의 인기는 하락했기 때문이다. 예수님을 거부한 유대인 지도자들은 예수님이 진정으로 누구신지 알아보는 영적인 눈이 없었다. 그러나 1세기 종교 지도자들을 과도하게 비판하기 이전에, 우리 자신의 죄와 무지가 얼마나 자주 예수님이 누구신지 인식하지 못하도록 방해하는지 돌아봐야 한다. 성경을 계속 공부하면서, 예수님이 우리 마음을 열어 주사 정말 그분이 누구신지 알게 해 달라고 간구하라. 예수님은 분명히 스스로를 하나님께서 구약에 주신 약속들을 성취할 분으로 알고 계셨다. 예수님은 이렇게 말씀하셨다.

내가 너희와 함께 있을 때에 너희에게 말한 바 곧 모세의 율법과 선지자의 글과 시편에 나를 가리켜 기록된 모든 것이 이루어져야 하리라 한 말이 이것이라(눅 24:44).

무슨 뜻인지 알겠는가? 모세의 율법과 선지서들과 시편(이 세 가지 범주를 합치면 일반적으로 구약 성경 전체를 지칭하는 것이다)이 모두 예수님에 대해 말하고 있다. 예수님은 말씀하기를, 구약 저자들이 하나님의 구원 계획에 대해 썼고 하나님이 그 백성들에게 약속하신 희망에 대해 썼는데, 그게 바로 예수님에 대해 쓴 것이라고 하셨다!

많은 부분 미묘하지만 구약은 예수님에 대한 언급으로 가득하다. 아담과 하와가 죄를 지었을 때 하나님은 하와에게 사탄('뱀')이 여자의 후손의 뒤꿈치를 상하게 할 것이나 여자의 후손은 사탄의 머리를 상하게 할 것이라고 하셨다. 성경 초반에 등장한 이 약속은 예수님 안에서 완성되었다. 예수님이 십자가 위에서 사탄에게 승리하셨기 때문이다(골 2:15, 롬 16:20을 보라). 하나님이 아브라함에게 모든 족속이 아브라함과 그 자손들을 통해 복을 받을 것이라 약속하셨는데, 이는 예수님과 예수님이 완성하실 것에 대한 언급이었다(갈 3:8). 하나님이 모세와 이스라엘과 언약을 맺으시고 율법을 주셨을 때도, 율법에 관한 모든 것은 궁극적으로 예수님 안에서 완성을 기다리고 있었다(마 5:17). 하나님이 이스라엘에게 장막과 성전을 그분의 임재를 위한 지상의 처소로 주셨을 때, 사람과 거주하시는 하나님이라는 그림은 예수님 안에서 실제로 구현될 것이었다(요 1:14). 하나님이 다윗에게 그의 보좌가 영원히 설 것이라고 약속하셨을 때, 하나님은 궁극적으로 예수님의 오심을 내다보고 계셨다(빌 2:9-11, 계 17:14).

신약을 통독할 때 주의를 기울이라. 신약 저자들은 구약의 예언들을 인용할 때 많은 경우, 예수님의 탄생과 사역과 죽음과 부활에서 일어날 일의 완성으로 설명하기 때문이다.

하나님의 나라

사도 요한과 예수님이 외치신 한 가지 중요한 메시지는 하나님의 나라가 왔다는 것이었다.

구약에서는 하나님이 장차 그의 나라를 세우실 것이라는 기대감이 있었다. 그런 기대감에는 주님의 백성을 구원하고 복 주실 것과 이스라엘의 대적을 멸하실 것에 대한 기대감이 내포되어 있었다. 이런 구약 시대 기대감은 예수님이 사역 초기에 하신 선언에 무게감을 더해 준다.

> 때가 찼고 하나님의 나라가 가까이 왔으니 회개하고 복음을 믿으라
> (막 1:15).

많은 유대인들은 하나님 나라가 어느 순간 세워질 것으로 기대했다. 예수님은 지금이 그때라고 주장하셨다. 예수님의 생애 가운데 나타난 성령의 능력이야말로 하나님의 통치가 임했다는 증거였다. 하나님 나라의 권세가 분명하게 드러난 것은, 예수님이 귀신들을 쫓아내시고 병자를 치유하시고 자연을 다스리시고 심지어는 죽은 자를

일으키셨기 때문이다(요 11:1-46)! 게다가 그분의 가르침은 전무후무한 것이었고 그 말씀을 듣는 자마다 그의 지혜에 놀랄 수밖에 없었다.

이런 맥락을 이해하면, 예수님의 생애와 가르침을 그저 도덕적인 교훈을 위한 근거 정도로 볼 수 없다. 예수님은 세상에 애매하게 평화라는 개념을 세우러 오신 게 아니라 창조 세계에 하나님의 통치를 재건하러 오신 것이었다. 하나님 나라가 예수님의 사역에 분명히 임했지만 예수님은 더 나아가 장래에 다가올 하나님 나라의 온전한 구현을 말씀하셨다. 주기도문에서(마 6:9-13) 예수님은 하나님 나라가 임하기를 기도하고 아버지의 뜻이 땅에서도 이뤄지기를 기도하라고 가르치셨다.

언젠가 하나님만이 아시는 때에 예수 그리스도가 재림하셔서 주의 백성을 구원하고 주를 부인하는 자들을 심판하실 것이다. 물론 아직 예수님께 순종하지 않은 사람들을 생각하면 가슴 아픈 사실이다. 그러나 하나님 나라는 그 나라에 들어오고자 하는 모든 이에게 열려 있다. 또한 예수님은 우리를 대사로 보내셔서 잃은 자들을 부르시고 그들이 하나님과 화해하도록 하신다(고후 5:20). 이제 그리스도의 제자들에게, 장차 올 하나님 나라는 간절히 고대하는 소망의 전부다! 복음서에서 예수님이 사역하실 때 다스린 권세들, 즉 창조 세계를 괴롭히는 사탄과 질병, 죽음, 저주는 마침내 영원히 정복될 것이다. 믿는 자들은 그들의 왕 그리스도와 함께 완전한 구원을 노래할 것이다.

죽음을 통한 생명

예수님은 여러 면에서 중요한 의미를 가지신 분이다. 복음서를 읽다 보면 예수님의 능력과 긍휼과 지혜 등 많은 부분에 놀란다. 그러나 놀랍고도 중요한 사실은 예수님이 죄수로 처형되었다는 것이다. 유대인들은 이 한 가지 중요한 이유 때문에 예수님을 약속된 메시아라고 믿기 어려워했다.

이스라엘 역사에는 대적을 멸하던 왕들과 사사들이 많다. 더불어 메시아에 대한 예언들은 승리의 왕을 묘사하기까지 한다. 그러므로 예수님이 자신이 죽을 것이라고 말하자 모든 것이 혼란스러워질 수밖에 없었다. 예수님이 죽고 나면 자칭 메시아인 예수에 대해 어떻게 생각해야 할지 그들은 깜깜했다. 예수님은 자신이 "많은 고난을" 받고 죽임을 당할 것이라고 말씀하셨다(막 8:31-33). (또한 예수님은 자신의 부활도 예언하셨다.) 베드로는 이런 사건들이 어떻게 예수님의 사명과 부합되는지 이해할 수 없었기에 스승님을 책망하고 다른 길을 제시하는 대답을 했다. 십자가에서 죽는 승리의 왕이 납득이 가는가?

그러나 모든 복음서는 예수님의 죽음을 예수님이 가진 사명의 핵심으로 묘사한다. 누가는 예수님이 죽으러 예루살렘에 가시는 여정을 거의 열 장에 걸쳐서 다룬다(눅 9:51-19:27).

예수님이 태어나기 전 한 천사가 선언했다. 예수님은 "자기 백성을 그들의 죄에서 구원"하실 것이다(마 1:21). 세례 요한은 예수님을 "세상 죄를 지고 가는 하나님의 어린 양"이라고 말했다(요 1:29). 에덴동산에서 아담이 불순종한 이후로 죄의 문제는 인간과 하나님의 관계를 위협해 왔다. 하나님의 백성이 하나님과 바른 관계를 맺기 위해서 죄는 대속되어야만 했다. 구약에서 하나님의 백성들이 드렸던 모든 희생은 예수님이 십자가 위에서 드린 바로 그 희생을 예표하는 것이었다(히 9-10장). 예수님은 진정한 유월절 어린 양이셨다(고전 5:7). 예수님이 자신을 희생하심으로 비로소 우리가 살게 되었다.

앞서 구약을 설명하는 마지막 장에서 새 언약의 약속에 대해 살폈다. 예수님의 죽음을 통해 이 언약이 세워질 것이라는 점도 보았다. 따라서 예수님의 죽음을 논할 때, 그 죽음과 새 언약의 상관성을 잊어서는 안 된다. 예수님은 제자들과 유월절을 기념하시면서 잔을 들고 말씀하셨다.

이 잔은 내 피로 세우는 새 언약이니 곧 너희를 위하여 붓는 것이라 (눅 22:20).

그러므로 예수님은 구약 전체에서 견지하는 양대 약속들을 모두 완성하셨다. 첫째, 예수님은 다윗의 가문에서 오실 왕(메시아)이셨다. 둘째, 죽음을 통해 예수님은 그 백성을 치유하고 재창조하는 새 언약을 세우셨다.

물론 십자가의 능력을 궁극적으로 증명해 주는 것은 부활이다. 자신이 메시아라고 주장하는 이들은 많지만 오직 예수님만이 죽음에서 살아나심으로 그것을 입증하셨다. 결국 승리의 왕은 무덤에 묻혀 있을 수 없다. 부활은 우리 믿음에도 핵심적일 뿐 아니라 하나님의 구원 목적을 완성함에도 핵심적이다. 부활이 없다면 우리에게는 소망이 없다. 복음서들은 예수님이 무덤에서 부활하셨고 제자들에게 보이셨다고 증언한다.

"나를 따르라"

예수님의 이야기를 이해하는 것이 중요하지만, 거기서 그치면 안 된다. 무엇보다 예수님의 이야기에 반응해야 한다. 예수님의 죽음과 부활의 메시지는 우리에게 요구하는 바가 있다. 예수님은 계속해서 사람들을 부르신다. 당신과 나도 부르신다. 모든 것을 대가로 지불하게 될지라도 주님을 따라 살라는 것이다. 그리스도의 죽음과 부활은 우리에게 주신 구원에 대한 확신을 불어넣는다. 예수님의 열두 제자들에게 선포되었던 메시지를 주의 깊게 들어 보라.

> 그러나 하나님이 모든 선지자의 입을 통하여 자기의 그리스도께서 고난 받으실 일을 미리 알게 하신 것을 이와 같이 이루셨느니라. 그러므로 너희가 회개하고 돌이켜 너희 죄 없이 함을 받으라. 이같이 하면 새롭게 되는 날이 주 앞으로부터 이를 것이요 또 주께서 너희를 위하여 예정하신 그리스도 곧 예수를 보내시리니 하나님이 영원 전부터 거룩한 선지자들의 입을 통하여 말씀하신 바 만물을 회복하실 때까지는 하늘이 마땅히 그를 받아 두리라(행 3:18-21).

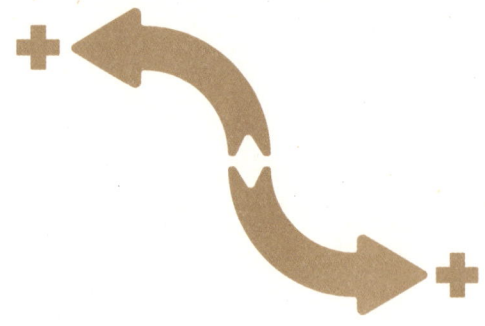

chapter 2

제자, 예수님의 유언을 듣다

지상명령 : 제자들이 맡은
가장 위대한 임무

예수님의 생애와 죽음과 부활이 날마다 우리 삶을 흔들어 놓아야 한다. 잠시 세상에 계시는 동안 예수님은 종교 지도자들에게 진정으로 하나님을 기쁘시게 하는 것이 무엇인지 도전하셨다. 또한 예수님은 인간이 어떤 모습이기를 원하시는지 하나님의 의도를 보여 주셨고, 하나님이 우리를 원하시는 모습으로 만들어 가는 데 방해가 되는 모든 장애물을 허무셨다. 예수님의 지상 과제는 깨어진 세상과 깨어진 우리 인생의 모든 구석에 하나님의 능력과 사랑과 치유가 스며들게 하는 것이었다. 주님이 오신 것은 하나님의 뜻이 하늘에서 이루어진 것처럼 땅에서 이루어지도록 하시기 위함이었다. 언젠가 주님은 다시 오셔서 이 사명을 마치시고 만물을 새롭게 하실 것이다(계 21:5). 그러나 그날이 오기까지, 우리에게도 완성해야 할 사명을 주셨다.

교회의 사명

모든 면에서 예수님은 세상이 기다리던 바로 그분이었다. 주님은 이스라엘의 모든 희망에 대한 응답이었으면서 하나님의 구원 계획에 대한 실행이었다. 예수님의 지상 사명보다 더 중요한 것은 없었다. 제자들은 예수님이 진정한 그리스도, 즉 메시아이심을 인식하고는 예수님이 행하시는 일들이 얼마나 중요한지 알았을 것이다. 그러니 예수님이 죽으셨을 때 그들이 얼마나 놀라고 실망했겠는가. 또한 무덤에서 부활하셨을 때는 얼마나 흥분했겠는가! 세상을 회복하시려는 사명이 다시 작동했다. 이제 예수님은 이스라엘의 왕좌에 오르셔서 세상을 의와 평강으로 다스리실 수 있었다. 그러나 이야기는 그렇게 전개되지 않았다. 그때 거기서 인간의 역사를 끝내지 않으시고, 예수님은 그의 제자들에게 중차대한 임무를 맡기셨다.

"예수께서 나아와 말씀하여 이르시되 하늘과 땅의 모든 권세를 내게 주셨으니 그러므로 너희는 가서 모든 민족을 제자로 삼아 아버지와 아들과 성령의 이름으로 세례를 베풀고 내가 너희에게 분부한 모든 것을 가르쳐 지키게 하라. 볼지어다, 내가 세상 끝날까지 너희와 항상 함께 있으리라 하시니라"(마 28:18-20).

그렇다면 정확하게 교회가 해야 하는 일이 무엇인가? 예수님이 이 말씀을 하신 날로부터 지금까지 대답은 동일하다. 물론 시대와 장소와 교회가 처한 환경마다 다뤄야 할 나름의 이슈가 있고 서로 차이가 있게 마련이다. 그러나 여전히 교회는 한 가지 사명이 있다. 이는 예수님의 지상 사역을 특징짓는 사명이며, 주께서 아버지께로 가실 때 교회에 맡겨 주신 사명이다.

지상에서 우리 사명은 대위임 명령 안에 기록되어 있다. 우리는 제자 삼는 일을 통해 주님의 통치를 넓혀 가도록 부름받았다. 모든 피조 세계가 주의 자비한 통치에 순종하도록 부르시는 만왕의 왕의 복음을 전하는 것이다. 이것이 예수님이 제자들에게 기도하라고 하신 제목이며(마 6:10) 우리에게 이 땅에서 힘쓰도록 맡겨 주신 일이다.

예수님의 권세

우리가 이곳 지상에서 행하도록 부름받은 바를 이해하기 위해서는 먼저 대위임 명령을 분석해야 한다. 이 명령을 제자들에게 주시면서 예수님은 매우 중요한 선언을 하셨다. "하늘과 땅의 모든 권세를 내게 주셨으니"(마 28:18). 여기에 대위임 명령의 기초가 있다.

우리가 섬기는 왕 되신 주님은 창조 세계 구석구석에 대해 절대 권세를 갖고 계시다. 이 권세는 동물과 식물 및 기후 상황뿐 아니라 모든 인간에게 영향을 미친다. 이 진리를 이해하고 나서야, 확신을 가지고 하나님의 통치를 반대하는 세상으로 나아갈 수 있다.

모든 권세가 예수 그리스도께 속해 있기 때문에 우리는 대위임 명령에 순종할 의무가 있다. 명령은 분명하다. 하지만 마음에도 없는 순종을 하라는 것은 아니다. 우리에게 제자 삼으라고 명령하신 왕 되신 주님은 또한 우리를 살리려고 희생하신 동일한 왕이시기 때문이다. 이 왕을 섬기는 것이 우리의 기쁨이요, 그의 뜻에 순종함이 우리의 즐거움이다. 더 나아가 우리만이 왕이신 주님과 회복된 관계를 누리는 것에 만족하지 않고 지상 모든 사람들이 이 위대한 구원을 경험하게 되기를 원한다.

세계 선교

주님은 세상의 특정한 지역에 특정한 문화 속에 오셨지만 지역의 종교 지도자들과는 다르셨다. 예수님은 인종과 국적과 어떤 특징과도 상관없이 하나님이 만민을 위해 보내신 구세주이시기 때문이다. 또한 지상의 모든 사람들이 하나님께 반역했기 때문에(롬 3:23), 모두에게 예수님의 구원이 필요하다. 이 때문에 예수님은 주의 교회가 치유와 구원의 유일한 소망을 붙들고 세상 곳곳으로 나아가도록 부르신다. 유일한 소망은 무엇인가?

"다른 이로써는 구원을 받을 수 없나니 천하 사람 중에 구원을 받을 만한 다른 이름을 우리에게 주신 일이 없음이라 하였더라"(행 4:12).

대위임 명령을 처음 받은 사람들은 예수님의 첫 제자들이었다. 제자들은 이 임무를 진지하게 받아들였고 상대적으로 아주 짧은 세월 안에 세상의 많은 지역에 복음을 전했다. 그러나 만민에게 복음을 증거하는 임무는 첫 제자들 시대에 끝나지 않았다. 이제 세계 선교의 사명은 교회의 사명이요, 오늘날 우리가 힘써야 할 사명이다.

열방에 복음을 증거해야 할 사명은 과중하다. 「세계기도정보」(*Operation World*)에 따르면, 미전도종족 그룹(생명력 있는 크리스천 증거자가 거의 전무하거나 전무한 그룹)에 속한 사람들 수가 28억 4천 명, 즉 세계 인구의 41.1퍼센트에 해당한다. 인도에만 9억 2백 만 명의 힌두교도들이 있다! 수치에는 변동이 있다. 또한 각자 가족과 친구와 직장 동료들 중에서도 주님의 부르심을 거부하는 사람들이 있음을 잊지 말아야 한다.

감사하게도 우리가 전적으로 이 초자연적인 임무를 감당하는 것이 아니다. 제자 양육은 궁극적으로 하나님의 사업이기에 하나님이 그분의 능력으로 완성하실 것이다. 그러나 하나님이 구원 계획에 헌신하신다고 해서 그분 명령에 순종할 우리의 의무가 사라지는 것은 아니다. 하나님은 세상 구석구석으로 가셔서 이 임무를 완성하시되, 그분의 교회를 통해서 행하실 것이다.

제자 삼으라는 부르심

대위임 명령은 우리를 이 책의 시작 지점으로 돌아가게 한다. 결국 모든 것이 제자 양육이라는 주제로 이어진다. 제자 양육은 하나님의 구원 계획에 뿌리를 내리고 있다. 제자 양육은 주의 백성과 주께서 만드신 세상을 향한 하나님의 마음 한가운데 있다.

이미 말한 대로, 제자는 예수님을 따르는 사람일 뿐이다. 예수님이 자신에 대해 말씀하신 그대로 믿고 우리에게 행하라고 하신 그대로 행한다면 우리는 제자들이다. 그러므로 제자 양육 과정은 다른 이들에게 예수님에 대해 말하고 그들도 주님을 따르도록 권하는 것이라고 요약할 수 있다. 제자도는 평생 과정으로 우리는 꾸준히 점점 더 예수님을 닮아 간다.

예수님은 모든 족속으로 제자 삼으라 하시고 아버지와 아들과 성령의 이름으로 세례를 주고 주께서 분부한 모든 것을 가르쳐 지키게 하라고 하셨다(마 28:19-20). 그러므로 그리스도를 따르기로 결정하고 성령으로 변화된 사람들이 디뎌야 할 첫걸음은 세례를 통해 그리스도와 연합하는 것이다. 예수님이 땅에 묻히시고 부활하셔서 새 생명을 얻으신 것과 같이, 새 신자는 세례 가운데 물 아래 '묻히고' 다시 일으킴을 받는다. 이는 그가 새 생명을 얻었다는 상징이다. 또한 세례는 새 신자를 주님의 교회 안에 속하게 한다. 이제 그는 지역 교회 성도들 중에 한 지체이다. 이 첫걸음은 타협할 수 없다. 예수 그리스도의 명령이기 때문이다. 우리는 세례를 통해 예수님과 그의 백성이 연합하는 것을 특권으로 여겨야 한다. 그 누가 이토록 큰 은혜를 주시는 그분과 연합하기 원하지 않을 수 있겠는가?

분부한 모든 것을 가르쳐 지키게 하라는 예수님의 명령에 대한 결과물은 바로 신약 성경이다. 복음서와 서신서들은 여러 교회에 있는 성도들을 위해 기록된 것으로 그들에게 예수님이 누구신지 분명하게 알려 주고 적대적 세상에서 그리스도의 제자로 살아가기 위한 후속 지침을 전하기 위해 쓰인 것이다. 구원은 천국행 티켓을 받아서 열차에 올라타고는 주머니에 넣고 잊어버리는 것이 아니다. 오히려 구원은 결혼과 같다. 예수 그리스도와 관계를 맺어 그의 가족인 교회의 일원이 되는 것이다. 크리스천의 삶은 예수님이 가르쳐 주신 것을 더 잘 이해하고 그 가르침을 매일의 삶에 적용하며 다른 사람도 동일하게 할 수 있도록 가르치는 과정이다. 물론 주변 사람들뿐 아니라 지구 반대편에 있는 사람들까지 그 범위 안에 넣어야 한다.

예수님의 영속적인 임재

대위임 명령이 불가능해 보이는가? 지상에 있는 모든 족속을 제자 삼으라는 임무가 그 자체로 만만치 않은데다가, 우리는 심각한 반대에 봉착해 있기 때문이다. 사탄, 세상, 그리고 죄성이 우리의 신앙적 성장과 복음의 진보를 대항하여 싸우고 있다. 바울은 우리가 이 사명을 이루어 내려면, 박해를 받아야 할 것이라고 경고했다.

> 무릇 그리스도 예수 안에서 경건하게 살고자 하는 자는 박해를 받으리라(딤후 3:12).

전 세계에서 크리스천들이 예수 그리스도와 연합했다는 것 때문에 박해를 당하고 죽임을 당하고 있다. 우리가 전하는 메시지가 언제든지 환대를 받으리라 생각하면 큰 오해다. 다만 반대 세력이 실제적이고 위협적이지만 대위임 명령에서 예수님이 하신 마지막 말씀은 우리에게 큰 용기를 준다.

> 내가 세상 끝날까지 너희와 항상 함께 있으리라(마 28:20).

예수님의 임재가 약속된 만큼 두려워할 필요가 없다. 실제로 하나님의 아들을 눈앞에서 본다면 얼마나 두려울지 상상해 보라. 예수님은 그와 같이 우리와 함께한다고 약속하셨다. 기억하라. 하나님의 계획은 한 번도 변한 적이 없으며 최후 승리는 우리의 것이다.

성령의 능력

온 세상에 주의 증인이 되라고 말씀하신 뒤 예수님은 예상 밖의 지침을 주셨다. "기다리라"는 지침이었다. 이 말이 그다지 위대한 권고로 들리지 않는 사람들이 많을 것이다. 세상에는 복음을 필요로 하는 수많은 사람들이 있으니, 정말 전속력으로 달려야 하는 건 아닌가? 그러나 대위임 명령은 인간의 노력이나 지혜로운 계획만으로는 완성할 수 없다. 지구상의 모든 지역에 복음을 전하려면 하나님의 능력이 필요하다. 오직 하나님의 능력만이 불순종하는 자들을 제자로 변화시킬 수 있다. 바로 이 때문에 예수님이 제자들에게 기다리라고 명령하신 것이다(행 1:4). 유대와 사마리아와 땅끝까지 이르기 전에 제자들은 이 초자연적인 임무를 위해 성령의 권능을 받아야 한다.

완성과 미완성의 사역

지상에서 이루시는 하나님의 사업을 논할 때, 이미 완성된 것과 아직 미완성인 것을 구분하여 인식하는 것이 중요하다. 신약성경을 보면 예수님의 구원 사역은 완전하다. 히브리서는 "오직 그리스도는 죄를 위하여 한 영원한 제사를 드리시고 하나님 우편에 앉으사"(히 10:12)라고 말한다. 예수님은 인간을 하나님과 화목케 하기 위해 행하셔야 할 일을 하셨고 모든 것이 완성되었기에 보좌 우편에 앉으셨다. 그러므로 우리가 전할 메시지는 간단 명쾌해진다. "주 예수를 믿으라. 그리하면 너와 네 집이 구원을 받으리라"(행 16:31).

그러나 여전히 우리에게는 해야 할 일이 있다. 미완성된 하나님의 사업이 있으니, 바로 이 메시지를 땅끝까지 전하는 것이다. 하나님은 우리를 그분의 동역자(고전 3:9)와 대사(고후 5장)로 부르신다. 우리는 하나님이 예수 그리스도 안에서 행하신 이 복된 소식을 땅끝까지 전해야 하며 온 세상 구석구석에 하나님의 통치가 이루어지도록 일해야 한다. 그렇다면 우리는 옆집 이웃에게도 다가가야 하고 동아시아의 수많은 사람들에게도 다가가야 한다. 우리 일생의 부르심이다.

주님의 명령이 부담스럽게 들린다면 예수님이 확신을 갖고 하신 말씀을 기억하라. 주님은 "하늘과 땅의 모든 권세를" 가지신 분이시며 "볼지어다, 내가 세상 끝날까지 너희와 항상 함께 있으리라"고 약속하셨다. 성령의 능력으로 교회는 이 사명을 완성할 수 있다. 예수님은 교회가 이 사명을 완성할 것이라고 약속하셨다.

> 내가 (이 반석 위에) 내 교회를 세우리니 음부의 권세가 이기지 못하리라(마 16:18).

하나님은 그의 교회를 통해 지상에서의 목적을 이루기로 결정하셨으며, 차선책은 없으시다. 하나님은 교회인 우리들을 사용하셔서 세상에 나아가게 하실 것이다.

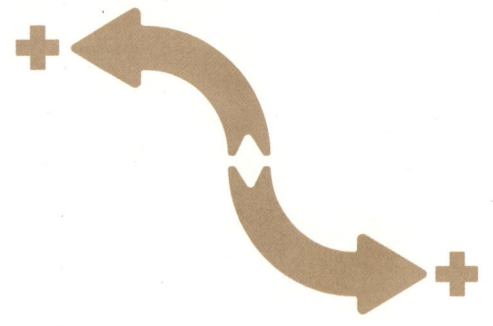

chapter **3**

제자, 성령을 받다

성령 : 권능으로 역사하시는 성령

성령의 능력을 갈망하는가? 그렇지 않다면, 자기 자신이 누구인지 모르거나 성령님이 누구신지 오해한 것일 수 있다. 우리 구원의 모든 면이 그분에게 의존하고 있다. 성령이 아니시면 우리는 하나님을 알 수도 없고 성경을 이해할 수도 없고 죄를 이길 수도 없고 주변 사람들을 변화시킬 수도 없다. 성령이 아니시면 우리는 영적으로 무기력한 존재다. 그러므로 성령이 누구신지 꼭 알아야 하며 무슨 일을 하시는지 바르게 이해해야 한다.

인간은 처음부터 하나님의 영이 필요했다. 에덴동산에서 아담과 하와는 하나님께 불순종했고 이후로 인류는 계속해서 불순종의 길을 걷고 있다. 이스라엘 역사를 보면, 성령님 없이는 인간이 하나님을 신실하게 따를 수 없다는 것을 철저하게 인정하게 된다. 에스겔 36장에서 하나님은 이스라엘의 문제점을 콕 짚어서 말씀하신다.

맑은 물을 너희에게 뿌려서 너희로 정결하게 하되 곧 너희 모든 더러운 것에서와 모든 우상 숭배에서 너희를 정결하게 할 것이며 또 새 영을 너희 속에 두고 새 마음을 너희에게 주되 너희 육신에서 굳은 마음을 제거하고 부드러운 마음을 줄 것이며 또 내 영을 너희 속에 두어 너희로 내 율례를 행하게 하리니 너희가 내 규례를 지켜 행할지라(겔 36:25-27).

하나님의 백성에게 필요한 것은 하나님의 영이었다. 그들은 속에서부터 변화되어야 했고 하나님의 임재로 충만해져야 했다. 이스라엘 사람들에게는 부당한 말처럼 들릴지 모르겠다. 하나님이 모세와 시내 산 정상에서 말씀하시는 동안 백성들은 산 밑자락에서 두려움에 떨며 서 있었다. 또한 하나님의 영광이 성전을 채울 때 땅에 엎드렸다. 그들은 하나님의 임재가 성막과 성전에 임하실 때 매우 조심해야 했다. 그 전능하신 하나님이 도대체 어떻게 흠 많고 연약한 인간 안에 거하실 수 있단 말인가?

그러나 이 기적은 신약에서 분명한 실재가 되었다. 이것이야말로 인류의 불순종에 대한 해법이며 하나님의 구원 계획의 정점이다.

예수님이 제자들에게 성령이 오신다고 말씀하신 것은, 성령께서 아직 존재하지 않으셨다는 말이거나 전에는 성령께서 세상에서 소극적으로 활동했다는 의미가 아니다. 성령은 창조뿐만 아니라 구약에 드러난 하나님의 구원 역사에도 적극적으로 개입하셨다. 그러나 구약은 장차 하나님의 영이 인간 안에서 전혀 새롭고 강력한 방식으로 일하실 시대가 올 것임을 예고했던 것이다.

성령님은 누구신가

성령님과 같이 거룩한 주제를 논할 때는 조심해야 한다. 성령님이 하나님이심을 인식하는 것이 가장 중요하다. 예수 그리스도가 명백한 사람이면서 또한 완전한 하나님이신 것과 똑같이, 성령님도 한 인격이시면서도 완전한 하나님이시다.[5]

삼위일체는 신비라고 말해야 할 것이다. 그러나 사실에 기초한다. 성경은 성부·성자·성령을 각각의 인격으로 말하면서도 또한 각 인격을 하나님으로 명확하게 인정하기 때문이다. 이 점은 성령님에 대한 우리의 사고방식이 어떠해야 하는지 암시하는 바가 크다.

성령님은 신비한 스승이나 지니(아라비안나이트에 나오는 램프의 요정-옮긴이)가 아니다. 그분은 하나님이시며 하나님이 받아야 할 사랑과 순종을 받기에 합당하신 분이다. 또한 성령님은 인격이시다. 비인격적인 힘이 아니다. 그러므로 우리는 성령님을 '그것'으로 지칭해서는 안 된다. 성령님은 '그분'이시다. 행하시고 뜻하시고 심지어 근심하실 수 있는 인격이시다(엡 4:30). 간단히 살펴보았지만 하나님의 영에 대해 어떻게 생각해야 할지 기틀을 잡았으리라 생각한다.

신약에서의 성령님

신약 성경은 성령님의 역사하심이 가득하다. 시작부터 보자면, 사도 요한과 예수님이 성장하는 중에나 사역을 완성하실 때 성령으로 충만했다(눅 1:15; 4:1을 보라). 복음서를 통해 우리는 예수님의 사역이 하나님의 영의 능력으로 이루어졌음을 상기한다. 신약에 나오는 기적적인 사건들은 성령님이 일하신 직접적인 결과들이었다.

사도행전 2장에서 성령님은 극적인 방법으로 제자들에게 임하셨고 전례 없이 그들에게 권능을 부으셨다. 결정적인 시기에 이 일이 일어났다. 예수님이 죽은 자 가운데서 살아나셨고 대위임 명령을 통해 그들에게 불가능한 임무를 맡기셨다. 그러고는 하늘로 다시 올라가시면서 제자들에게 위로부터 능력을 받을 때까지는 기다리라고 말씀하셨다. 갑자기 성령이 제자들에게 임하셨고 그들은 다양한 언어로 '하나님의 큰 일'을 말하기 시작했다. 베드로는 이 성령의 부으심이 구약에 약속되어 있었음을 지적했다. 하나님의 백성들은 성령님이 그들에게 능력 주시기를 기다렸으며, 그 오랜 기다림의 날이 마침내 온 것이었다. 하나님의 영이 이제 인간 안에서 일하기 시작하셨다. 이스라엘의 지도자들에게서만 아니라 모든 하나님의 백성에게서도 일하기 시작하셨다.

하나님의 영과 하나님의 말씀

성령님은 신약에 기록된 기적적인 사건들뿐 아니라 성경 자체의 근원이시다! 예수님은 제자들에게 성령님이 그들에게 주께서 가르치신 것을 생각나게 하실 것이라고 말씀하셨다(요 14:26). 제자들과 그들의 가까운 동역자들이 신약에 기록한 내용이다.

이처럼 베드로후서 1장 21절에서도, 성경은 사람이 쓴 것이 아니라 성령께서 성경의 저자들을 통해 일하신 결과라고 말한다. 성경 본문의 모든 부분, 심지어 겉으로 보기에 세상의 문법적인 특징으로 보이는 것까지도 하나님의 감동으로 된 것이며[6] 그런 권위를 갖는다. 물론 인간 저자들의 개성과 다른 특성들도 성경을 기록하는 일에 쓰임받은 것이 사실이지만, 심지어 이런 인간의 언어들도 성령의 말씀으로 언급되었다(히 3:7).

성령님의 사역

이 땅에서 예수님은 하나님의 구원 역사를 완성하기 위해 일하셨다. 우리는 예수님이 사역을 계속하시고 더 많은 제자들을 불러 모으셔서 마침내 세상이 기다리던 구원을 완성하실 것으로 기대했을 수 있다. 그러나 구원이 가능해 보이는 바로 그때 예수님은 떠나셨다. 그렇다면 하나님의 계획은 갑자기 가로막힌 것인가?

물론 아니다. 예수님이 떠나신 것까지 하나님의 계획이었다. 주님이 떠나시는 것이 머무시는 것보다 더 낫다고 말씀하시자 제자들이 얼마나 놀랐겠는가! 어떻게 그럴 수가 있는가? 어떻게 지상에서 하나님의 역사가 예수님 없이 더 효과적으로 진척될 수 있단 말인가? 대답은 성령 안에서 찾아진다. 예수님은 말씀하셨다.

그러나 내가 너희에게 실상을 말하노니 내가 떠나가는 것이 너희에게 유익이라. 내가 떠나가지 아니하면 보혜사가 너희에게로 오시지 아니할 것이요, 가면 내가 그를 너희에게로 보내리니(요 16:7).

예수님이 우리에게 보혜사, 곧 성령님을 보내신 것은 우리가 이 땅에서 하나님의 목적을 이루도록 하시기 위해서다. 성령이 그의 백성 안에 거하시는 것은 마치 구약에서 하나님이 성막과 성전에 거하시는 것과 같다. 이는 성령님이 우리를 통해 일하기 원하시기 때문이다. 이 성령의 내주하심은 일부 크리스천에게만 주어지는 특별한 은사가 아니라 모든 그의 백성에게 주시는 하나님의 선물이다. 바울은 이렇게 명쾌하게 말했다.

누구든지 그리스도의 영이 없으면 그리스도의 사람이 아니라(롬 8:9).

우리가 받은 사명을 완수하려면 절대적으로 성령님이 계셔야 한다. 성령님이 우리에게 예수님을 신실하게 따를 수 있는 힘을 주시지 않는 한, 우리는 불순종한 이스라엘의 전철을 밟을 수밖에 없다. 성령님에 대한 필요가 너무나 크기 때문에 성경은 명령하시기를, 다른 무엇보다도 성령을 따라 행하라(갈 5:16), 성령으로 충만하라(엡 5:18), 성령으로 기도하라(유 1:20), 성령으로 죄를 죽이라(롬 8:13)라고 말씀하신다.

성령님은 우리가 끝까지 신실하도록 지키신다. 우리가 하나님의 자녀라는 확신조차도 성령의 증거로부터 온다(롬 8:16). 로마서 7장과 8장에서 바울은 육신 안에 거하는 삶(즉, 하나님의 영이 없이 사는 삶)과 성령 안에 거하는 삶을 대비시켜 설명한다. 차이는 어마어마하다.

하나님의 사업에서 성령

하나님의 구원 계획은 계속 전진한다. 하나님은 그 백성들의 삶에 거하시는 성령님을 통해 이 일을 이루신다. 그러므로 교회의 사명은 성령님께 의지하지 않고는 완성하기 어렵다. 우리 사명은 너무 중차대하기 때문에 성령님의 능력 없이는 시도할 수 없다. 성령님을 구하고 성령님께 의지하지 않고는 대위임 명령을 완수할 수 없다.

그러나 주의할 것이 있다. 성령에 대한 간구가 예수님께 다가가는 방향이 되어야지 예수님으로부터 멀어지는 방향이 되어서는 안된다. 성령의 목적은 예수 그리스도를 영화롭게 하는 것이라고 했다(요 16:14). 마치 조명처럼 성령님은 그리스도와 그의 구원에 초점을 맞추고 계신다. 따라서 구원의 문제에 관한 한, 성령의 사역과 예수님의 사역(또한 성부 하나님의 사역)을 분리해서는 안 된다. 예수 그리스도를 더욱 사랑하고 신뢰하는 쪽으로 인도받지 못한다면 성령님과 보조가 맞지 않는 것이 분명하다.

성령님은 우리 안에서 그리고 우리를 통해서 믿을 수 없는 일들을 행하실 수 있다. 신약에 기록된 기적들은 종종 우리에게 비슷한 경험들을 구하도록 감동을 주신다. 그러나 우리가 구하는 분은 성령님이시지 특정한 초자연적 경험들이 아니다.

성령의 능력으로 살고자 간구할 때, 하나님의 말씀이 주시는 약속들을 바라보라. 성령께서 기뻐하시는 대로 그분의 능력을 보이실 것임을 신뢰하라. 종종 성령님은 우리를 인도하실 때 우리 존재를 다듬어 가신다. 새로운 열정을 주셔서 우리가 모든 결정에서 점점 더 하나님을 영화롭게 하는 목적으로 살도록 하신다. 이런 역사가 병자를 치유하고 미래를 예언하는 것만큼 극적이지 않아 보일지 모르지만, 실제로는 그런 은사들만큼이나 기적적이다.

교회에서 하나님의 영

성령님이 주시는 모든 것을 경험하기 원한다면 다른 크리스천들과 친밀한 교제 가운데 있어야 한다. 왜냐면 하나님은 성도들, 즉 각자 영적 은사를 갖고 있는 사람들의 공동체 안에서 우리가 역할을 하도록 디자인하셨기 때문이다. 지역 교회를 경시하는 것은 성령님의 가장 강력한 사역들로부터 자신을 단절시키는 것이다. 성도 누구든 다른 성도들의 영적 은사가 필요하다. 예를 들자면, 우리는 서로의 가르침, 리더십, 격려, 자비가 필요하며 그들과의 사랑스런 만남이 필요하다.

반면에 성령님이 자신에게 어떤 은사를 주셨는지 생각해 보라. 하나님은 당신이 크리스천 형제자매들에게 어떻게 사역하기를 원하시는가? 성령님은 단순히 개인들을 통해서 일하시는 것이 아니라 전체 교회를 통해서 일하신다. 매일의 교회 생활이, 권면과 기도와 성찬 같은 것이 그저 '평범하게' 보일 수 있다. 하지만 하나님의 백성에게 평범한 것이란 없다. 하나님의 백성은 성령 충만한 공동체요, 하나님의 거룩한 성전이다. 이미 알고 있는 바대로, 성령님은 구약의 성전에 거하시듯 모든 크리스천 안에 거하신다.

이 진리만큼 중요한 것을 바울을 통해 듣는다. 교회가 서로 연결하여 성령이 거하실 성전이 된다는 사실이다(엡 2:19-22). 다시 말해, 성령님은 각 사람 안에 거하실 뿐 아니라 우리 공동체 안에도 거하신다. 지상에서의 하나님 사업에 교회가 중심이기 때문에, 하나님은 우리 안에 거하셔서 주신 사명을 감당하도록 능력을 주시는 것이다.

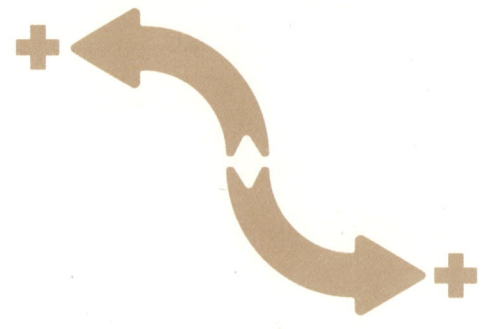

chapter 4

제자, 교회가 되다

초대교회 : 세상을 놀라게 했던 공동체

언제부터인가 예수님은 믿지만 조직화된 종교는 멀리하는 것이 유행처럼 되었다. 심지어 '예수님은 사랑하지만 교회는 싫어하는' 사람들 이야기를 듣기도 한다. 물론 교회에 문제가 있다는 것을 부인할 사람은 없겠지만 그렇다고 예수님이 우리에게 그의 몸된 교회를 버려도 된다는 선택권을 주셨다고는 할 수 없다. 더군다나 교회를 '싫어해도' 된다고 허락하실 리는 만무하다. 교회는 주님의 아이디어다. 그러므로 주님을 따른다고 하면서 주님이 구원하시고자 목숨 바치신 교회를 멀리하는 일은 불가능하다.

하나님은 전 세계에 있는 교회를 사용하셔서 사람들의 삶을 변화시키고 지상에서 그분의 뜻을 성취하신다. 오늘날 교회는 여러 곳에서 여러 모로 건강하게 하나님의 사업을 완성하는 일에 집중하고 있다. 하지만 많은 교회들이 혼란 가운데 있는 것 또한 사실이다. 교회들은 세상 모든 문제들을 끌어안고 있는 상황이다. 크리스천들은 그리스도의 사랑보다는 범퍼 스티커나 티셔츠를 봐야 식별된다. 험담과 위선이 흘러넘친다. 많은 교회들이 주변 사람들에게 다가가는 것보다는 현상 유지에 더 급급하다.

교회를 생각하면 만감이 교차하는 게 현실이기에 몇 가지 중요한 질문을 던지지 않을 수 없다. "교회는 무엇인가?" "교회는 어떤 모습이어야 하는가?" "교회는 무엇을 해야 하는가?" 이 질문들에 성경적으로 대답할 수 없다면 혼란을 가중시킬 뿐이다. 교회가 자신의 정체성과 세상에서의 역할을 이해하지 못하면 혼란과 무기력과 무능력에 빠질 수밖에 없다.

예수님은 하늘로 올라가시면서 예수님의 사명을 감당하도록 한 그룹의 사람들을 대신 남겨 두셨다. 바로 교회다. 교회로서 우리가 누구인지 그리고 무엇을 해야 하는지 이해하기 위해 최선을 다하지 않는다면, 예수님이 맡겨 놓으신 사명을 진지하게 받아들일 수 없다. 하나님의 선택으로 인해 하나님의 구원 계획은 지금도 교회를 통해 지속되고 있다.

초대교회

교회에 대해서는 할 말이 너무 많다. 베드로는 교회를 "택하신 족속이요 왕 같은 제사장들이요 거룩한 나라요 그의 소유가 된 백성"이라고 했다(벧전 2:9). 바울은 교회를 "진리의 기둥과 터"요(딤전 3:15), 성령님이 거하시는 성전이요(엡 2:19-22), 그리스도의 몸이요(고전 12장), 그리스도의 신부(계 21:1-2)라고 불렀다. 이 말씀들은 각각 깊이 있게 연구하고 나눠야 할 구절들이다. 그러나 이번 장에서는 사도행전 2장에 나오는 교회의 탄생에 대해 연구하여 교회의 정체성을 알아보고자 한다.

사도행전 서두에는 그리스도를 따르는 사람들이 120명 정도 있었다. 그 중에 열두 사도가[7] 핵심 그룹을 형성했다. 그때 오순절이 왔다. 베드로는 일어서서 선포하기를, 하나님이 예수님을 죽은 자들 가운데서 일으키셨으며 그분이 바로 무리들이 십자가에 못 박으라고 요구했던 예수라고 증거했다. 베드로의 성령 충만한 선포는 거대한 회심을 일으켰고 거의 3천 명이나 되는 사람들이 자기 죄를 회개하고 주 예수를 그리스도로 믿었다. 이 놀라운 성령의 능력이 드러난 사건을 계기로 교회가 탄생했다.

이 첫 번째 성도들 사이에는 무엇인가 아주 매력적이고 흥미로운 것이 있었다. 교회의 탄생이 기적적이었던 것 외에도 그들이 함께 살며 교류하는 모습은 세상이 한 번도 본 적이 없는 것이었다. 사도행전 2장 42-47절은 초대교회의 삶을 묘사해 준다. 이 집단이 어떻게 묘사되어 있는지 잠시 생각해 보라.

사도행전 1장을 보면, 유다는 예수님을 배신한 후 자살했고 다른 열 한 제자들이 모여서 유다의 빈자리를 맛디아에게 맡겼다. 사도라는 단어는 '보냄을 받은 자' 또는 '대리인' 또는 '메신저'라는 뜻이다. 초대교회에는 몇 가지 강렬하게 눈에 띄는 특징들이 있었다. 그 중 하나는, 누가의 표현대로 초대교회는 "사도들의 가르침을 받았다"(행 2:42). 그들은 사도들이 가르친 것에 깊이 헌신했다. 사도들의 가르침은 그리스도 안에서 일어난 모든 것과 십자가 사건의 중요성을 강조했다. 사도들은 복음에 헌신되어 있었다. 그들의 가르침은 구약에서 예언된 것의 성취였다. 이 가르침은 후일에 성령의 감동하심 아래 기록되어 신약성경을 이루었다. 우리 손에 들려 있는 신약성경은 바로 '사도들의 가르침'이다. 바로 이 동일한 가르침에 초대교회는 온전히 집중했다. 하나님 말씀은 언제나 교회의 생명력에 필수적이다.

(사도행전의 저자인) 누가는 또한 말하기를 초대교회는 교제에 헌신되어 있었다고 한다. 오늘날 교회에서는 종종 교제라는 단어가 이상한 의미로 통한다. 만약 교제라는 말이 값싸고 가볍고 재미없게 들린다면, 분명 교제를 잘못 생각하고 있는 것이다. 최초의 크리스천들은 서로에게 삶을 나누었다. 그저 교회 야유회나 식사 모임이나 '교제 시간'에 잠시 이야기를 나누는 정도가 아니다. 그들은 서로의 실제적인 필요들을 채웠고 실제적인 사명을 완수하기 위해 모였다. 그들은 모여야 할 것 같아서 모인 게 아니었다. 그리스도 안에서 모든 것을 공유했고 삶을 나눴다. 진실로 서로를 사랑했다. 또한 깊이 하나님을 사모했고 지상에서의 하나님 사업에 집중했다. 그래서 목적을 이루기 위해 주변 다른 크리스천들과 연합했다.

우리에게도 동일한 부르심이 있다. 하나님은 주의 재림이 곧 오기 때문에 어느 때보다 교제가 중요하다고 일깨운다.

> 서로 돌아보아 사랑과 선행을 격려하며 모이기를 폐하는 어떤 사람들의 습관과 같이 하지 말고 오직 권하여 그날이 가까움을 볼수록 더욱 그리하자(히 10:24-25).

우리의 교제는 바로 지금이 가장 중요한 시기다.

'떡을 떼는 것'에 대한 말씀은 성도의 공동체가 주의 만찬(성만찬)에 동참하는 것을 의미한다. 또는 함께 식사를 나누는 것을 의미하기도 한다. 초대교회 크리스천들은 종종 주의 만찬을 대규모 공동 식사의 일부분으로 여겼다. 초대교회에서는 주의 만찬과 공동 식사 관습 모두 예수 그리스도에 대한 믿음을 공동으로 표현하는 방법이었다.

바울은 예수님이 제자들과 유월절을 지키셨던 밤을 상기시키면서 이 의식을 현재 알고 있는 주의 만찬으로 변화시켰다. 떡은 주님의 찢어진 몸을 기억하게 하고 잔은 주님의 흘리신 보혈을 기억하게 한다. 이 의식은 예수님이 그의 백성인 교회와 더불어 만드신 새 언약을 기억하게 했다. 바울은 이 의식을 매우 중요하게 생각했다.

> 너희가 이 떡을 먹으며 이 잔을 마실 때마다 주의 죽으심을 그가 오실 때까지 전하는 것이니라(고전 11:26).

성만찬에 동참하며 우리는 신앙을 선언하는 것이다. 예수님의 희생은 교회로서 우리가 받은 사명의 핵심이며 우리 생명의 핵심이다.

누가의 증언에 따르면 초대교회는 기도에도 열심이었다. 초기 성도들에게 기도는 중요했다고 말하는 것만으로는 부족하다. 사도행전 4장을 보면 베드로와 요한이 감옥에서 풀려난 뒤, 성도들과 함께 모여 더욱 담대하도록 기도하는 장면이 나온다. 그때 주께서 기적과 기사를 행하셨다. 기도는 교회가 주님으로부터 능력과 인도함을 받는 통로였다. 그들은 자신들이 믿는 분과의 친밀한 연합에 의존했다.

안타깝게도, 오늘날 교회들은 기도에 그다지 열심이 없다. 하나님께 절대적으로 의지해야 함을 잊은 것이 아닌가? 우리가 받은 사명의 긴박성을 망각한 것인가? 하나님이 우리를 통해 일하시지 않으면 우리는 부르심을 감당할 능력이 없다는 사실을 간과하고 있는가? 기도는 바로 이런 종류의 선언이다. 기도에 열심인 교회는 하나님이 맡기신 사명을 최우선으로 추구해야 함을 아는 교회다. 하나님 없이는 성공할 수 없음을 아는 교회다. 각자 섬기는 교회마다 이런 종류의 열심으로 기도해야 할 것이다.

개인들을 모아 놓은 그 이상

초대교회는 복음을 받아들인 사람들로 구성되어 있었다. 하나님의 영이 그들에게 가득 부어졌고 그들은 죄를 용서받았다. 이 사람들은 '패역한 세대'에서 구원받은 사람들이었다(행 2:40). 모든 세대의 교회들이 바로 이러하다.

교회는 부름을 받고 영적인 어둠에서 나와 복음에 반응한 사람들로 구성되어 있다. 복음은 예수 그리스도가 죄로 인해 하나님과 인간 사이에 막혔던 담을 제거하시고 무덤에서 부활하셔서 세상의 진정한 왕이심을 확증하셨다는 소식이다. 모든 세대에서 하나님은 주님이 구원한 자들을 연합시키셔서 교회 안에 모으신다. 지금 우리 문화에서는 개인주의가 환영받는 분위기다. 안타깝게도 많은 크리스천들이 이런 개인주의적인 태도를 취하고 있다. 시간이나 돈을 어떻게 쓸 것인지, 무슨 생각을 하는지 아무와도 공유하지 않는다. 이런 상태가 친숙하다면 우리는 다함께 지내던 초대교회의 삶을 간절히 사모할 필요가 있다.

사도행전 2장을 보면 초기 크리스천들은 혼자서 신앙생활을 하지 않았다. 기독교 초기의 회심자들은 세례를 받음으로 예수 그리스도와 연합하고 교회와 연합하는 인침을 받았다. 예수 그리스도와 연합하는 것은 곧 그의 사랑받는 신부인 교회와 연합하는 것이다. 예수님도 말씀하셨다.

> 너희가 서로 사랑하면 이로써 모든 사람이 너희가 내 제자인 줄 알리라(요 13:35).

주님의 교회 사역에 헌신하는 것은 예수님께 순종해야 하는 가장 중요한 부분 가운데 하나다. 우리는 더 이상 고립된 개인들이 아니다. 그리스도의 몸 안의 지체들이다.

우리는 무엇을 놓치고 있는가

사도행전을 읽다 보면 우리 교회의 무기력함을 대면하게 되어서 우울할 지경이다. 물론 건강한 측면도 있다. 초대교회의 활기에 도전을 받기 때문이다. 그러나 사도행전에서 발견하는 모습을 그저 모방하지 않도록 주의해야 한다.

하나님은 교회에 사명을 주셨다. 그래서 초대교회에서 사람들은 특별한 역사를 경험했다. 우리에게도 동일한 사명이 있다. 하지만 하나님은 교회에서 우리 나름의 일을 하기 원하시는 것 같다. 사도행전 2장에서처럼 방언을 하고 강력한 설교를 하고 대중적인 회심을 일으키는 것 외에 하나님의 목적을 완성하기 위한 적합한 방법이 무엇인지 발견해야 한다.

다음에 나오는 초대교회의 생활 모습을 읽어 보라. 초대교회의 어떤 특징들이 지금 섬기는 교회의 독특한 상황에 필요한지 잠시 생각해 보라.

관대한 공동체

초대교회 성도들은 그리스도 안에서 형제 자매 된 이들에게 깊은 관심을 갖고 육적인 필요를 채워 주기 위해 자신의 재산 파는 것을 주저하지 않았다. 그들은 "모든 물건을 서로 통용"했다(행 2:44; 4:32을 보라). 이때 크리스천들은 동료 성도들의 안녕을 위해 자신이 가진 것을 자원하여 주었다는 것이다.

바울은 마게도니아에 있는 교회들이 "극심한 가난" 중에도 즐거이 주었다고 말한다(고후 8:1-2). 또한 "내가 증언하노니 그들이 힘대로 할 뿐 아니라 힘에 지나도록 자원하여 이 은혜와 성도 섬기는 일에 참여함에 대하여 우리에게 간절히 구하니"(고후 8:3-4)라고 말한다. 그런 관대함은 변화된 심령의 열매라 하겠다.

거룩한 공동체

초대교회는 하나님의 목적을 위해 구별된 공동체였다. 바깥세상에서도 초대교회에 무슨 일이 일어나는지 알 수 있었다. 누가는 "사람마다 두려워하는데"(행 2:43)라고 말한다. 사람마다 경외하는 마음이 일어났다는 것이다. 초대교회 성도들은 바깥세상과는 현저하게 달랐다. 그들의 순종과 하나님의 임재로 인해 어디서든 눈에 띄었고 불신자들에게도 칭송을 받았다(행 2:47).

담대한 공동체

초대교회 안에서 일어나는 성령의 역사 때문에 모두 행복했던 것은 아니다. 1세기에 예수님을 따른다는 것은 고통을 삶의 실제적인 부분으로 받아들이는 것이었다. 오늘날에도 마찬가지다. 세계 곳곳의 크리스천들이 때로는 예수 그리스도를 고백함으로 생명의 위협을 받는다. 점점 복음에 거부감이 증폭되고 있다. 바울은 "무릇 그리스도 예수 안에서 경건하게 살고자 하는 자는 박해를 받으리라"(딤후 3:12)라고 말했다. 초대교회는 담대하게 복음의 진리를 선포했고 고통하는 세상을 향해 두려움 없이 다가갔다. 그래서 성도들은 종종 박해를 당해야 했고, 심지어 순교까지 했다.

성장하는 공동체

초대교회가 놀랍게 성장했다는 사실은 누구도 부인하지 못할 것이다. 미숙한 제자들의 작은 모임으로 시작했던 교회는 초자연적인 부흥을 거듭하여 예루살렘과 유대와 사마리아와 마침내 땅끝까지 이르러 성도들이 연합하는 거대한 운동이 되었다(행 1:8). 사도들과 여러 성도들이 당시 알려진 세상 구석구석에 찾아가 복음을 전할 때마다 교회들이 개척되었다. 모든 것은 분명히 주님의 역사하심이었다. "주께서 구원받는 사람을 날마다 더하게 하시니라"(행 2:47).

하나님의 섭리로 말한다면, 종종 교회를 향한 박해는 교회의 성장으로 이어졌다. 성도들은 흩어질 때 복음을 들고 갔다(행 8:1). 조용히 침묵하는 대신 권세자들의 압박이 올 때마다 담대하게 해 달라고 기도했다(행 4:23-31). 주의 교회를 성장시키고자 하시는 주님의 계획이 세상 지혜보다 뛰어나다. 이 점을 꼭 기억하기 바란다.

현대 사회에서의 교회

신약성경 어디를 봐도, 초대 기독교 교회들은 전혀 완벽하지 않았다. 사실 많은 서신서들이 죄의 문제를 지적하거나 거짓 가르침의 문제를 바로잡기 위해 쓰였다. 가령, 갈라디아 지방의 크리스천들은 복음을 변질시킬 위험에 있었고(갈 1:6), 고린도에 있는 교회는 엄청난 성적 범죄를 용인했다(고전 5:1). 사도행전에 나오는 초대 기독교 회중에서 일어난 일을 하나 들자면, 교회 내부에서 과부를 돌보는 것에 불평등이 있다고 원망했다(행 6:1). 오늘날에도 이와 유사한 원성들이 많은 교회들을 분열시킬 위기로 몰아간다. 지금 우리가 경험하는 것이 초대 크리스천들과 그다지 다르지 않다.

이번 장에서는 초대교회의 삶에 대해 긍정적인 특징들을 많이 살펴보았다. 사도행전은 초대교회에서 우리가 배우고 닮아야 할 부분을 많이 보여 준다. 교회가 그 사명을 잘 감당할 수 있도록 하나님의 영이 놀라운 방식으로 그들 가운데 역사하셨다.

그러나 초대 교회의 경험과 우리 자신을 연결할 수 없다고 생각한다면 초대 교회를 오해하는 것이다. 당시 성도들은 죄와 결점이 노출되지 않는 완전히 영적인 이상향에 살지 않았다. 다만 성경이 성도들의 모범을 보여 주는 것은 그들의 인간적인 능력이 아니라 오히려 하나님의 능력을 감탄하라는 의미에서다.

그리스도의 메시지가 각 도시에 전해질 때마다 열매를 맺을 수 있었던 것은 성령이 행하신 일이다. 오늘날 교회도 계속해서 성령의 능력으로 예수 그리스도를 높여 드려야 한다. 또 다른 오순절을 경험하리라 기대하거나 사도들이 행한 기사와 이적을 동일하게 보리라 기대하면 안 된다. 오히려 성령님이 우리 삶의 방식을 변화시키시고 복음을 주변 사람들에게 선포할 수 있는 담대함을 주시도록 쉬지 않고 기도해야 한다.

초대교회를 성장시키신 동일한 하나님이 오늘날 교회를 통해서도 역사하신다. 또한 1세기 크리스천들 가운데 함께하셨던 동일한 성령님이 21세기 교회들 안에서도 함께하신다. 이제 성령의 능력과 인도하심을 따라 우리가 살고 있는 현대 사회에 동일한 치유와 구원의 메시지를 전하는 것이 우리의 책임이다.

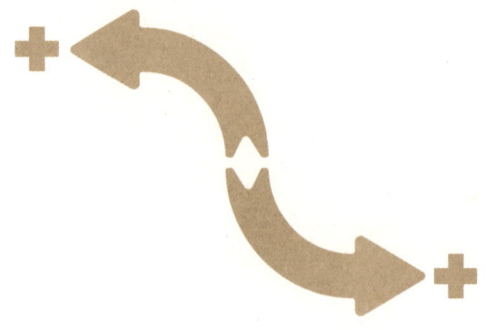

chapter **5**

제자, 열방을 향해 달리다

세계 선교 : 열방에 복음을
전해야 할 사명

예수님은 한 개인의 구주이신가? 크리스천들에게는 익숙한 표현이다. 예수님은 한 개인의 구주가 되셔야 한다. 그러나 그 이상이라는 것도 알아야 한다. 예수님은 정말로 각 개인을 개별적인 방법으로 구원하신다. 하나님과 깨어진 관계가 회복되었다면 진정 예수님께서 바로 나의 죄를 위해 희생하셨기 때문이며, 하나님의 은혜가 내 마음을 새롭게 하셨기 때문이다. 이와 같은 일이 개개인에게 일어난다. 그 누구도 크리스천 부모를 둔 덕분에, 교회 예배에 참석한 덕분에, 기독교 국가에 살고 있는 덕분에 구원받지 않는다.

그러나 하나님의 관계가 개인주의로 점철되면 안 된다. 하나님은 새 생명을 주시고자 내 마음 안에서 일하신다. 그러나 구원은 홀로 천국을 향하는 것은 아니다. 예수님은 우리 개개인을 구원하셔서 그리스도의 몸인 교회 안에 두신다. 예수님은 교회의 구주이시다. 주님은 생명을 바쳐서 서로 사랑하고 주를 경배하고 세상에 주의 뜻을 이룰 사람들을 만들어 내셨다.

다시 말해, 복음은 나에게만 좋은 소식이 아니라 모두에게 좋은 소식이다. 예수님은 세상의 구주이시다(요 11:51-52, 요일 2:2).

아담과 하와 때문에 온 세상은 죄에 빠졌다. 그러나 예수님으로 인해 온 세상은 구속과 회복과 구원과 중생을 경험했다(롬 5:18). 하나님의 구원 계획은 언제나 그 범위가 세계적이었다. 예수 그리스도의 복음을 듣고 변하지 않을 족속이나 언어나 나라는 존재하지 않는다(계 5:9). 복음은 모든 나라(온 백성)를 위한 것이다(눅 2:10).

열방을 향한 하나님의 계획

복음을 땅끝까지 전하는 계획을 예수님과 제자들이 처음 세운 게 아니다. 태초부터 하나님의 의도는 주님이 창조하신 세상 전체를 회복하시는 것이었다. 하나님의 구원 계획은 유대인들뿐 아니라 이방인들을 위한 것이기도 했다(이방인이라는 표현은 넓게 '비유대인'을 의미하는 용어다). 구약은 모든 민족, 즉 유대인과 이방인이 모두 참되신 한 분 하나님께 나아올 날을 바라보았다. 하나님은 아브라함에게 땅의 모든 족속이 복을 받을 것이라고 약속하셨다(창 18:18). 마찬가지로 시편 기자는 "하나님이여 민족들이 주를 찬송하게 하시며 모든 민족으로 주를 찬송하게 하소서"(시 67:5)라고 선포했다. 하나님은 이사야에게 "내가 또 너를 이방의 빛으로 삼아 나의 구원을 베풀어서 땅끝까지 이르게 하리라"(사 49:6)라고 말씀하셨다. 하나님의 심장은 언제나 지상의 모든 나라로 뻗어 계셨다.

예수님이 메시아로 오셨을 때도 주님의 사명이 전 세계적이라는 것을 보이셨다. 사역 초기에는 "이스라엘 집의 잃어버린 양"에게 집중하셨지만(마 15:24), 언제나 더 큰 목표를 염두에 두고 계셨다. 유대인들은 자신들의 민족적인 유산에 몰두한 나머지 이방인을 멸시하는 경향이 있었다. 특히 사마리아인이라고 불리는 사람들을 혐오했다. 그러나 요한복음 4장에서 예수님은 사마리아 여인과 사랑의 대화를 나누셨다. 이를 통해 이스라엘 백성 밖에 있는 사람들을 향한 주님의 마음을 보여 주셨다.

마찬가지로 예수님은 가나안 여인의 귀신 들린 딸을 치료해 주셨다(마 15:28). 예수님의 목표는 "잃어버린 자를 찾아 구원하려 함"이었다(눅 19:10). 예수님께는 부자든 빈자든, 정상인이든 부랑자든, 유대인이든 이방인이든 상관이 없었다. 누가복음은 특별히 이런 주제를 강조하는 편이다. 그래서 하나님의 은혜가 작은 자들에게까지 미친다는 점을 보여 준다. 대위임 명령(마 28:18-20)은 예수님이 모든 족속이 주를 알게 되기를 원한다는 사실을 여실히 보여 준다. 그때나 지금이나 주님은 바로 이 목적을 이루시기 위해 성령의 도움으로 제자들을 통해 역사하신다.

열방을 위한 유대인의 메시아

무덤에서 부활하신 후 예수님은 제자들에게 성령으로 권능을 받으면 "예루살렘과 온 유대와 사마리아와 땅끝까지 이르러" 주의 증인이 될 수 있다고 선언하셨다(행 1:8). 이후 사도행전의 모든 기록은 이 말씀이 어떻게 전개되었는지를 설명한다. 예루살렘 교회의 성장에서 시작해서(행 2장) 로마 감옥에서 바울이 복음을 선포하는 것으로 끝을 맺는다(행 28장).

사도행전 10장은 교회 역사에서 특별히 중요한 순간을 기록한다. 하나님이 직접 (다른 모든 제자들처럼 유대인인) 베드로를 (이방인인) 고넬료와 그의 집에 보내셔서 복음을 전하게 하셨다. 역사상 이때는 유대인들이 이방인들과 가까운 접촉 자체를 피하던 때였다. 그러나 하나님은 베드로에게 환상을 통해 복음은 열방을 위한 것임을 알려 주셨다. 베드로가 이 이방인 가족에게 하나님이 예수 그리스도를 통해 주시는 새 생명에 대해 증거하자, 그들은 믿었고, 하나님은 성령을 그들에게 보내셔서 그들의 믿음이 유효함을 증명하셨다.

복음이 계속해서 비유대계 세계에 뿌리를 내리면서 한 가지 의문이 생겼다. "이 이방인들도 크리스천이 되기 전에 유대인이 되어야 하는가?"

하나님의 구원 계획은 아브라함에게 복 주시기로 결정하신 때부터 이스라엘 민족 안에 깊이 뿌리내렸다. 예수님도 유대인이셨고 그들 사이에 메시아의 개념 역시 뼛속 깊이 유대적인 것이었다. 그래서 혹자는 이방인들이 메시아의 생명 안에 들어오도록 초대받았다면 유대인의 정체성을 가져야만 유익을 누릴 수 있다고 생각했다.

사도행전 15장에서 이 문제가 불거졌다. 교회 지도자들은 예루살렘에 모여서 이방인 회심자들을 어떻게 다룰 것인지 결정하고자 했다. 그들이 모세의 율법에 복종해야 하는가? 그들이 할례를 받고 제사를 드려야 하는가? 야고보는 다음과 같은 해답을 내놓았다.

그러므로 내 의견에는 이방인 중에서 하나님께로 돌아오는 자들을 괴롭게 하지 말고 다만 우상의 더러운 것과 음행과 목매어 죽인 것과 피를 멀리하라고 편지하는 것이 옳으니(행 15:19-20).

그들은 기본적인 방향을 결정했다. 크리스천이 된다는 것은 유대인이 되는 것과는 같지 않다고 결론내렸다. 이는 복음 증거 사역에 결정적인 전환점이 되었다. 언제나 기독교는 유대적인 뿌리를 갖겠지만 그렇다고 특정 민족에게 매이지는 않게 되었다. 실로 복음은 열방을 위한 좋은 소식이다.

이방인의 사도

바울을 사도로 부르셨을 때 하나님은 특별히 그를 이방인에게 보내셨다. 사도행전의 후반부는 바울 사역에 초점을 맞추고 있다. 그가 광대한 로마 제국을 가로지르며 선교 여행을 다니는 것을 따라간다. 오늘날 바울을 신학자로 생각하는 경향이 있다. 그가 쓴 서신서들을 연구하면서 어려운 신학적 질문들에 대한 답을 찾기 때문이다. 그러나 무엇보다도 바울은 선교사였다. 바울 스스로 자신의 가장 중요한 정체성을 선교사에서 찾았음이 틀림없다.

바울은 자신이 사도권을 받은 것은 "그의 이름을 위하여 모든 이방인 중에서 믿어 순종하게" 하기 위함이라고 말했다(롬 1:5). 그의 비전은 예수님이 행하신 일을 아직 듣지 못한 지역에 가서 복음을 전하는 것이었다(롬 15:20). 그리고 마침내 사람들이 반응하고 크리스천이 되어 함께 모이기 시작하면 주께 순종함으로 살라고 권면했다.

바울은 유대인과 이방인에 대한 질문에 대답할 말이 있는 사람이다. 그는 예수 그리스도를 믿는 믿음은 하나님의 백성이 되는 데에 필수불가결하다고 주장했다. 유대 율법을 준수하거나 어떤 민족명을 갖는 것과는 상관없는 것이다. 모든 사람이 죄를 범하였고(롬 3:23), 그리하여 모든 사람이 하나님을 필요로 하며 하나님의 구원을 필요로 한다. 예수님의 생애와 죽음과 부활은 죄인들이 거룩하신 하나님과 화목할 수 있는 유일한 기초가 된다. 그들의 민족이나 배경은 상관없다. 다른 공로나 의식이 필요한 것도 아니다. 이 견고한 기초 외에 다른 것을 첨가하는 것은 복음을 변질시키는 것이다(갈 1:8). 바울은 이 중요한 이슈에 대해 더할 나위 없이 명쾌하게 말했다.

너희는 유대인이나 헬라인이나 종이나 자유인이나 남자나 여자나 다 그리스도 예수 안에서 하나이니라. 너희가 그리스도의 것이면 곧 아브라함의 자손이요 약속대로 유업을 이을 자니라(갈3:28-29).

선교하는 교회

길을 잃은 세상에 복음을 선포하는 일이 교회의 많은 일정 중에 또 하나의 사역을 첨가하는 일이 될 수는 없다. 이 일은 우리 존재의 본질이 되어야 한다. 우리의 정체성을 형성해야 한다. 그리스도의 제자가 된다는 것은 이 사명의 일부분이 된다는 뜻이다. 하나님은 복음 메시지가 사적인 문제로 취급되기를 결코 원치 않으신다. 예수님이 제자들에게 말씀하신 것처럼 "산 위에 있는 동네가 숨겨지지 못할 것"(마 5:14)이다. 빛은 어둠 속으로 침투하도록 만들어졌다.

신약성경 전체는 그리스도가 세상을 구원하시는 이야기이며 세상 모든 나라가 그로 인해 주를 찬송하라는 메시지다. 열두 제자를 불러서 따르게 하실 때 예수님은 그들을 '사람을 낚는 어부'로 만들겠다고 약속하셨다(마 4:19, 막 1:17). 제자들은 이제 그리스도의 사역과 죽음과 부활에 대해 듣고 본 것을 사람들에게 전함으로써 '사람 낚는' 일을 하고 있었다. 그들의 목적은 의도적으로 새로운 주의 제자들을 찾아나서는 것이었다. 물론 예수님은 우리가 인생을 어떻게 살아야 하는지에 대해 단호하게 말씀하셨지만 주님의 가르침을 훌륭한 윤리 강령 정도로 생각해서는 안 된다. 주님은 제자들이 사람들의 영혼을 위해 싸우러 나가도록 준비시키신 것이었기 때문이다.

현대 사회에서는 신앙을 개인화하는 일이 보편적으로 급증하고 있다. "당신의 믿음을 다른 이들에게 강요하지 말라"는 것이다. 그러나 예수님의 계명에 따르면, 믿음은 결코 개인적인 것이 아니다. 주님은 모든 곳에 가서 주의 메시지를 선포하고 모든 족속으로 제자를 삼으라고 말씀하신다(마 28:18-20). 세상이 인정하든 하지 않든 간에, 이 명령이 우리의 행진 구령이다.

오늘날 세상은 죄와 죽음으로 얼룩지지 않은 곳이 없다. 처음부터 하나님은 한 가지 구원 계획, 예수 그리스도를 통해 최고조에 이르는 계획을 갖고 계셨다. 우리 주변 사람들은 자신이 길을 잃고 심령이 깨어진 상태라는 것을 깨닫지 못하고 있지만, 실로 세상은 절박하게 구원을 필요로 한다. 하나님은 이 깨어진 세상을 정상화시키기 위해 일하신다. 다음 장에서 보겠지만, 이 일이 완전히 성취되기까지 이야기는 끝나지 않을 것이다.

특별히 주님은 교회에 복음을 전하는 사명과 깨어진 영혼들을 치유하는 사명을 주셨다. 우리는 모두 이 사명에 동참할 책임이 있다. 하지만 각자 해야 할 역할은 다르다. 저 멀리 밀림에 들어가서 또는 무슬림 지역에 깊이 들어가서 복음을 전할 사람도 있을 것이다. 또 살고 있는 지역에서 복음을 전할 사람도 있겠고 또 복음화되지 않은 지역으로 갈 선교사들을 훈련해야 할 사람도 있을 것이다. 그러나 살고 있는 지역에서 복음을 전하도록 부름을 받았다고 느끼는 사람들도 멀리 떠나는 사람들을 위해 신실하게 기도하고 헌신적으로 도와야 한다. 우리는 모두 이 일에 연관되어 있기 때문이다.

세상 구석구석에 복음을 들고 가는 것이야말로 예수님이 우리에게 남겨 주신 사명이다. 사명으로 주어진 것들은 개교회의 분과로 치부될 수 없다. 오히려 지역 교회에서 하는 모든 사역에서 제1순위로 염두에 두어야 한다. 열방에 나아갈 생각을 하지 않는 교회는 신약성경 상의 의미로 보면 교회라 할 수 없다. 선교는 우리의 정체성이다. 정체성을 타협하지 않고 우리가 섬길 주님을 욕되게 하지 않는다면 이 사명은 그냥 대충 넘어갈 수 없다.

구원받은 자들의 다문화 공동체

계시록을 보면 '각 족속과 방언과 백성과 나라'에서 사람들을 구원하려는 하나님의 목적이 성공할 것임을 확신한다(계 5:9). 혼란에 빠지지 말라. 하나님의 사업은 결코 실패하지 않는다!

분명히 계시록은 하나님이 그 아들 예수 그리스도의 죽음을 통해 지구상의 모든 지역에서 사람들을 구원하실 것이라고 말한다. 계시록의 저자인 사도 요한은 감격에 겨워 이 말씀을 기록했던 것 같다.

> 이 일 후에 내가 보니 각 나라와 족속과 백성과 방언에서 아무도 능히 셀 수 없는 큰 무리가 나와 흰옷을 입고 손에 종려 가지를 들고 보좌 앞과 어린양 앞에 서서, 큰 소리로 외쳐 이르되 구원하심이 보좌에 앉으신 우리 하나님과 어린양에게 있도다 하니(계 7:9-10).

이 예배 장면을 보노라면 하나님의 위대하심을 확신하게 된다. 모든 권세가 그분께 속하였기에 그분의 계획은 언제나 성취된다. 그러므로 세상에 나아갈 때 언제나 확신을 가질 필요가 있다. 성령의 권능을 받은 이상 모든 족속으로 제자 삼고자 하는 우리의 노력은 무익하지 않다. 하나님이 우리 편이시라면 승리는 보장된 것이다. "만일 하나님이 우리를 위하시면 누가 우리를 대적하리요"(롬8:31). 우리가 복음을 증거하다가 거절당하고 고난받을지라도 하나님이 완벽하게 붙들고 계신다. 그리고 복음의 능력이 마침내 승리할 것이다.

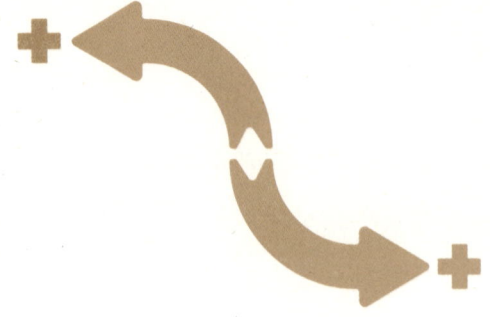

chapter **6**

제자, 영원한 천국에 들어가다

종말 : 구원의 완성, 만물의 회복

마지막을 생각하면 할수록 우리는 크리스천으로서 더 강해지고 더 유능해진다. 목표에 집중하게 되기 때문이다. 또한 아직도 일하시는 하나님이 완벽한 타이밍에 맞춰 이 모든 것을 성취하실 것임을 기억하기 때문이다. 과연 세상이 어떻게 끝날 것이라고 생각하는가?

이번 장에서 우리는 성경 이야기의 결말을 보고자 한다. 이미 살펴본 것처럼 아담과 하와가 왕 되신 하나님의 통치를 거부한 이후 하나님이 만드신 좋은 세상이 저주의 힘 아래 굴복하였다. 성경은 하나님의 구원 계획이 아브라함의 약속에서, 이스라엘의 출애굽에서, 모세의 율법에서, 그리고 다윗의 왕위에서 펼쳐진 것으로 기록한다. 이 구원 계획은 예수님의 생애와 죽음과 부활에서 정점에 이른다. 그리고 예수님이 성령님을 보내 그 백성에게 권능을 주셔서 하나님의 사명을 감당하게 하심으로 이 구원 계획은 교회 안에 들어오게 되었다.

본질적으로 성경의 이야기는 하나님이 죄의 결과들을 뒤집어 놓기 위한 계획을 실행하시는 것을 따라서 전개된다. 하나님은 그분의 형상대로 사람을 창조하셨고 하나님이 만드신 좋은 세상

가운데 두셔서 하나님 대신 애정을 갖고 그 세상을 다스리도록 하셨다. 그러나 아담과 하와는 하나님을 거역했고 그 순간부터 세상은 저주 아래 놓이고 죄와 사망으로 얼룩졌다. 바울의 표현대로 모든 피조물도 썩어짐의 종노릇 한 데서 해방되고자 탄식하고 있다(롬 8:19-22). 하나님의 구원 계획은 이 세상을 부패하게 만든 죄의 역사를 역전시키시려는 광범위한 계획이다. 성경은 "태초에 하나님이 천지를 창조하시니라"라는 말씀으로 시작해서 "보라 내가 만물을 새롭게 하노라"라는 하나님의 선언으로 끝난다(계 21:5).

마지막의 시작

예수님에 대해 이야기하지 않고는 마지막을 논할 수 없다. 우리의 최종적인 구원은 예수께서 재림하시는 역사의 마지막에 온다. 하지만 그 구원은 이미 값이 지불되었고 결과가 보장되었다. 예수님이 십자가상에서 "다 이루었다"라고 선언하셨을 때 이미 확인시켜 주셨다(요 19:30). 앞으로 무슨 일이 일어날지라도 예수님이 역사 가운데 분명히 행하신 일을 통해 하나님과 우리의 깨어진 관계를 회복하셨기에 우리에게는 희망이 있다. 예수님의 삶과 죽음과 부활은 구원 이야기의 전부가 아니다. 이는 하와의 자손이 원수의 머리를 상하게 하는 지점(창 3:15)으로, 구원 이야기의 절정이다.

예수님이 우리를 위해 행하신 일 때문에 역사는 영광스런 결말을 향해 가고 있다. 예수님이 땅에 오셨을 때 역사가 바뀐 것처럼 그가 다시 오실 때(소위 '재림'의 사건 때)는 모든 것이 변할 것이다. 히브리서 저자는 예수님의 초림과 재림의 중요성을 다음과 같이 설명한다.

> 그리하면 그가 세상을 창조한 때부터 자주 고난을 받았어야 할 것이로되 이제 자기를 단번에 제물로 드려 죄를 없이 하시려고 세상 끝에 나타나셨느니라. 한번 죽는 것은 사람에게 정해진 것이요 그 후에는 심판이 있으리니 이와 같이 그리스도도 많은 사람의 죄를 담당하시려고 단번에 드리신 바 되셨고 구원에 이르게 하기 위하여 죄와 상관없이 자기를 바라는 자들에게 두 번째 나타나시리라(히 9:26-28).

예수님의 초림은 자신을 희생함으로 우리를 구원하기 위함이었고 예수님의 재림은 이미 이루신 구원의 결실을 맺기 위함이다. 역사가 바라보고 나아가는 미래이며, 세상 끝날의 결말이다. 크리스천 사이에 미래 사건들에 관해서 신학적인 이견들이 많을 것이다. 신학 학파에 따라서 종말이 어떻게 전개될 것인지 서로 견해가 다르다. 특히 말세에 대한 예언이 가리키는 정확한 시간이 언제인가에 대해서 의견이 불일치한다. 종말에 대한 구약과 신약의 예언들은 해석하기 매우 까다롭기 때문이다. 어떤 개념들은 매우 난해해서 자주 분열의 원인이 된다. 그래서 아예 이 주제 자체를 꺼려하는 사람들도 있다. 세상의 종말이 뭐가 그리 대단한 문제냐는 식이다.

그러나 예수님은 마지막에 대해 자주 말씀하셨다. 사실 마지막 때에 대한 약속은 우리가 고난의 시간을 지날 때 큰 도움이 된다. 고통이 끝날 것을 아는 것 하나만으로 평화가 임한다. 예수님이 오셔서 모든 것을 새롭게 하실 것에 대한 확신이 있기에 기쁨이 넘친다.

그러므로 종말의 사건들을 무시하면 안 된다. 다만 여기서 다루기에는 너무 복잡한 이슈들이 많다. 여기서는 이 예언들 가운데 하나님이 보여 주시는 큰 그림과 우리가 인식하기 원하시는 분명한 개념들에 집중하겠다.

우리가 모두 고대하는 것

전 역사를 통해 인류는 세상에 뭔가 문제가 있다는 생각을 떨칠 수가 없었다. 사람들은 하나님을 비난하기도 하고, 정치 지도자나 종교들을 비난하기도 했으며, 상황에 대해 느끼는 실망감의 원인을 다른 무언가에 전가하기도 했다. 날마다 다가오는 문제는 우리 마음속에 흐르는 생각 깊은 곳에도 침투해 있다. 근본적으로 잘못된 것은 세상만이 아니라 우리 존재의 모든 요소들 또한 그렇다.

복음은 우리를 죄의 속박으로부터 자유케 하였으며(롬 6장), 하나님의 영은 넌크리스천들은 할 수 없던 방식으로 예수님을 따를 수 있는 힘을 주셨다(롬 8장, 갈 5장). 그러나 우리는 또 다른 씨름을 하고 있다. 바울은 말하기를 경건하게 살고자 하는 자는 핍박을 받을 것이라고 했다(딤후 3:12). 우리는 주님의 기쁨에 동참하지만 타락한 세상에서의 삶은 여전히 어렵고 실망스럽기까지 하다.

우리는 죄 많은 세상 한가운데서 신실하게 예수님을 따르도록 부름받았다. 또한 영원히 이렇지는 않을 것이라는 감사한 약속을 받았다. 예수님이 다시 오신다. 그리고 세상은 바로잡힐 것이다. 지금 분열이 있는 곳에 하나님은 평화를 주실 것이다. 지금 죄가 있는 곳에 하나님은 의를 베푸실 것이다. 이 세상은 너무나 망가져서 고칠 수 없고 우리는 너무 약해서 오래 버틸 수 없다고 느낄 때마다 이 약속이 우리를 붙드신다.

왕의 귀환

미래에 대해 알아야 할 가장 중요한 부분은 예수님이 다시 오신다는 것이다. 주님이 아버지께 돌아갔을 때는, 교회에 주님의 사명을 맡기셨고 성령을 보내사 우리가 이 사명을 감당할 수 있게 하셨다. 그러나 예수님이 이 세상과 끝을 보신 것이 아니다. 다시 오실 것이고, 그때는 완전하고 평화롭고 재창조된 세상을 다스리실 것이다.

요한계시록 첫 장을 읽어 보라. 예수님의 재림은 초림과 완전히 다를 것이다. 온화하시고 종으로 섬기던 주님은 한때 조롱과 침뱉음을 당하셨지만 이제는 온 우주의 통치자요 경외받으실 분으로 다시 오신다. 재림 때 예수님은 백성에게 마지막 구원을 주실 것이며 이 땅에 공의를 회복하실 것이고 모든 하나님의 대적들은 멸망할 것이다. 계시록은 격렬한 전쟁을 기록하며 예수님을 승리하시는 왕으로 묘사한다. 합법적으로 주님께 속한 세상이 주님의 것임을 강력하게 선포하실 것이다(계 19장). 교회도 역사상 너무나 연약해 보이던 때가 있었고, 핍박과 실패를 당하기도 했다.

미래는 그렇지 않을 것이다. 하나님의 구원 계획은 결코 우연적인 것이 아니다. 역사가 이렇게 끝날 것임에는 의심의 여지가 없다. 이 세상은 하나님의 것이다. 하나님이 창조하셨고 되찾겠다고 약속하셨으며, 심지어 그 백성을 되찾기 위해 목숨을 바치셨다. 마침내 때가 되면 주님은 오셔서 이 세상을 힘으로 되찾으실 것이다. 바울은 이 마지막 날의 모습을 강력하게 묘사했다.

> 이러므로 하나님이 그를 지극히 높여 모든 이름 위에 뛰어난 이름을 주사 하늘에 있는 자들과 땅에 있는 자들과 땅 아래에 있는 자들로 모든 무릎을 예수의 이름에 꿇게 하시고 모든 입으로 예수 그리스도를 주라 시인하여 하나님 아버지께 영광을 돌리게 하셨느니라(빌 2:9-11).

아무리 반대가 강하고 방해를 해도 모든 사람이 진정 예수님이 누구신지 볼 날이 올 것이다. 마침내 주님의 통치가 하늘에서는 언제나 그러했던 것처럼 땅에서도 실현될 날이 올 것이다.

새 하늘과 새 땅

성경의 마지막 부분들을 펼쳐 보라. 피조계가 회복되는 아름다운 모습을 볼 수 있다. 창세기의 처음 몇 장과 계시록의 마지막 몇 장은 하나님의 구원 계획에 대한 처음과 나중의 책 받침대 역할을 한다. 창세기에서 하나님은 만물을 창조하시고 그들을 "좋다"고 하셨다(창 1-2). 인간은 하나님과 교제하도록 지음 받았으며 창조물을 다스리는 청지기로서 그분의 영광을 나타내는 존재였다. 이와 마찬가지로 성경은 새로운 창조에 대한 그림으로 끝이 난다.

> 또 내가 새 하늘과 새 땅을 보니(계 21:1).

새 창조는 구약에서 바라보던 것이다. 계시록에서 에덴동산과 예루살렘 성전의 이미지를 사용하여 새 창조를 묘사하는 것은 결코 우연이 아니다. 두 장소, 즉 동산과 성전은 하나님이 사람과 만나시던 장소들이다. 생명나무 잎사귀들이 치료의 능력을 나타내고 하나님의 보좌로부터 생명수가 흐른다(계 22:1-2). 또한 새 예루살렘 성이 있어, 이 거룩한 성에는 성전 건물이 더 이상 필요하지 않다. 왜냐면 "주 하나님 곧 전능하신 이와 및 어린 양이 그 성전"(계 21:22)이기 때문이다.

죄와 사망으로 손상된 옛 창조물들은 모두 사라질 것이다. 하나님이 만물을 새롭게 하실 것이기 때문이다. 새 창조는 기쁨이 헤아리기 어려울 정도로 충만할 것이다. 그러나 새 창조, 즉 영원한 낙원에 관한 최고의 소식은 꽃들이 더 아름답고 풀들이 더 푸르다거나 우리 몸에 질병이 사라지는 정도가 아니다. 그야말로 새 창조에서 가장 경이로운 점은 우리가 하나님과 완벽한 연합을 이룰 것이라는 점이다.

사도 요한이 이 점을 어떻게 말했는가 경청해 보라.

> 보라, 하나님의 장막이 사람들과 함께 있으매 하나님이 그들과 함
> 께 계시리니 그들은 하나님의 백성이 되고 하나님은 친히 그들과
> 함께 계셔서(계 21:3).

이 말씀은 태초부터 하나님이 그의 백성과 맺으셨던 언약들의 메아리다. 우리 모두 고대하던 현실을 말해 준다. 성령님께서 우리 안에 거하시는 것을 육안으로 본다는 것이 어떨지 상상해 보라.

하나님과의 교제는 (아브라함의 경우처럼) 한 사람이나 (이스라엘의 경우처럼) 한 나라에 국한되지 않을 것이다. 우리는 "각 족속과 방언과 백성과 나라 가운데서" 온 사람들이 예수님의 보좌 앞에서 경배할 장면을 읽었다(계 5:9). 모든 족속으로 제자 삼으라는 대위임 명령에서 예수님이 주셨던 명령이 마침내 완성될 것이다. 이 세상을 향한 하나님의 목적은 마침내 성취될 것이다. 구원은 완성될 것이다.

심판의 날

계시록을 보면 이 영광스러운 완성의 이면에는 두려움이 도사린다. 하나님을 거부하고 하나님의 백성을 반대했던 자들에게 영원한 심판이 기다리기 때문이다. 죄가 이전과는 다르게 보일 것이다. 전에는 대수롭지 않게 보였는데 이제는 하나님에 대한 심각한 모독으로 보

인다. 악을 행하는 자들은 영광스러운 도성에 들어가지 못할 것이다. 그리스도가 사람들을 그들의 행한 바대로 심판하실 것이기 때문이다(계 22:12). 다만 예수님과 연합한 사람들은 성 안에 들어올 수 있다. 다른 이들은 불 못에 던져질 것이다(계 20:11-15).

주 예수께 복종하지 않은 사람들을 생각할 때 우리는 말 그대로 떨리지 않을 수 없다(롬 9:1-3을 보라). 잃은 영혼들을 향한 우리 사명은 참으로 시급하다. 전 세계 미전도종족들과 옆집에 사는 이웃들 모두 구원하려면 바로 이 메시지를 들어야 한다.

나 자신은 어떤가? 죄가 거룩하신 하나님으로부터 얼마나 멀리 떨어뜨려 놓았는지 알겠는가? 반항심의 정체를 알고 있는가? 죄를 씻으시고 하나님과의 관계를 회복하기 위해 예수님이 치르신 희생을 받아들였는가? 아니면 스스로의 도덕적 노력으로 하나님의 영원한 안식에 이를 수 있다는 망상에 빠져 있는가?

예수님은 "내가 생명수 샘물을 목마른 자에게 값없이 주리니"(계 21:6)라고 말씀하셨다. 오라. 믿으라. 그리고 값없이 마시라.

마지막을 보며 살라

요한계시록 메시지는 오늘날 인생을 어떻게 살아야 하는지에 대해 강한 의미를 부여한다. 단지 미래에 어떤 일이 일어날 것인지에 대한 책이 아니다. 과거에 하나님의 행하심이 오늘 우리 삶의 방식에 영향을 주듯이, 장차 하나님의 행하심이 현재 모든 일을 만드시도록 해야 한다. 계시록의 가장 강력한 특징 가운데 하나는 지금 절망적인 상황에서 살면서도 신실하게 믿음을 지키도록 격려하는 것이다.

사도 요한은 계시록을 쓸 때 밧모 섬에 유배되어 있었다. 복음 증거를 멈추지 않겠다고 했기 때문이다(계 1:9). 유배되어 있는 동안 하나님은 요한에게 세상의 실제 모습이 어떠한지 그리고 장래 모습이 어떠할지를 눈을 열어 보여 주셨다. 당시 세계를 지배하던 로마 제국이 보이는 세상을 통제하는 것처럼 보였지만, 요한은 전혀 다른 실재를 눈으로 보았다. 그는 하나님이 보시는 대로의 세상을 보았던 것이다. 계시록은 이 메시지를 주후 1세기의 일곱 교회에 보냈으며 더 넓게는 모든 성도들에게 보냈다.

계시록에 등장하는 일곱 교회와 오늘날 우리에게 보낸 이 메시지 내용은 예수 그리스도에 대한 헌신을 포기할 수 없다는 것이다. 박해와 고난을 당할 수는 있지만, 예수님이 모든 지상 권세를 통치하시기 때문에 포기하지 않는다. 그리스도를 거부하는 사람들에게 임할 심판은 끔찍하지만 믿는 자들의 마지막 목적지는 새 창조이기 때문에 이들은 그리스도의 다시 오심을 갈망한다. 마침내 하나님의 목적이 성취될 것이며 복음은 지구상 모든 지역에 선포되어 많은 이들이 믿을 것이다. 계시록은 예수님을 믿지 않는 이들에게 너무 늦기 전에 회개하고 주님 주시는 구원을 받으라고 권면하는 책이다. 또한 예수님을 따르는 자들에게 끝까지 견고하도록 격려하는 책이다.

베드로는 마지막 때에는 예수님이 다시 오실 것이라는 믿음을 갖고 있다는 이유로 조롱을 당할 것이라고 경고했다.

이르되 주께서 강림하신다는 약속이 어디 있느냐. 조상들이 잔 후로부터 만물이 처음 창조될 때와 같이 그냥 있다 하니(벤후 3:4).

다른 말로 하자면, "우리가 보니까 하나님이 악인들을 벌하신다고 무슨 일을 하시는 것도 없던데, 심판의 날이 있다고 믿어야 할 이유가 없지 않은가?"

베드로의 답변이 우리에게 큰 소망을 준다.

사랑하는 자들아 주께는 하루가 천년 같고 천년이 하루 같다는 이 한 가지를 잊지 말라. 주의 약속은 어떤 이들이 더디다고 생각하는 것 같이 더딘 것이 아니라 오직 주께서는 너희를 대하여 오래 참으사 아무도 멸망하지 아니하고 다 회개하기에 이르기를 원하시느니라. 그러나 주의 날이 도둑 같이 오리니 그날에는 하늘이 큰 소리로 떠나가고 물질이 뜨거운 불에 풀어지고 땅과 그 중에 있는 모든 일이 드러나리로다. 이 모든 것이 이렇게 풀어지리니 너희가 어떠한 사람이 되어야 마땅하냐. 거룩한 행실과 경건함으로 하나님의 날이 임하기를 바라보고 간절히 사모하라(벤후 3:8-12).

잘못된 생각에 빠지지 말라. 주님은 다시 오신다. 단지 하나님은 창조하신 모든 이들이 회개하기를 기다리신다. 그러나 영원히 기다리지는 않으실 것이다. 그가 창조하신 이 세상이 불로 정화되는 날이 올 것이다. 마치 세상이 노아의 때에 홍수로 정화되었던 것처럼 말이다. 심판과 새 하늘과 새 땅의 약속은 오늘 예수님께 신실한 인생이 되도록 자극을 준다. 하나님의 구원 계획은 완성될 것임이 틀림없다. 이를 믿고 오늘을 사는 우리는 삶의 우선순위를 정해야 한다.

우리가 제자를 세우는 이유

성경은 이런 말씀으로 마무리된다.

> 이것들을 증언하신 이가 이르시되 내가 진실로 속히 오리라 하시거늘 아멘 주 예수여 오시옵소서. 주 예수의 은혜가 모든 자들에게 있을지어다 아멘(계 22:20-21).

하나님이 우리에게 주신 임무는 창조 세계 구석구석에 가서 모든 족속으로 제자를 삼는 것이다. 예수님은 떠나시면서 우리에게 이 명령을 주셨으며, 이제 곧 오실 것이다.

이생은 예수님과 그의 영광에 관한 것이요, 우리의 사명은 하나님과 그분의 구원 계획에 관한 것이다. 그동안 하나님의 구원의 이야기가 전개되는 것을 보았다. 아담과 하와가 금단의 열매를 먹은 순간부터 초대 교회가 세상에 예수님의 복음을 전하기까지의 이야기였다. 또한 교회는 지난 2천 년간 제자 삼는 사명을 지속하고 세상을 두루 다니며 복음을 전해 온 역사를 갖고 있다. (물론 이 일을 언제나 완벽하게 해 낸 적은 없지만 말이다.)

그리고 이번 장에서는 이 이야기가 끝나는 지점에 대해 살펴보았다. 처음부터 끝까지를 줄곧 따라왔지만 여전히 이 이야기에 남아 있는 빈틈이 있다. 바로 우리가 감당하도록 부름을 받은 역할이다. 이야기의 마지막은 이미 기록되었지만, 우리는 여전히 우리 역할을 감당할 책임을 갖고 있다. 복음의 희망과 치유의 능력은 오늘날 전 세계 모든 사람들에게 전해져야 한다. 이 순간이 하나님이 우리에게 맡겨 주신 순간이다. 제자 삼는 사명은 언제나 교회를 향한 부르심이었다. 제자 양육은 마지막 순간까지 헌신해야 할 우리의 책임이다.

예수님이 말씀하셨다.

> 예수께서 나아와 말씀하여 이르시되 하늘과 땅의 모든 권세를 내게 주셨으니 그러므로 너희는 가서 모든 민족을 제자로 삼아 아버지와 아들과 성령의 이름으로 세례를 베풀고 내가 너희에게 분부한 모든 것을 가르쳐 지키게 하라. 볼지어다, 내가 세상 끝날까지 너희와 항상 함께 있으리라 하시니라(마 28:18-20).

왕께 전권이 있다. 이제 그분이 우리에게 이 명령을 주셨다. 사실 우리는 마지막이 언제 올지 정확하게 알지 못한다. 하지만 제자 삼는 일이 우리가 해야 할 일이라는 것은 알고 있다. 기도하자. 예수님이 다시 오실 때, 우리에게 주신 기술과 관계와 자원을 가지고 신실하게 주님 주신 사명을 감당하는 사람들로 발견되도록 말이다.

multiply

부록

활용법 &
소그룹을 위한 토론 질문

예수님은 무덤에서 부활하신 후 제자들에게 간단한 명령을 남기셨다.

"너희는 가서 모든 민족을 제자로 삼으라"(마 28:19).

교회는 이 점을 주목해야 한다. 우리가 예수 그리스도의 제자로 불린다면, 우리는 제자를 만들어야 한다.

그러나 오늘날 많은 크리스천들이 제자 양육을 모른다. 목회자 혼자 사역하고 성도들은 모두 멀찍이 앉아 편안하게 '교회 생활'을 즐기는 교회 문화를 만들고 말았다. 교회를 향한 하나님의 계획과는 완전히 다르다. 하나님은 모든 크리스천을 사역하도록 부르셨다. 당신 역시 제자를 만들도록 부름받았다.

'제자 제곱'이 기본 원리다. 이 원리로 제자 만드는 일을 시작할 수 있다. 이 원리를 지킬 때 믿음으로 전진하는 담대함을 얻어, 하나님이 우리 인생에 보내 주신 사람들을 제자 삼기를 바란다.

이렇게 사용하라

이 책의 첫째 목표는 성경을 이해하도록 돕는 것이다. 둘째 목표는 그런 과정에서 다른 이들을 제자 삼을 수 있는 도구들을 발견하도록 돕는 것이다. 우리는 하나님과 사람에 대한 사랑과 섬김을 통해 자라 가야 한다. 이것이 우리의 의무요 교회됨의 진정한 의미다. 개인적인 영혼의 평안에만 책임이 있는 것이 아니다. 그와 동시에 주변 사람들에게 다가가 예수님이 분부한 모든 것을 가르쳐 지키게 해야 한다.

이 책 활용법으로 두 가지를 제시한다. 물론 이 방법으로만 사용해야 하는 건 아니다. 하지만 여기서 제시하는 가이드라인을 통해 이 책을 만든 진의를 알고, 활용하는 데 도움이 될 것이다.

1. 배운 대로 가르치라. 이 교재는 읽어 주도록 만든 것이 아니라 가르치도록 만든 것이다. 더 많은 성경 지식을 원한다면 다른 좋은 성경공부 교재들도 수두룩하다. 이 책에서는 얻은 지식을 전하는 습관을 형성할 것을 강조한다.

2. 지식이 아닌 삶을 나누라. 이 책의 과정은 상당히 관계 중심적으로 구성되었다. 진정한 제자도는 깊은 관계성을 포함한다. 예수님은 그저 일주일에 한 번 성경공부 모임을 인도하신 게 아니다. 제자들과 함께 사셨고 말뿐만 아니라 행동으로도 가르침을 주셨다. 당연히 더 큰 헌신이 요구되지만, 이 길만이 진짜 제자를 만드는 유일한 길이다.

하나님은 우리가 공동체라는 맥락 안에서 살며 섬기며 진리를 전하기 원하신다. 앞으로 몇 주 동안 어려운 질문과 삶을 변화시킬 진리를 대면할 것이다. 이때 성경이 말하는 바를 제대로 이해하고 그 진리를 삶에 하나님의 의도대로 적용하기 원한다면, 다른 사람들과 동역하는 게 매우 중요하다.

제자도는 개념상 인도자와 제자가 필요하다. 이 책은 인도자와 제자가 함께 만들어 가도록 고안되었다. 그렇다고 인도자는 완벽하게 성숙한 연장자이어야 한다거나, 제자는 완전 초신자이어야 한다는 뜻은 아니다. 각기 성숙의 단계는 천차만별일 것이며, 어느 단계에 있든 상관없이 그리스도를 닮은 인격이 되기까지 서로 도움이 필요하지 않은 사람은 없다. 다른 사람을 인도하든지 아니면 보다 성숙한 누군가에게 인도를 받든지 어느 경우든 목표는 이 책을 다 읽은 뒤, 당신 역시 다른 누군가를 인도하는 것이다. 배우는 중에도 계속해서 다른 이들을 인도하는 역할을 요청받을 것이다. 배운 대로 가르치는 일을 미루지 말라.

하나님은 우리가 주중에도 하나님에 대한 이야기를 하기 원하신다. 제자도는 일주일에 한 번 잘 짜인 모임에 참석하는 것이 아니다. 그 이상으로 함께 삶을 나누는 것에 관한 것이다. 하지만 적어도 일주일에 한 번은 정기적으로 만나는 것이 좋다. 어느 정도의 짜임새가 없다면 아무리 좋은 의도라도 좋은 결과를 맺지 못한다. 이 책으로 제자 양육을 할 때에도 주별 모임은 핵심적이다.

독서 가이드

이책은 매주 한 장씩 공부하듯이 읽는 것이 좋다. 본문 각 장을 통해 성경적 진리들을 묵상하고 어떻게 삶을 만들어 갈지 알게 될 것이다. 어떤 장에서는 제자도에 연관된 핵심 개념들을 다룬다. 가령 제자가 된다는 것의 의미, 성경을 공부하는 방법, 주변 사람들이 예수님께 순종하며 살도록 돕는 방법 등이다. 그 다음 장에서는 성경 전체 이야기 중에서 중요한 성경적 개념과 단계들을 다룬다. 가령 창조, 타락, 아브라함과의 언약, 예수 그리스도의 생애와 죽음 등이다. 각 장마다 성경 구절들을 읽고 말씀의 진의를 되새겨 보고 개인적인 삶과 사역에는 어떤 의미가 있는지 생각하는 시간을 가질 것이다. 그렇게 함으로써 성경이 말하는 바를 이해하고 그 진리를 통해 사고방식과 생활양식에 변화가 일어나야 한다. 그게 목적이다.

각 장마다 여러 질문들이 제기된다(이 책의 마지막 부분에 정리해 두었다-편집자). 이런 질문들을 통해 본문 내용을 깊이 생각할 수 있을 것이다. 또한 이 질문들은 제자나 인도자와의 모임 시간을 진행하는 기본 뼈대가 될 수 있다. 혼자 공부할 때는 책을 읽어 내려가며 질문들에 답하라. 함께 공부할 때는 공부하며 든 생각과 질문을 함께 나누며 진행하라. 이 책으로 누군가를 혹은 소그룹을 인도할 때 누구보다 많이 알아야 한다는 스트레스는 받지 말라. 핵심은 지식이 아니다. 오히려 책에 있는 내용에 대해 토론하는 것으로 시작하라. 우리 삶에 실제적이지 않은 것들은 누구나 '알고' 있다. 따라서 실제적이고 적용 가능한 방향으로 논의하라.

영상 자료

매 장마다 대략 5분 정도의 영상 자료를 활용할 수 있다. 영상 자료도 배가운동 사이트에서 찾을 수 있다. 영상 자료는 인도자들을 위한 것이다. 이 책으로 다른 사람을 인도할 때 어떻게 그 사람을 성경적 진리들로 '제자화'할지를 보여 줄 것이다. 순서상으로는 먼저 이 책의 해당 장을 먼저 읽고 모든 질문에 답하라. 그리고 영상 자료를 보며 각 장 내용을 어떻게 인도할지 메모하라.

주별 모임을 구성하라

참여하는 사람의 독특한 필요와 한계를 고려해서 주별 모임을 구성하라. 모임 인도자라면 그 주에 다룰 내용을 중심으로 이야기를 나누라. 이 책 마지막에 정리해 둔 장별 질문들은 참여자들의 논의 방향을 제시할 것이다. 그러나 그 외에도 많은 중요한 이슈들을 다룰 것이다.

책 내용을 다루는 것만큼이나 중요한 것은 거기에 머무르지 않는 것이다. 하나님 말씀은 우리 삶을 변화시킨다. 야고보는 말씀을 듣기만 하고 행하지 아니하여 자신을 속이는 자가 되지 말라고 말한다 (약 1:22). 성경이 말씀하는 바를 행하지 않고 공부만 하는 덫에 빠지지 말라. 시간을 내어 기도제목을 나누고 개인적인 죄와 갈등도 이야기하고 말씀의 진리대로 살도록 서로를 격려하라.

공부하는 목적

예수 그리스도의 제자가 된다는 것은 그분에게서 배우고 그분과 교제하고 그분의 모든 계명에 순종한다는 의미다. 성경을 공부하는 것은 하나님이 누구신지, 우리가 누구인지, 그리고 세상에서 하나님이 행하시는 것이 무엇인지 배우기 위함이다. 성경은 우리로 하여금 하나님께서 우리 안과 밖에서 행하시는 일에 동참하도록 강권한다. 성경 공부도 중요하지만 목적은 결코 지식을 위한 지식이 아니다.

이 책을 공부할 때 변화를 기대하라. 예수님의 제자가 된다는 것은 그분의 형상으로 변한다는 뜻이다. 하나님은 우리가 확 변해서 다른 사람들을 자극하기 원하신다. 이것을 기회로 우리를 변화시키신 하나님이 어떤 분인지 나눌 수 있다. 그리스도에 대해 다른 사람에게 가르치는 것이야말로 예수님의 제자가 되는 일에 필수적이다. 예수님을 사랑하고 그분께 순종하라고 가르치고 있다면 제자 삼으라는 주님 명령을 준수하는 것이다.

크리스천이라면 누구나 제자들을 잘 훈련해서 자신보다 더 헌신적이고 유능하고 준비된 자들로 만들어야 한다. 그때 이 책을 사용하든 사용하지 않든, 오직 목적은 하나님의 영광을 위해 모든 것을 바치는 제자들을 키우는 데 각자 삶을 드리는 것이다.

제자란 팔로워다

1. 지금까지 살아온 인생을 돌이켜 볼 때, 예수 그리스도의 팔로워라고 불릴 수 있겠는가? 어떤 점에서 그런가? 누가복음 6장 40절 말씀과 같은 삶의 증거가 있는가?

어떻게 제자가 되는가?

2. 에베소서 2장을 주의 깊게 읽고 본문에서 말하는 진리들을 묵상하라. 당신을 구원하기 위해 그리스도께서 죽으셨음을 믿는가? 스스로를 구원하기 위해 무언가 해야 한다는 생각과 씨름한 적이 있는가?

은혜의 주님을 모시라

3. 예수님을 따르는 삶에 대한 접근법이 어떠했었는지 스스로 평가해 보라. 예수님을 당신의 주(主), 스승, 주인으로 인식하고 있는가? 어떤 점에서 그런가? 아니면 어떤 점에서 그렇지 않은가?

제자의 삶, 희생인가?

4. 삶을 돌아볼 때, 당신의 언행에서 하나님을 향한 사랑이 어떻게 드러나고 있는가? (대답하기 힘들다면, 생활방식 중에서 변화가 필요한 것들이 있는지

생각해 보라.)

모든 것을 버려도 아깝지 않은 투자, 제자

5. 따라오라는 예수님의 부름에 당신이 순종하기로 결정하면, 어떤 대가를 지불해야 하는가? (모호하게 대답하지 말라. 예수님을 따르는 삶에 특정한 소유물, 편의, 관계 등이 대가로 지불되어야 한다면 아래에 목록을 적어 보라.)

6. 이 시점에서 당신이 예수님을 따르지 못하도록 막는 것이 있다면 무엇인가? 필요하다면 이런 것들을 내려놓을 수 있겠는가?

7. 1장을 마치기 전에 잠시 기도하자. 하나님께서 각자 내면에 일하시도록 간구하고 앞으로 다가올 일을 예비해 주시길 기도하자. 모든 답을 알아야 하는 것도 아니고 하나님이 당신을 구체적으로 어떻게 쓰실지 알아야 하는 것도 아니다. 그저 하나님이 이끄시는 대로 따라오기를 하나님은 원하신다. 기도할 때 의심과 갈등과 두려움에 대해 솔직하게 고백하라. 전진할 수 있는 힘을 달라고 간구하고 대가가 무엇일지라도 주님을 따르게 해 달라고 기도하라. 주님을 신뢰하라.

1. 잠시 시간을 내서 마태복음 28장을 읽어 보라. 제자들 입장이 되어서 이 사건들을 직접 목격하고 이 말씀을 예수님께 직접 들어 보라. 당신이라면 어떻게 반응할 것인가?

교회, 영혼의 생사를 위임받다

2. 제자 삼으라는 예수님의 명령을 토대로 각자 교회 생활을 평가해 보라. 제자 삼는 사역이 지금 섬기는 교회의 특징이라고 할 수 있는가? 왜 그런가? 아니면 왜 그렇지 않은가?

그저 프로그램이 아니다

3. 당신은 세례를 받음으로 예수님과 연합하였는가? 왜 이러한 과정이 중요한 단계라고 생각하는가? 만약 그렇지 않다면, 무엇 때문에 세례 받는 것을 주저하고 있는가?

4. 성경을 연구하고 주변 사람들에게 투자하는 일에 헌신할 준비가 되었는가? 왜 그렇게 생각하는가? 아니면 왜 그렇지 않다고 생각하는가?

"나만의 고민으로도 벅차다"

5. 제자 삼으라는 예수님의 명령에 따르지 못하도록 만드는 이유들이

무엇인가? 이런 이유들을 내려놓고 결단하기 위해 해야 할 일은 무엇인가?

첫걸음을 내딛다

6. 바로 지금 당신 삶에 예수 그리스도의 제자가 되도록 만들라고 하나님이 보내신 사람은 누구인가?

제자 삼는 일에 동역하라

7. 제자 삼는 사역에 동역자로 하나님이 보내신 사람은 누구인가?

8. 하나님께 헌신적이고 유능한 제자 양육자가 되게 해 달라고 기도하라. 어떤 부족함이나 불안함이 있다면 고백하라. 주께서 부르신 사역을 감당할 능력을 부어 달라고 간구하라. 적합한 동역자와 적합한 동반자를 만나게 해 달라고 간구하라.

마음의 동기가 중요하다

1. 잠시 정직하게 마음을 점검하라. 왜 제자를 양육하기 원하는가? 다른 사람이 알아주기 바라는 마음과 씨름하고 있는가?

가르침은 위험하다

2. 야고보서 3장 1-12절을 읽고 야고보의 경고를 묵상하라. 이 강력한 말씀이 당신에게 영향을 주는 부분이 있는가? 제자 양육에 대한 접근법에 수정이 필요한 부분이 있는가?

사랑이 먼저다

3. 제자 삼으려는 내면의 동기가 사랑에서 시작된 것인가? 왜 그런가? 아니면 왜 그렇지 않은가?

4. 하나님이 보내 주신 사람들을 향한 마음이 어떤지 설명해 보라. 주변 사람들을 사랑하고 있음을 보여 주는 증거가 있다면 말해 보라.

5. 열정적으로 기도하는 것 외에 사람들을 더욱 사랑하기 위해 실천할 수 있는 구체적인 행동은 무엇인가?

6. 진리이신 하나님 말씀으로 삶이 변화되고 있는가? 이유는 무엇인가?

7. 다른 사람들에게 가르치는 진리대로 스스로 실천하며 살려면 어떤 변화들이 필요한가?

8. 이번 장에서 도전하는 내용들은 접근하기 쉽지 않다. '임시방편'은 있을 수 없다. 이 장을 마치면서 하나님께 기도하라.
   "제자 양육의 바른 동기를 마음에 주시고, 하나님과 주변 사람들을 더 사랑하게 하시고, 말씀대로 살아갈 능력을 주사 다른 사람들에게 그 말씀을 가르치는 소명을 잘 감당하게 하옵소서."

삶을 교회에 헌신하라

1. 왜 신약성경은 크리스천이 지역 교회의 헌신된 일원이 되는 것을 우선순위로 삼고 있을까? 당신 삶에서 이런 우선순위를 가장 잘 나타내는 것은 무엇인가?

2. 에베소서 4장 1-16절을 읽으라. 교회 안에 있는 다른 크리스천들을 향한 당신의 책임은 무엇일까?

서로의 짐을 지라

3. 당신만의 독특한 상황을 생각해 보고 하나님이 주변 사람들을 도우라고 허락하신 기회들이 무엇인지 적어 보라. 지금까지 그 기회들을 활용했는가?

4. 갈라디아서 6장 1-2절을 묵상하라. 다른 사람의 짐을 져 준다는 것은 어떤 의미인가? 지금 주변에 당신이 도와야 할 사람이 있는가?

문제의 표면 아래로 들어가라

5. 왜 우리는 다른 사람이 변하도록 도울 때 외적 환경과 행동에 집중하려는 경향을 보인다고 생각하는가?

6. 환경과 행동만 다루는 것이 아니라 그보다 더 깊이 들어가 문제의 핵심에 도달하는 것이 왜 본질적으로 중요할까? 이론적인 설명이 아니

라 스스로 정리하여 설명해 보라.

마음은 복음으로만 변화된다

7. 사람들의 변화를 돕고자 할 때, 복음의 진리와 성령의 능력이 임하면 어떤 변화가 일어나겠는가?

8. 지금 섬기는 교회 공동체는 패배감과 소외감으로 점철되어 있는가 아니면 성령의 능력과 변화로 가득한가? 그렇다면 또는 그렇지 않다면 원인이 무엇인가?

9. 섬기는 교회가 좀 더 하나님이 의도하신 방향으로 기능하도록 만들기 위해 개인적으로 즉각 취할 수 있는 대안은 무엇일까?

모든 지체는 각자 역할을 한다

10. 그리스도의 몸된 교회 안에서 주어진 역할을 하고 있는가? 그렇다면 지금 감당하는 역할에서 더 성장할 부분은 무엇인가? 만약 역할을 하고 있지 않다면 이제는 함께할 준비가 되었는가? 어떤 일들을 시작해야 하겠는가?

11. 잠시 기도하는 시간을 갖자. 다른 사람을 도울 때 당신을 붙드시는 성령의 능력에 대한 확신을 달라고 하나님께 간구하라. 무엇을 해야 하는지 알 수 있도록 지혜를 구하고 도움이 필요한 사람을 알아보는 분별력을 간구하라. 하나님이 당신과 교회를 사용하사 지금 서 있는 자리에서 구원 계획을 이루어 가시도록 기도하라.

1. 지금 섬기는 교회는 내부에 더 초점이 맞춰져 있는가, 외부에 더 초점이 맞춰져 있는가? 왜 그렇게 생각하는가?

사랑으로 알려지다

2. 고린도전서 13장을 읽으라. 지금 교회 생활에서 사랑이라는 특징이 나타나고 있는가? 그렇다면 또는 그렇지 않다면 이유가 무엇인가?

3. 교회에서 사랑의 본보기가 되려면 어떤 시도를 해야 하는가? 교회에서 공식적인 리더이든 아니든 어떻게 하면 사람들을 더 사랑으로 인도할 수 있겠는가?

세상을 압도하는 공동체

4. 요한복음 17장을 읽으라. 제자들을 향한 예수님의 소망을 주의 깊게 보라. 지금 섬기는 교회에는 이런 연합이 분명히 나타나고 있는가? 그렇다면 또는 그렇지 않다면 왜 그런가?

5. 지금 섬기는 교회와 개인적으로 처한 독특한 문화적 상황에 대해 생각해 보라. 교회가 하나되기 위해 필요한 것은 무엇인가? 그 하나됨이 불신 세상에 드러나기 위해 필요한 것은 무엇인가?

6. 믿음을 나눌 때 판매원처럼 느껴진 적이 있는가? 이런 현상을 바꾸려면 어떻게 해야 하겠는가?

7. 지금 섬기는 교회가 세상을 압도하는 공동체, 즉 사랑과 연합과 희망을 드러냄으로 불신 세상이 "도대체 무슨 일인가!" 하고 질문하지 않을 수 없게 만드는 모임이 된다는 것은 어떤 뜻인가?

열방을 대표하는 제사장 나라

8. 베드로전서 2장 4-12절을 읽으라. 교회로서의 우리 소명에 대한 베드로전서의 말씀을 참고로 볼 때, 우리 주변 공동체에 대해 앞으로 어떻게 생각하고 또 어떻게 상호작용해야 하겠는가?

지금 섬기는 교회가 중요하다

9. 잠시 기도하라. 교회를 향한 하나님의 부르심은 너무 중요해서 간과할 수 없으며, 성령의 능력 없이는 감당할 수 없다. 섬기는 교회가 성령으로 충만하여 변화를 드러내도록 하나님께 간구하라. 하나님의 구원 계획 안에서 당신이 감당해야 할 역할을 잘 감당하도록 준비시켜 달라고 간구하라.

지구상의 모든 가족

1. 하나님의 구원 계획을 세계적인 관점에서 생각해 보는 것이 왜 중요한지 정리해서 이야기해 보라.

2. 섬기는 교회의 사명에는 세계 다른 지역과 사람들에 대한 부분도 포함되어 있는가? 구체적으로 어떻게 포함되어 있는가?

3. 위에서 언급한 말씀들(롬 15:20-21, 사 52:7-10, 롬 10:12-15)을 잠시 생각해 보라. 이 진리의 말씀을 읽고서 소명에 대해 새롭게 정리한 부분이 있는가?

끝이 오기 전에

4. 지구상의 미전도 종족들에 대해 깊이 생각해 보았는가? 그렇다면, 이들이 당신의 사고방식과 생활방식에 어떤 영향을 주는가? 전혀 그들을 염두에 둔 적이 없다면, 이유는 무엇인가?

누구도 예외 없이 부름받다

5. 하나님이 지금 삶에 무엇을 원하시는지 잠시 질문하는 시간을 가지라.

어떠한 변명이 떠올라도 이겨 내도록, 그리고 마음에 어떠한 우상이 자리 잡고 있어도 내려놓을 수 있도록 간구하라. 하나님이 어떤 방향으로 인도하시든 따르겠다는 마음을 달라고 간구하라. 이 기도하는 시간을 통해 정리된 생각들을 적어 보라.

6. 세상에 복음을 전파하는 일에 당신의 역할은 무엇인가? 아무것도 떠오르는 것이 없다면, 선교가 삶의 일부가 되기 위해 시작해야 할 일을 몇 가지 적어 보라.

역사는 마지막 날을 향해 달려가고 있다

7. 신실하게 예수님을 따르며 하나님의 구원 계획 안에서 자신의 역할을 감당하려면 지금 삶의 모습이 어떠해야 하는가? (폭넓은 질문이지만, 배운 것을 실천하기 위해 지침이 될 만한 몇 가지를 적어 보라.)

8. 시간을 내어 기도하라. 하나님께 전적으로 순종하게 해 달라고 간구하라. 하나님이 부르셔서 시키시는 일이 무엇이든 하나님의 인도하심과 힘 주심을 경험하도록 간구하라. 감당할 수 있는 능력을 주셔서 이웃에게도 그리고 세상을 향해서도 하나님께 쓰임받는 사람이 되도록 기도하라.

올바른 책을 그릇된 이유로 공부하다

1. 성경을 공부하는 동기를 점검하는 시간을 갖고 떠오른 생각들을 적어 보라.

2. 성경 연구에 대한 과거 경험을 돌이켜 볼 때, 위에서 언급한 잘못된 동기들 중에 해당되는 항목이 있는가? 다른 잘못된 동기들도 있는가?

하나님은 왜 성경을 주셨는가

3. 하나님이 왜 성경을 우리에게 주셨는지 다시금 생각하는 시간을 가져라. 이런 사실들이 성경 공부에 대한 개인적인 생각에 어떤 영향을 주었는가?

하나님의 마음에 접근하라

4. 성경의 가르침에 어떻게 반응하는 편인가? 변화되려는 마음으로 겸손하게 성경에 접근하는 편인가? 성경공부에 대한 접근법을 어떻게 수정해야 하는가?

올바른 동기가 모든 것을 변화시킨다

5. 주변에 거만하다 생각하던 사람들을 열거하려 들지 말라. 성경 공부에 대한 열심이 혹시 당신을 교만하게 하지 않았는지 잠시 돌이켜 보라. 성경 공부가 지금까지 당신을 어떻게 변화시켰는가? 오히려 더 거만해지고 논쟁적이고 비판적인 사람이 되었는가? 떠오르는 생각이 있다면 적어 보라.

6. 베드로전서 2장 1-2절 말씀을 묵상하는 시간을 가지라. 베드로가 묘사한 대로 말씀을 사모한다면 어떻게 삶이 변하겠는가?

순전한 갈망을 위해 기도하라

7. 이 장을 마치기 전에 기도하라. 성경에 관해 하나님이 우리 마음을 정결케 하시도록 간구하라. 순전한 말씀의 젖을 사모하는 마음을 달라고 하나님께 간구하라.

성경을 공부하는 '바른' 방법이 있을까

1. 성경 공부에 대한 개인적인 경험을 서술해 보라. 어떤 접근법을 시도
해 보았는가? 어떤 방법이 효과적이었는가? 어떤 방법이 효과가 없
었는가? 그 과정에서 배운 바는 무엇인가?

경건하게 성경을 연구하라

2. 성경 읽기에서 즐거움을 누린다는 것은 어떤 것일까? 이런 경험을 해
본 적이 있는가? 그렇다면, 그때 어떠했는가? 그런 경험이 없다면,
지금까지 성경을 즐기지 못한 이유가 무엇이라고 생각하는가?

3. 시편 119편을 읽어 보라. 충격적이거나 도전적이거나 고무적인 말씀
을 찾아보라.

기도와 이해

4. 기도하는 마음으로 성경을 공부한다는 것은 실제로 어떤 의미인가?
성경 공부를 할 때 기도하며 하나님께 의지하려면 어떻게 해야 하겠
는가?

순종할 마음으로 성경을 공부하라

5. 주변 사람들을 사랑하고 남을 용서하고 기도하는 것 등 우리 모두가 행하기를 하나님이 원하신다고 생각되는 명령들에 대해 잠시 생각해 보라. 이런 명령들의 목록을 몇 가지 적어보라.

6. 이미 성경에 대해 알고 있는 것들을 염두에 두고 잠시 삶을 점검해 보라. 성경의 진리를 삶에 적용하고 있지 않다면 성경 공부 방식에 어떤 변화를 주어야 하겠는가?

믿음으로 성경을 공부하라

7. 믿음으로 성경을 공부한다는 것이 어떤 의미인지 자신의 경험을 토대로 설명해 보라. 실제로 이렇게 하고 있는가? 아니라면 어떻게 하고 있는가?

좋은 성경 공부는 변화를 일으킨다

8. 이 과에서 깨달은 것들을 잠시 생각해 보라. 성경 공부 방식에 어떤 변화들이 필요한가?

9. 잠시 기도하라. 말씀에 대한 사모함을 부어 달라고 기도하라. 헌신과 순종으로 하나님 말씀에 다가서게 해 달라고 간구하라.

문맥을 고려하라

1. 성경을 공부할 때 주로 어떤 방식으로 하는지 생각해 보라. 성경이 정확히 말하는 바를 알기 위해 노력하고 있는가? 문맥에 관심을 기울이는가? 그렇다면, 문맥이 어떻게 도움이 되는가? 만약 그렇지 않다면, 문맥을 고려하는 것이 성경 연구 방식에 어떤 변화를 가져오겠는가?

해석과 적용 사이의 차이점을 알라

2. 해석과 적용의 차이를 이해하는 것이 왜 중요한지 말해 보라.

분명한 의미를 발견하라

3. 각 본문에서 더 깊은 의미를 찾기보다 분명한 의미를 찾는 것이 왜 중요한지 말해 보라.

4. 성경을 공부할 때 본문의 분명한 의미를 찾는 데에 초점을 맞추는가? 그렇다거나 그렇지 않다면 이유는 무엇인가?

성경을 문자적으로 받아들이라

5. 성경을 비유적으로나 상징적으로 해석하는 경향이 있는가? 왜 그렇게 하는 경향이 있다고 생각하는가?

문법적인 문맥을 공부하라

역사적인 맥락을 공부하라

6. 문법적인 문맥과 역사적인 맥락에 주의를 기울이는 것이 왜 중요한
   지 설명해 보라. 이런 개념들을 생각해 볼 때 당신의 성경 공부는 어
   떠해야 하는가?

당신의 짐을 내려놓으라

7. 하나님의 진리를 더 정확하게 이해하기 위해 당신 자신의 인생 경험
   이라는 짐을 내려놓고 성경을 읽는다는 것은 어떤 의미인가?

적용에 대한 주의

8. 이번 장에서 생각해 본 것들을 기억할 때, 당신의 성경 통독과 성경
   공부에 대한 접근법이 어떻게 변해야 할까?

영광의 무대를 세우다

1. 창세기 1-2장을 읽으라. 성경 이야기에 방향을 맞춰 줄 만한 요소들이 있는지 찾아보라. 이번 장에서 누구를 소개받는가? 무엇이 강조되고 있는가? 핵심이 무엇인가?

하나님은 누구신가

2. 창세기 1-2장에서 읽은 내용을 잠시 묵상하라. 본문에 나타난 하나님의 행동들을 볼 때 하나님은 어떤 분이신가?

여기는 하나님의 세상이다

3. 창조 이야기에 드러나는 하나님의 영원성과 능력을 고려한다면, 하나님을 바라보는 관점과 하나님과 교제하는 방식이 어떻게 변해야 하는가?

4. 하나님의 능력과 권위와 소유권을 생각할 때 이 세상에서 우리의 자리에 대한 관점이 어떻게 변해야 하는가?

하나님의 형상으로

5. 하나님이 우리를 "그분의 형상대로" 지으셨다는 점이 왜 중요할까? 자신을 바라보는 관점과 주변 사람을 바라보는 관점에 어떤 변화가 있는가?

6. 창세기 2장을 읽을 때 인간에 대해, 그리고 하나님과의 관계 및 인간 상호간의 관계에 대해 무엇을 배웠는가?

동산에서의 삶

7. 창세기 1-2장에 나타난 세상의 모습을 잠시 그려 보라. 그 모습이 매력적인 이유가 무엇인가? 에덴동산의 어떤 점을 이 땅에서의 삶에 회복하려는 소망을 가져야 하겠는가?

갑작스런 반전이 일어난다

1. 창세기 3장을 읽으라. 창세기의 첫 세 장에 근거할 때 아담과 하와가
   선악과 열매를 먹은 것이 왜 그렇게 큰 문제였는가?

2. 창세기 3장에 나오는 아담과 하와의 반역을 염두에 두고 각자 삶에서
   죄가 무엇인지 분석해 보라. 독립과 반항을 원하는 동일한 경향이 있
   는가? 있다면 어떤 것인가?

세상은 다른 곳이 되었다

3. 창세기 2장의 세상을 다시 생각해 보라. 죄가 없었다면 우리가 사는
   세상이 어떠했을지 상상해 보라. 만물이 하나님이 의도하신 그대로
   있었다면 말이다. 떠오른 생각들을 적어 보라.

4. 이번에는 죄가 우리들 세상에 미친 영향이 무엇인지 생각해 보라. 세
   상에 대한 우리의 경험이 타락 때문에 어떻게 변질되었는가? 구체적
   으로 오늘날 당신에게는 어떤 영향이 있는지 설명해 보라.

가인으로부터 바벨에 이르기까지

5. 세상의 현재 상태를 생각해 보라. 홍수 심판과 바벨탑 사건을 일으킨

불순종의 태도가 오늘날에도 인간 안에 가득하다. 어떤 점에서 그런가?

6. 개인적으로 어떤 면에서 불순종의 모습을 보이고 있는가?

죄에도 불구하고 이야기는 계속된다

7. 창세기 1장에서 3장, 그리고 4장에서 11장에서 다룬 사건들을 돌이켜 보라. 이 부분이 장차 성경 이야기에서 일어날 일들에 대해 어떤 토대를 제공하는지 간단히 설명해 보라.

8. 성경의 첫 부분을 이해하고 나니, 우리 자신과 주변 세상에 대한 관점이 어떻게 변하는가?

하나님의 구원 계획

1. 아브라함 인생의 주요 시점을 다룬 본문(창 12:1-9; 15:1-21; 17:1-14)을 읽고 묵상하는 시간을 가지라. 하나님이 아브라함에게 주신 약속들을 읽으면서 어떤 내용이 눈에 띄는가?

2. 아브라함과 하나님의 언약을 통해 하나님에 대해 계시되는 점은 무엇인가?

3. 아브라함과 하나님의 언약을 통해 하나님의 구원 계획에 대해 계시되는 점은 무엇인가?

4. 성경적인 패턴을 생각해 보라. '인간이 죄를 짓는다. → 인간이 그 결과를 맞이한다. → 하나님이 구원하신다.' 당신 자신의 삶에서도 이런 패턴을 발견할 수 있는가?

확증된 언약

5. 창세기 15장에서 하나님은 아브라함에 대한 약속들이 아브라함에게 달려 있지 않다는 점을 명확하게 하셨다. 그렇다면 우리가 하나님의 구원 계획을 생각하는 방식이 어떻게 변해야 하는가?

자신을 위해 한 민족을 세우시다

6. 하나님이 자신을 위해 한 민족을 세우신 것이 왜 중요한지 설명해 보

라. 하나님이 '큰 민족'을 만드시겠다는 약속을 통해 이루고 싶어 하신 것은 무엇인가?

아브라함과 일치하는 복음

7. 아브라함에게 주신 하나님의 언약을 통해 '모든 민족'에게 복 주시려는 하나님의 의도를 생각해 보라. 오늘날 우리가 세상을 보는 관점에 시사하는 바는 무엇인가?

8. 하나님이 주신 복들을 생각해 보라. 주변 사람들을 이롭게 하기 위해 이 복들이 어떻게 쓰임받아야 하겠는가?

아브라함의 믿음

9. 로마서 4장을 읽으라. 신약성경이 아브라함의 믿음을 그렇게 비중 있게 다루는 이유를 무엇이라고 생각하는가?

10. 아브라함의 믿음을 생각할 때, 하나님에 대한 생각과 관계에 어떤 변화가 있어야 하겠는가?

11. 잠시 기도하라. 하나님에 대한 믿음을 더해 달라고 간구하라. 하나님의 구원 계획과 그 안에서 감당하기 원하시는 역할에 대해 좀 더 지속적으로 인식하며 살게 해 달라고 간구하라.

모세, 여호와와 대면하다

1. 출애굽기 2장 23절부터 3장 22절까지 주의 깊게 읽어 보라. 이 본문은 한 인간이 전능자 하나님과 생생하게 대화를 나눈 몇 안 되는 경우들 중 하나다. 모세와 하나님의 만남을 다룬 이 본문에서 가장 기억에 남는 것은 무엇인가?

2. 출애굽기 5장 22절에서 6장 13절을 읽어 보라. 이 본문을 통해 하나님과 그 백성과의 관계에 대해 무엇을 새롭게 알게 되었는가?

유월절 어린양

3. 하나님이 이스라엘 백성들에게 유월절 어린양을 주신 사건이 예수님의 희생을 이해하는 데 도움이 되는 부분이 있다면 말해 보라.

홍해를 건너

4. 출애굽기 15장 1-21절을 읽어 보라. 하나님이 노예에서 해방시키시자마자 이스라엘 백성들은 하나님의 구원 행위를 어떻게 묘사했는가?

5. 이스라엘의 출애굽 기사에서 하나님에 대해 무엇을 배우는가?

6. 출애굽 이야기에서 하나님의 구원 역사의 패러다임을 본다. 지금 삶에서는 하나님의 손이 어떻게 일하고 계신가?

망각하는 백성들

7. 하나님의 구원을 금세 잊고 불평하기 시작하는 이스라엘을 보며 인간에 대해 무엇을 배우는가?

8. 개인적으로 하나님이 당신을 구하신 사건들을 기록해 보자. 하나님이 누구신지 그리고 하나님이 무엇을 행하셨는지 계속해서 기억하려면 무엇을 해야 하는가?

9. 기도하는 시간을 갖자. 이스라엘의 출애굽 사건을 생생하게 보여 달라고 기도하라. 상황이 아무리 절박해 보여도 당신에게 주신 약속들을 지키시기 위해 하나님이 다가오실 것임을 믿게 해 달라고 간구하라. 하나님이 구원자가 되심을 믿는 믿음을 달라고 기도하라.

시내 산 기슭에서

1. 출애굽기 19장을 읽으라. 백성들이 자신을 정결케 하는 것과 산에 오르지 않는 것이 왜 중요했는지 설명해 보라.

2. 이스라엘이 시내 산에서 하나님을 만나는 장면을 볼 때 하나님을 바라보는 관점에 어떤 변화가 있어야 하겠는가?

거룩한 하나님과 죄 많은 백성

3. 출애굽기 20장 1-21절을 읽어 보라. 십계명을 통해 하나님의 성품이 어떻다는 것을 알게 되는가?

4. 십계명에서 하나님은 인간이 어떻게 살기를 원한다고 말씀하시는가?

관계를 유지하라

5. 이스라엘이 하나님의 은총을 받기 위해 율법을 지키는 것과 하나님과 관계를 유지하기 위해 율법을 지키는 것 사이의 차이를 설명해 보라.

6. 하나님이 이스라엘에게 율법을 주신 것이 왜 중요한지 설명해 보라.

축복과 저주

7. 신명기 28장을 읽어 보라. 순종에는 복을 약속하고 불순종에는 저주를 약속했다. 이 말씀들을 볼 때 모세와 이스라엘과 하나님이 맺으신 언약이 얼마나 중요한지 이해하는 데 도움이 되는 부분은 무엇인가?

제사장 나라

8. '제사장 나라'와 '거룩한 백성'으로서 이스라엘이 주변 나라들에 대해 갖는 책임은 무엇이었는가?

9. 우리는 이스라엘 민족은 아니지만 하나님은 교회를 말씀할 때 비슷한 표현을 사용하신다(벧전 2:5, 9를 보라). 모세와 이스라엘 백성과 하나님의 언약을 볼 때 우리 자신을 하나님의 백성으로 보는 관점에 어떤 변화가 필요한가?

10. 잠시 기도하라. 깨어진 세상에 오셔서 깨어진 백성 안에서 일하시고 이들을 통해 그 목적을 이루어 가심에 감사하자. 기꺼이 순종할 마음을 달라고, 주변 세상에 다가갈 열정을 달라고 간구하라.

죄의 문제에 대한 하나님의 해답은 희생이다

1. 구약의 희생 제사에 대해 이미 알고 있는 것을 설명해 보라. 구약의 제사 제도 관점에서 예수님의 희생을 생각해 본 적이 있는가? 어떤 생각을 해 보았는가?

구약의 전개에서 나오는 희생

2. 왜 희생이 구약에서 중요한 주제인가?

모세 율법에서의 희생

3. 이스라엘이 하나님과 맺었던 관계에서 희생이 어떤 역할을 했는지 종합적으로 정리해 보라.

죄가 생생하게 기억나게 하다

4. 구약의 제사 제도를 생각할 때, 우리 자신의 죄를 어떻게 바른 관점으로 보아야 하는가?

속죄일

5. 레위기 16장을 읽어 보라. 속죄일에 대한 설명에서 가장 주목할 만한 부분은 무엇인가?

6. 속죄일을 통해 우리는 죄의 속성과 용서의 실재에 대해 무엇을 배울 수 있는가?

동물 제사의 문제

7. 하나님이 예배자의 마음을 강조하시는 말씀을 볼 때, 우리는 예배와 일상에서 하나님께 어떻게 다가가야 하는지 생각을 정리해 보라.

궁극적인 희생

8. 히브리서 9장 11절에서 10장 25절을 읽으라. 구약의 제사 제도를 공부하고 히브리서를 읽어 보았다. 구약의 제사 제도와 속죄를 통해, 예수님의 죽음이 중요하다는 것을 더 잘 이해하게 해 주는 측면은 무엇인가?

9. 잠시 기도하자. 예수님이 우리 대신 드린 희생의 소중함을 깨닫도록 하나님께 기도하라. 죄의 문제에 대해 스스로 애통해하는 마음을 달라고 간구하라. 그 죄를 깨닫고 제거할 수 있는 힘과 용기를 주시도록 간구하라. 우리 삶이 로마서 12장 1절 말씀대로 '산 제사'가 되도록 기도하라. 무엇보다도 예수님이 우리를 위한 대속물이 되신 것에 감사하라.

동산에서 하나님의 임재

1. 하나님의 임재가 인간에게 왜 그렇게 중요한가?

장막

2. 출애굽기 25장 8-9절과 17-22절을 읽어 보라. 장막과 언약궤가 어떤 점에서 중요한 의미를 갖는가?

하나님의 임재가 없는 하나님의 축복

3. 출애굽기 33장 1-6절을 읽어 보라. 이 선언이 왜 그렇게 이스라엘 백성에게 절망적인 선언이었는가?

4. 일상에서 하나님의 임재를 생각해 보라. 하나님의 임재가 없이 하나님의 축복을 받을 가능성에 대해 어떻게 반응하겠는가? 이 질문에 교과서적인 답은 내려놓고 정직하게 답해 보라.

5. 출애굽기 33장 7-23절을 읽어 보라. 모세의 반응 중에 어떤 말씀이 마음에 다가오는가?

6. 모세와 이스라엘이 하나님 없이 겪은 일들을 생각해 볼 때, 개인적으

로 하나님과 상호 교류하는 방식에 어떤 생각의 변화가 일어나는가?

성전

7. 열왕기상 8장 1-13절을 읽어 보라. 이 구절을 보며 하나님의 영광에 대해 알게 된 것과 하나님이 그 백성 가운데 거하시는 중요한 이유가 무엇인지를 말해 보라.

중요한 경고

8. 열왕기상 9장 1-9절을 읽어 보라. 하나님의 임재가 그 백성 가운데 머문다는 것이 어떤 의미인지, 솔로몬에게 주신 경고를 통해 배우는 것은 무엇인가?

9. 지금까지 공부한 것을 생각할 때, 하나님이 예수님 안에서 사람이 되셨다는 것과 교회가 하나님의 거하실 처소가 되었다는 점을 이해하는 데 도움이 된 부분을 말해 보라.

하나님의 임재가 세상을 덮을 것이다

10. 잠시 기도하자. 하나님의 임재의 중요성을 알게 해 달라고 하나님께 간구하라. 그리고 삶으로 그분의 임재와 영광을 비추어 다른 크리스천들과 함께 살아가도록 간구하라.

창조의 왕

1. 창세기 1장과 2장을 읽어 볼 때 하나님에 대해 알게 된 것이 무엇인지 잠시 생각해 보라. 창조 기사에서 하나님의 왕권은 어떻게 세워지고 표현되었는가?

진정한 이스라엘의 왕

이스라엘이 왕을 세우다

2. 사무엘상 8장을 읽어 보라. 이 본문을 읽을 때 이스라엘이 인간 왕에게 통치를 받겠다고 결정한 것이 어떤 면에서 중요한지 말해 보라.

3. 사무엘하 7장을 읽어 보라. 이 본문에서 하나님은 다윗에게 어떤 약속들을 하셨는가?

장차 오실 왕

4. 장차 오실 왕에 대한 약속들에 대해 잠시 생각해 보라. (본문 내용을 참고하라.) 다윗의 계보에서 일어나는 왕의 개념이 신약 시대 예수님의 출현을 위한 무대를 어떻게 세워 주는가?

5. 누가복음 1장 26-33절에 나오는 예수님의 탄생 선언을 읽어 보라. 이 본문에서 사용된 언어를 볼 때 구약의 나라 개념으로 예수님을 보도록 도와주는 부분은 무엇인가?

6. 예수님을 다윗 왕가의 정점으로 보는 것이 왜 중요한가?

7. 하나님과 그의 기름부음 받은 자의 왕권을 생각할 때 우리는 하나님과 성자 그리스도와의 관계를 어떻게 바라보아야 하는가?

8. 잠시 기도하자. 왕이 되시는 하나님의 다스리심에 즐거이 순종하는 사람이 되게 해 달라고 기도하라. 하나님의 통치하심이 이 세상에 바르게 서도록, 이 패역한 세상이 예수님을 참되신 왕으로 깨달을 수 있도록 기도하자.

불순종에 대한 저주

1. 신명기 28장을 읽어 보라. 이번 장에서 공부했던 내용을 토대로 생각할 때, 1-14절에 나오는 복이 이스라엘 삶에서 실현된 부분은 무엇인가?

2. 신명기 28장 15-68절을 보고 이스라엘이 불순종하면 그들에게 임할 것이라고 말씀하신 하나님의 심판 내용을 정리해 보라.

포로 됨의 약속

분열되고 무너진 왕국

3. 열왕기하 17장 1-23절을 읽어 보라. 단순히 이스라엘이 포로로 잡혀가는 사건을 기록하고 있지 않고 신학적 설명을 첨언했다. 이 본문에 따르면 이스라엘은 왜 포로로 잡혀 갔는가?

4. 이스라엘의 고집스런 반역을 볼 때 그들을 포로로 보내시고도 여전히 슬퍼하시는 하나님에 대해 어떻게 생각하는가?

포로로 잡혀 간 이스라엘

5. 에스겔서 36장 16-38절을 읽어 보라. 하나님은 왜 이스라엘 회복을 약속하시는가? 왜 이것이 중요한가?

6. 에스겔서 36장 25-27절을 면밀하게 살펴보라. 하나님은 그의 백성을 정결하게 할 것이며 그들에게 새 마음을 주겠고 새 영으로 그들에게 능력을 주시겠다고 약속하신다. 이 약속들이 갖는 의미는 무엇인가?

새 언약

7. 잠시 에스겔 36장 25-27절과 예레미야 31장 31-34절을 묵상해 보라. 새 언약의 어떤 내용이 그렇게 놀랍고 중요한가?

예수의 피와 새 언약

8. 구약이 종결될 때 하나님은 다윗의 계보에서 왕을 보내겠고 그 백성과 새 언약을 맺으시겠다고 약속하셨다. 이 약속들이 오늘날 우리 삶에 미치는 영향은 무엇인가?

9. 잠시 기도하자. 우리 마음속에 있는 죄를 아뢰고 하나님을 사랑하고 하나님의 통치에 순종할 마음을 달라고 간구하라. 하나님의 구원 약속으로 인해 감사하고 예수의 피로 세워진 새 언약의 놀라운 실현으로 인해 감사하라.

신약의 시작과 중심

1. 마가복음 1장을 천천히 생각하며 읽어 보라. 예수님이 말씀하시고 행하시는 것을 보는 느낌이 어떤가? 예수님에 대한 말씀에서 어떤 내용이 인상적인가?

메시아 예수

2. "너희는 나를 누구라 하느냐?"라는 예수님의 질문에 우리 문화권 사람들은 어떤 대답을 할까? 그 대답에 부적절한 요소는 무엇인가?

사람이지만 사람 이상이신 분

3. 예수님이 완전한 인간이셨음을 이해하는 것이 왜 중요한가? 이 사실을 생각할 때 당신에게 예수님은 어떤 분이신가?

4. 예수님이 완전한 인간이자, 실제로는 하나님이셨음을 이해하는 것은 왜 중요한가? 이 사실을 고려할 때 당신에게 예수님은 어떤 분이신가?

하나님의 계획 완성

5. 예수님이 구약의 약속들과 예언들을 완성하셨음을 아는 것이 왜 중요한가?

하나님의 나라

6. 구약의 하나님 나라에 대한 장에서 공부한 것을 바탕으로 생각해 볼 때, 예수님이 하나님의 나라를 선포하신 것은 왜 중요한가?

7. 하나님 나라의 개념과 예수님이 왕이라는 사실이 지금 우리 일상에 어떤 영향을 주는가?

죽음을 통한 생명

8. 에베소서 2장 1-10절과 골로새서 2장 13-15절을 주의 깊게 읽어 보라. 이 본문이 너무 익숙하다면 일부러 처음 읽는 것처럼 천천히 읽으라. 이 본문들이 예수님의 죽음과 부활의 중요성에 대해 말해 주는 것은 무엇인가?

9. 이 본문들에 따르면, 우리는 예수님과 어떤 관계를 맺어야 하는가?

"나를 따르라"

10. 잠시 기도하는 시간을 갖자. 지금까지 본 진리들을 통해 우리 마음이 변하도록 하나님께 기도하라. 주를 따르라는 예수님의 부르심을 한 번도 고려하지 않은 경우든, 아니면 지난 수년간 예수님과 신실하게 동행했던 경우이든, 예수님께 합당한 반응을 보이게 해 달라고 기도하라.

교회의 사명

1. 누가복음 24장과 사도행전 1장 1-11절을 읽어 보라. 본문에 기록된 사건들을 직접 경험한다 생각하며 각 사건들의 중요성을 느껴 보라. 대위임 명령을 주실 때 상황으로 보아 예수님의 말씀이 왜 중요한가?

예수님의 권세

세계 선교

2. 우리는 하나님과의 개인적인 관계에 너무 몰입한 나머지 대위임 명령의 전 지구적인 의미를 놓칠 수 있다. 교회가 세계 선교라는 부르심과 사명을 깨닫는 것이 왜 중요한가?

제자 삼으라는 부르심

3. 왜 예수님은 세계 선교를 완성하는 방법으로 제자 양육이라는 전략을 주셨을까?

4. 세례의 중요성을 잠시 생각해 보라. 정리한 바를 적어 보라. 세례를 받았다면, 세례에 대한 자신의 경험이 어떠했는지도 적어 보라.

5. 크리스천으로서 우리 자신의 삶과 교회 생활에서 가르침이 어떤 역할을 해야 하는가?

예수님의 영속적인 임재

6. 이 세상에서 하나님을 영화롭게 하고자 할 때 하나님의 임재가 함께 할 것임을 이미 믿고 있을 것이다. 이 단순한 진리를 품고 잠시 묵상하는 시간을 가지라. "내가 너희와 항상 함께 있으리라." 이 말씀이 당신 매일의 삶에 어떤 변화를 주며 하나님이 맡기신 사명을 어떤 관점에서 봐야 하겠는가?

성령의 능력

7. 지금까지 성령의 능력 없이 예수님을 따르려고 했는가? 그렇게 하면 결국 혼란에 빠질 수밖에 없는 이유는 무엇일까?

8. 당신이 처한 독특한 상황에서 성령의 능력을 통해 대위임 명령을 따르려면 어떻게 해야 한다고 생각하는가?

완성과 미완성의 사역

9. 요한계시록 7장 9-12절을 읽어 보라. 이 본문을 보면 이야기의 결말에 대한 그림을 볼 수 있다. 각 나라와 족속과 백성과 방언에서 온 구원받은 백성이 큰 무리를 이루어 함께 구원의 하나님을 찬양하는 것으로 이 땅에서의 삶은 끝날 것이다. 이야기의 끝에 대한 그림을 볼 때, 우리 사명에 대해 어떻게 생각해야 하는가?

10. 잠시 기도하는 시간을 갖자. 하나님이 크리스천들에게 주신 사명이 얼마나 긴박한 것인지 느끼게 해 달라고 간구하라. 주님 주신 사명을 성령의 능력으로 감당하도록 힘과 지혜와 인내를 달라고 기도하라.

1. 에스겔 36장 25-27절에 나오는 성령에 대한 약속이 얼마나 중요한 지 잠시 생각해 보라. 이 약속이 구원 역사에서 왜 그렇게 중요한지 설명해 보라.

성령님은 누구신가

2. 성령님을 인격으로 보고 또 하나님으로 볼 때, 당신과 성령님의 관계는 어떻게 변해야 하는가?

신약에서의 성령님

3. 사도행전 2장을 두 가지 사실에 주목하여 읽어 보라. 첫째, 구약의 진리와 약속들에 대한 언급. 둘째, 성령님에 대한 언급. 앞서 살펴본 구약의 어떤 핵심 개념들이 베드로의 설교 속에 나오는가?

4. 이 본문은 성령님에 대해 무슨 말을 하는가? 구원 역사의 그 중요한 시점에 성령님은 어떻게 일하셨는가?

하나님의 영과 하나님의 말씀

5. 로마서 7장과 8장을 읽어 보라. 바울이 두 가지 삶의 방식을 비교하는 말씀을 볼 때, 성령의 역할은 무엇이며 우리에게 성령님은 왜 필

요하신가?

6. 지금까지 하나님의 영은 당신의 교회 생활에서 어떻게 일하셨는가?
   성령께서 일하신 것을 기억하기 어렵다면 왜 교회에서 성령의 역사
   가 분명하게 보이지 않는다고 생각하는가?

7. 하나님이 주신 지상 과제를 완성하는 데 있어서 그리스도의 몸 된 교
   회의 다른 지체들과 연합하는 일을 어떻게 활용하고 있는가?

8. 잠시 기도하자. 성령의 놀라운 은사를 주신 것에 감사하라. 삶 속에
   서 성령의 능력을 구하고 의지할 수 있는 힘을 달라고 기도하라. 교
   회 생활을 통해 세상에 치유와 소망과 변화를 일으킬 수 있는 사람이
   되게 해 달라고 하나님께 기도하라.

초대교회

1. 사도행전 2장 42-47절을 천천히 읽어 보라. 다 읽은 뒤에는 잠시 이 그룹 사람들의 특징이 무엇인지 생각해 보라. 어떤 점이 인상적인가?

2. 초대교회는 왜 사도들의 가르침에 집중했겠는가? 그렇다면 오늘날 교회는 어떠해야 하겠는가?

3. 초대교회에서 교제가 왜 그렇게 중요했는가? 오늘날의 교회에서는 왜 교제가 중요한가?

4. 주의 만찬이 왜 중요한지 설명해 보라. 지금 섬기는 교회에서도 성만 찬이 이 정도의 중요성을 지니는가? 그렇든 그렇지 않든 이유는 무엇인가?

5. 왜 기도가 교회의 생명력과 사명에 필수적인지 설명해 보라. 지금 교회는 얼마나 기도에 대한 열심이 있는가?

개인들을 모아 놓은 그 이상

6. 고린도전서 12장을 읽어 보라. 바울이 교회를 몸으로 비유했다면, 우

리는 교회를 어떻게 생각해야 하겠는가?

7. 지금 섬기는 교회 생활은 바울이 고린도전서 12장에서 묘사한 몸과 비슷한가? 어떤 점에서 그런가? 만약에 그렇지 않다면 왜 그렇다고 생각하는가?

8. 사도행전에 묘사되는 초대교회의 삶에서 가장 강력한 것은 무엇인가?

9. 지금 섬기는 교회는 이런 강력한 특징들을 갖고 있는가? 간단히 기록해 보고 그로 인해 하나님께 감사 기도를 드리라. 만약 그렇지 않다면, 왜 이런 특징들이 부족한지 생각해 보라.

현대사회에서의 교회

10. 지금 처한 상황에서 교회에 주신 사명을 완수하기 위해 성령님이 교회에 행하기 원하시는 것이 무엇인가? 당장 답하기 어렵다면, 다른 무엇보다도 이 문제에 관해 시간을 내어 성령의 인도하심을 구하라.

11. 잠시 기도하자. 하나님이 맡겨 주신 사명을 지금 섬기는 교회가 감당하도록 인도하심과 능력을 달라고 간구하라. 오늘날 교회가 하나님이 본래 계획하셨던 모습 그대로 복원되도록 기도하라.

열방을 향한 하나님의 계획

1. 구약과 예수님의 사역에서 드러난 하나님의 마음을 생각해 볼 때, '접근불능'으로 보이는 사람들을 어떻게 생각하고 어떻게 다가가야 하겠는가?

열방을 위한 유대인의 메시아

2. 사도행전 15장을 읽어 보라. 하나님의 구원 계획에 관해 드러난 보편적인 측면은 무엇인가?

이방인의 사도

3. 갈라디아서 3장 28-29절 말씀을 잠시 묵상해 보자. 바울이 왜 그렇게 유대인과 이방인의 관계를 중요하게 여겼다고 생각하는가?

선교하는 교회

4. '사람을 낚는 어부'란 어떤 인생을 의미하는가?

5. 개인적인 삶에 '사람을 낚는 어부'라는 정체성을 나타내는 징표가 있는가? 어떤 점이 그런가? 그렇지 않다면, 이 영역에서 무엇을 더 개발해야 하는가?

6. 열방에 복음을 전하는 사명에 대해 지금 섬기는 교회가 취하는 태도와 참여도는 어떤가? 어떻게 하면 지금 섬기는 교회가 이 목적을 위해 일하도록 격려할 수 있겠는가?

7. 개인적으로 선교에 어떻게 동참하고 있는가? 선교 가는 것과 파송하는 것과 훈련하는 것과 후원하는 것과 중보기도하는 것, 어디에 동참하고 있는가? 이 영역에 동참하려면 어떤 변화가 필요한가?

구원받은 자들의 다문화 공동체

8. 역사의 마지막에 여러 민족이 하나님을 예배하게 될 장면을 보라. 열방에 나아가야 하는 우리의 사명에 대해 어떻게 생각해야 하겠는가?

9. 잠시 기도하자. 세상 모든 곳에서 사람들이 예수 그리스도의 복음을 받아들이는 그날을 사모하는 열심을 달라고 하나님께 구하라. 주의 이름이 온 땅에 편만하게 되는 일을 위해 당신과 당신 교회가 어떤 역할을 하기 원하시는지 알려 달라고 하나님께 여쭈어 보라.

마지막의 시작

1. 세상이 언제 어떻게 끝날 것인지에 대해 그동안 생각하고 연구한 적이 있는가? 그렇다면 종말에 대해 어떤 느낌을 갖고 있는가? 만약 생각해 본 적이 없다면, 그동안 이 문제에 대해 심각하게 생각해 보지 않은 이유는 무엇인가?

우리가 모두 고대하는 것

2. 로마서 8장 18-25절을 읽어 보라. 이 약속 덕분에 세상을 바라보는 관점이 달라졌는가? 어떤 점이 그러한가?

왕의 귀환

3. 요한계시록 1장을 읽어 보라. 예수님에 대한 묘사 부분을 볼 때, 재림 예수는 초림 때와 어떻게 다른가?

새 하늘과 새 땅

4. 요한계시록 21-22장을 읽어 보라. 새 창조의 아름다운 묘사들을 읽으면서 너무 부분적으로 해석하려고 애쓸 필요는 없다. 다만 우리가 보게 될 장면의 아름다움과 평화로움을 상상해 보라. 이 말씀을 읽으면서 가장 눈에 띄는 구절은 무엇인가?

5. 요한계시록 21-22장을 읽고 창조에 대해 논의했던 것을 기억해 볼 때, 하나님의 새 창조는 처음 창조하신 세상을 어떻게 반영하는가? 얼마나 더 좋겠는가?

심판의 날
6. 예수님이 다시 오셔서 심판하신다는 약속을 생각할 때 인생에서 만나는 불신자들에 대한 생각과 관계가 어떻게 변해야 하겠는가?

7. 좀 더 목적을 가지고 다가갈 필요가 있는 사람이 있는가? 있다면, 복음을 가지고 다가갈 수 있도록 확신과 지혜를 달라고 성령님께 간구하는 시간을 가지라.

마지막을 보며 살라
8. 이야기의 마지막을 볼 때 이제 우리는 어떻게 살아야 하는가? 자기 자신의 상황에 맞춰 구체적으로 생각해 보라.

우리가 제자를 세우는 이유
9. 잠시 기도하자. 예수님이 다시 오셔서 세상을 바르게 만드실 것이고 하나님의 구원 계획이 완성될 것에 대해 하나님께 감사드리자. 장래에 일어날 일들의 실재가 우리 마음을 새롭게 하도록 하나님께 기도하라. 하나님이 나를 인도하시고 능력을 주사 역사의 이 시점에 신실한 제자 양육자로 살아가게 해 달라고 기도하라.

주

1. 이 단순한 진리는 3부 '구약 이해하기'와 4부 '신약 이해하기'에서 더 자세히 다루도록 하겠다. 이 진리가 어떤 의미인지 그때 총정리하자. 하지만 이 진리는 첫 단계부터 매우 중요하다.

2. '이스라엘 사람들'은 아브라함의 자손들이다. 그들은 아브라함의 손자인 야곱을 따라 명명되었는데, 야곱의 이름을 하나님이 '이스라엘'이라 하셨기 때문이다.

3. '바로'는 이집트 통치자의 칭호였다.

4. 처음부터 한 분 하나님이 계셨을 뿐이다. 그러나 성경은 또한 하나님이 성부와 성자와 성령으로 존재하신다고 가르친다. 삼위일체의 개념은 심오한 신비이면서 동시에 성경이 하나님을 설명할 때 빼놓을 수 없는 요소이기도 하다.

5. 성령님을 하나님과 동일하다고 말하는 성경 구절 중에 가장 분명한 구절은 사도행전 5장에 나온다. 3절에서, 베드로는 아나니아에게 왜 성령님을 속일 생각을 했느냐고 질문한다. 그리고 4절에는 베드로가 아나니아에게 그가 하나님께 거짓말을 했다고 말한다. 성경 전체를 볼 때 동일한 결론을 얻는다. 성령님은 온전히 하나님이시다. 예수 그리스도와 성부께서 온전히 하나님이신 것과 같다.

6. 예를 든다면, 갈라디아서 3장 16절을 보라. 바울은 구약성경이 명사 복수형을 쓰지 않고 단수형을 썼다는 사실을 기초로 해서 중요한 신학적 논증을 펼치고 있다.

7. 열두 '사도들'은 공생애 기간 동안 예수님을 따랐던 첫 번째 열두 제자들이었다.